Hubert Herzog

THEODOR „TURL“ WAGNER

1. Auflage 2024

ISBN: 978-3-903376-81-6

Autor: Hubert Herzog
Lektorat: Rosemarie Konrad
Bildverweise: siehe Seite 326
Umschlag und Grafische Gestaltung: Clemens Toscani

Printed in the EU

Gesamtherstellung:
egoth Verlag GmbH
Untere Weißgerberstr. 63/12
1030 Wien
Österreich

Hubert Herzog

THEODOR „TURL" WAGNER

EINE ÖSTERREICHISCHE FUSSBALLLEGENDE

egoth sport

INHALT

TEIL 2

1943–1962

Die Fußballkarriere des Turl Wagner

TEIL 3

1963–2020

Turl Wagner als Unternehmer und Privatmann

ANHANG

Vorwort des Autors

2017 lernte ich Turl Wagner im Zuge eines Interviews kennen. Bereits bei der Vorbereitung auf das Gespräch wurde mir klar, dass Turl Wagner eine Verbindung in eine andere Zeit darstellte, eine Zeit, die unerreichbar weit vergangen schien. Historische Ereignisse, die ich im Geschichtsunterricht gelernt hatte, die jedoch so lange zurückzuliegen schienen, dass sie unwirklich waren, fanden sich in seinem Lebenslauf wieder. Doch mehr noch als die sportlichen Erlebnisse, die er im Rahmen unseres Gesprächs Revue passieren lassen sollte, begeisterte mich seine Fähigkeit, sein Fußballerleben in den Kontext der damaligen Zeit zu setzen. Ob Mannschaftskollege, Vereinspräsident oder Zeugwart, alle hatten ihren Platz auf der Bühne, die Turl Wagner mit seinen Worten formte. Und dazwischen blitzte immer die Persönlichkeit des ehemaligen Teamstürmers durch.

Als wir uns in den folgenden Monaten für weitere Interviews trafen, entwickelte sich rasch das Gefühl einer Freundschaft. Und wie sehr dies auch ein Wert gewesen war, der nicht nur Wagner, sondern auch seine Familie betraf, durfte ich feststellen, als ich kurz vor Jahreswechsel 2022/23 bei seiner Schwester Stefanie Doleschal um Unterstützung bei meinem Projekt, eine Biografie über Turl Wagner zu verfassen, anfragte. Ich möchte an dieser Stelle meine tiefe Dankbarkeit für die Offenheit sowohl von Turl Wagner als auch seiner Familie und Freunde zum Ausdruck bringen, ohne die dieses Buch niemals hätte Realität werden können.

Ernst Kozlicek: „Der Turl war ein Vorbild“

Turl Wagner war ein großartiger Spieler! Unsere Familien waren eng miteinander verbunden. Sein Bruder, der Fredi, und mein Bruder Paul waren beste Freunde. Ich bin bei seinem Vater in die Lehre gegangen. Der Turl hat immer auf die jungen Spieler geschaut und war schon in jungen Jahren ein echter Führungsspieler. Auf dem Platz hat er viel Ruhe ausgestrahlt und war enorm wichtig. Auch abseits des Platzes hat er sich immer für uns alle eingesetzt. Ich kann mich erinnern, da waren wir in Gibraltar, da hat der Turl durchgesetzt, dass wir mit dem Schlafwagen zurückfahren können. Sonst sind wir meist nur mit dem normalen Zug gefahren, da haben die älteren Spieler in den Sesseln geschlafen und wir jungen oben in den Gepäckshaltern.

Wir haben oft gemeinsam bei den Spielen der Jugend zugeschaut, weil unsere Brüder zusammen dort gespielt haben. Unsere Freundschaft hat auch nach der aktiven Zeit gehalten. Für mich war der Turl nicht nur ein Vorbild als Spieler, sondern auch als Mensch.

Anton „Toni" Polster: „Turl war wie ein Tänzer"

Turl Wagner war ein Ausnahmespieler, intelligent, ein richtiger Regisseur, der eine Mannschaft geführt hat und der niemals aufgegeben hat. In der heutigen Zeit wäre er einer der größten Spielgestalter. Trotz seiner Größe war er ein unglaublich eleganter Spieler. Wenn er sich bewegt hat, bekam man das Gefühl, er ist aus Gummi. Seine Bewegungen waren wie von einem Tänzer.

Aber darüber hinaus war er vor allem ein großartiger Mensch. Unser Verhältnis war immer von gegenseitigem Respekt geprägt, und ich weiß, das hat er mir auch öfter gesagt, dass er ein Riesenfan von mir war und dass er es mir vergönnt hat, dass ich Karriere gemacht habe. Jetzt schließt sich für mich der Kreis in Meidling bei Viktoria.

Der Turl hat ein sehr erfülltes Leben gehabt und war für die Generation nach ihm ein großes Vorbild – sportlich wie auch menschlich.

TEIL 1
1927–1945

Theodor Wagners Kindheit und der Weg zum Fußball

Wien war in den 1920er-Jahren eine Hochburg der Sozialdemokraten, das sogenannte „Rote Wien“ wurde von internationalen sozialdemokratischen Parteien oft als Vorzeigestadt bezeichnet.

Bereits seit 1920 befanden sich die Sozialdemokraten auf Regierungsebene in der Opposition, während in Wien eine klare Mehrheit der Wählerinnen und Wähler „rot“ wählte. Österreich startete ohne Glauben an die eigenen Fähigkeiten in die Zeit nach dem Ersten Weltkrieg und lernte erst langsam, auf sich zu vertrauen. Je mehr das Selbstbewusstsein des jungen Staates stieg, desto größer wurde auch die Kluft zwischen dem christlichsozialen und dem sozialdemokratischen Lager. Das labile Nebeneinander fand im Laufe des Jahres 1927 ein Ende und gipfelte im Brand des Justizpalastes am 15. Juli 1927.

In dieser unruhigen Phase der Ersten Republik kam 22 Tage, nachdem Bilder des brennenden Justizpalastes um die Welt gegangen waren, im Triesterspital, wie das Kaiser-Franz-Josef-Spital (heute Klinik Favoriten) damals im Volksmund genannt wurde, am 6. August 1927 Theodor Wagner zur Welt. Er ist das erste Kind von Theodor und Stefanie Wagner, die sich erst vier Jahre später, am 29. August 1931, das Ja-Wort geben würden.

Die Familie, in die der kleine Theodor geboren wird, ist eine durch und durch von der Arbeiterschaft geprägte.

Auf dem Gelände, wo später das Kabelwerk der Firma Kapsch entstehen sollte, befand sich ein großer Lagerplatz, auf dem die voluminösen Kabelrollen und allerlei sonstige Gerätschaften gelagert wurden. Turls Großvater mütterlicherseits, Josef Prinz, arbeitete dort als Platzmeister und beaufsichtigte sowohl Material als auch sämtliche Aktivitäten auf dem Areal. Der 1860 in Böhmdorf im heutigen Tschechien geborene Josef wird die Kindheit seines Enkels jedoch leider nicht miterleben. Er stirbt bereits etwas mehr als ein Jahr nach Theodor juniors Geburt am 15. Dezember 1928.

Auf der väterlichen Seite sind sowohl Großvater Michael Wagner als auch Turls Onkel Michael und Eduard als Maurergehilfen tätig. Das Ehepaar Wagner war aus Ungarn, genauer aus dem Komitat Siebenbürgen, nach Wien gekommen, und eben hier hatte am 4. September 1908 ihr Sohn Theodor Wagner, Turls Vater, das Licht der Welt erblickt. Familienoberhaupt Michael hielt die Familie als Maurergehilfe über Wasser. In Ausübung seines Berufs erlitt er jedoch einen Unfall, verlor dabei ein Bein und hatte von da an einen Holzfuß.

Vater Theodor, von dem der Sprössling nicht nur den Vornamen, sondern auch den Spitznamen übernehmen wird, ist Metallschleifer und überdies eine recht ambivalente Persönlichkeit. Lustig auf der einen Seite – seine Freunde verliehen ihm den Spitznamen „Turl“ in Anlehnung an den populären Charakterkomiker Turl Wiener, der mit bürgerlichem Namen Theodor Windbrechtinger hieß. Ein im Bezirk bekannter Raufer auf der anderen Seite, dessen Heißblütigkeit ihm bei einer Episode sogar eine polizeiliche Strafzahlung einbringt, als bei einer handgreiflichen Auseinandersetzung während einer Fronleichnamsprozession der Pfarrer als Unbeteiligter zu Sturz kommt und der tragbare Baldachin, der sogenannte Himmel, auf die Straße fällt. Theodor Wagner sollte auch in späteren Jahren immer wieder für überraschende Richtungswechsel gut sein. Seinem Erstgeborenen sollte Theodor Wagner ein strenger, aber, wie Turl später immer betonen wird, guter Vater sein.

Turls Mutter Stefanie, geborene Prinz, war 1908 in Alt-Ottakring zur Welt gekommen. Ihre Eltern hatten 1893, wohnhaft in der Annagasse, die nur ein Jahr später in die Schumanngasse umgewandelt wurde, geheiratet und waren dann in die Redtenbachergasse übersiedelt. Später zogen die Eltern nach Meidling, nachdem der Vater Josef bei den Kabel- und Drahtwerken Arbeit gefunden hatte. Für Turl Wagner wird seine Mutter zeitlebens ein liebevolles, stabiles und ausgleichendes Gegengewicht zum strengen und sprunghaften Vater darstellen und ihm immer beschützend bei seinen Streichen aus der Patsche helfen.

Turl Wagners Eltern.

Aufwachsen sollte Turl Wagner im Haus Wienerbergstraße 22, das ihn ganz besonders mit seiner Großmutter verband, zu der er eine spezielle Beziehung haben wird. Auch sie, Theresia Wagner, war ein Bindeglied der Familie mit dem politischen Umfeld der Sozialdemokratie und der Arbeiterschaft.

Das „Rote Wien“ hatte durch den sozialen Wohnbau einige gesellschaftliche Umwälzungen gebracht. Wien war im Lauf des 19. Jahrhunderts zum Schmelztiegel Arbeitssuchender aus allen Teilen der Monarchie geworden. Der nötige Wohnraum hatte zur Errichtung unzähliger Mehrparteienhäuser, die von den Wienern als „Zinskasernen“ bezeichnet wurden, geführt, die in der Vorstadt wie Schwammerln aus dem Boden schossen. Eben diese Zinskasernen brachten ein neues Berufsbild hervor – den Hausmeister:

> *„Als der Hausherr schließlich immer häufiger nicht mehr selbst im eigenen Haus wohnte, galt es, jemand für die Betreuung des Hauses zu finden, der zudem als ständiger Stellvertreter des Hausherrn fungierte: Der Hausmeister war geboren. Von einem Dienstboten der Mietparteien war er zu einem Angestellten des Hausherrn geworden.“*[1]

Der Hausbesorger wurde bald zu einem Stereotyp in der Wiener Gesellschaft.

> *„Es waren in erster Linie Männer, die vom Hausherrn zum Hausmeister ernannt wurden. Sie besaßen in seinen Augen die*

1 Peter Payer: Hausmeister in Wien – Aufstieg und Niedergang einer Respektsperson (= Wiener Geschichtsblätter, Beiheft 4/1996), S. 1.

> *für ein reibungsloses Funktionieren der Hausgemeinschaft notwendige Autorität, waren in der Lage, sich gegenüber den Mietern erfolgreich durchzusetzen. Waren sie zudem im Nebenberuf Tischler, Maurer oder Gärtner, konnten sie praktischerweise für allfällige Ausbesserungsarbeiten am Haus eingesetzt werden. Bei den verheirateten Hausmeistern fand meist die damals übliche Arbeits- und Rollenteilung statt. Die Ehefrau war tagsüber anwesend und sorgte neben der Erziehung der Kinder für die strikte Einhaltung der ‚Hausordnung'.*"[2]

Der Hausmeister befand sich immer in einem Spannungsfeld zwischen einer dienstleistenden Rolle und einer Autoritätsperson. Allzu oft mutierte er zum Herrscher seines Königreichs, über das er nicht selten mit Argusaugen wachte. Die Position als Sprachrohr und Verbindungsglied zum Hausherrn verlieh ihm eine gewisse Machtposition, bedeutete gleichzeitig aber auch eine Sandwichposition, die es mitunter schwermachte, sowohl Mieter als auch Hausherrn zufriedenzustellen. Die Sozialdemokraten führten 1922 im Rahmen der „Hausbesorger-Ordnung" ein, dass die Bezahlung des Hausmeisters über eine mietzinsfreie Dienstwohnung sowie über ein Reinigungs- und Sperrgeld zu erfolgen hatte, außerdem war jedem Mieter ein Hausschlüssel auszuhändigen.[3] Mit dem sozialen Wohnbau, den die Sozialdemokraten eilig vorantrieben, entstand nun ein Typ des Hausmeisters, der nicht mehr einem Hausherrn verpflichtet war, sondern als Bindeglied zu der von der Stadt verwalteten Wohnanlage fungierte:

2 Ebd., S. 2.
3 Ebd., S. 7.

> *„Da die zu leistende Arbeit also um einiges umfangreicher war als in privaten Altbauten, war auch das Einkommen weitaus größer. Die hausmeisterliche Tätigkeit entwickelte sich so vom Nebenberuf zum Hauptberuf, den man in der Regel bis zur Pensionierung ausüben konnte."*[4]

Theresia Wagner war Hausmeisterin, jedoch eine im klassischen Sinn, war sie doch dem Besitzer des Hauses Wienerbergstraße 22 verpflichtet. Dort fand ein Großteil des Familienlebens statt. Die Oma wohnte im Erdgeschoß in der Hausmeisterwohnung, Theodor senior mit Gattin Stefanie und Turl junior im zweiten, Turls Onkel Eduard im dritten Stock.

Wienerbergstraße, um 1930.

4 Ebd., S. 12.

Unbeschwert trotz harter Zeiten

Zwei Jahre nach der Geburt des kleinen Theodor begannen harte Zeiten für die Österreicher. Der Börsencrash in den USA wirkte sich schnell auch in Österreich aus. Die Voraussetzungen der heimischen Wirtschaft waren alles andere als ideal, vor allem der industrielle Bereich war nicht auf dem neuesten Stand der Technik. Darüber hinaus hatte die seit den Kriegsjahren andauernde Inflation vor allem den Mittelstand um seine Ersparnisse gebracht. Bereits 1930 mussten zahlreiche Industriebetriebe schließen, wodurch Tausende Arbeiter ihre Arbeitsstelle verloren:

> *„Mit der Wirtschaftskrise ging u. a. eine massiv steigende Arbeitslosigkeit einher: Erreichte die Gesamtzahl der Arbeitslosen den Höhepunkt im Jahr 1933 mit 557.000 Arbeitslosen, so reduzierte sich die Zahl der Arbeitslosen in den folgenden Jahren zwar, verblieb aber immer noch auf einem hohen Niveau: 1936: 515.000 und 1937: 464.000. Dies wird auch am Niveau der Arbeitslosenquote ersichtlich: 1933: 26 %, 1936: 24,1 % und 1937 immer noch fast 22 %. Vor diesem Hintergrund erließ die Regierung Dollfuß vorerst eine Reihe von Verordnungen, die u. a. auch die Arbeitslosenversicherung betrafen. Die Höchstdauer des Arbeitslosengeldes wurde gekürzt, das Ausmaß der Unterstützung je nach Lohnklasse und Familienstand herabgesetzt, die Bedingungen für den Bezug der Leistung verschärft. Ähnliches betraf die Notstandsaushilfe.*

Die Folge: die Zahl und der Anteil der Unterstützten sank weiter: 1930: 86 %, 1933: 60 %, 1937: 50 %.[5]

Die Armut hielt Einzug im Land. 1931 verschärfte sich die Lage durch den drohenden Bankrott der Creditanstalt, der nur durch ein Einspringen des österreichischen Staates verhindert werden konnte. Die dadurch steigenden Staatsausgaben wurden durch Sparmaßnahmen im öffentlichen Bereich, Zusatzsteuern und eine Erhöhung der Tabak- und Kaffeezölle abgefedert. Bis ins Jahr 1933 erhöhten sich die Kosten der Rettung der Bank auf ungefähr eine Milliarde Schilling.[6] Auch Familie Wagner war von der wirtschaftlichen Rezession betroffen; wenn auch wie durch ein Wunder keines der Familienmitglieder seine Arbeitsstelle verlor, hatte man mit den gestiegenen Preisen und natürlich auch der steigenden Verunsicherung zu kämpfen.

Obwohl der jüngste Spross der Familie von den Sorgen seiner Eltern und Großeltern kaum etwas mitbekommt, geht diese Phase nicht spurlos an ihm vorüber. Die Zeiten sind hart, wenige haben Arbeit, dafür ist der Zusammenhalt umso größer. Eine Erfahrung, die sich tief in das Bewusstsein des Buben Turl Wagner einprägen wird.

Früh beginnt der Fußball in Turl Wagners Leben Einzug zu halten. Sein Vater ist beim Meidlinger Verein Phönix 12, der 1912 gegründet worden war, aktiv. Und wie damals üblich, ist er Spieler, Sektionsleiter und Zeugwart in einer Person. Die Oma stellt die Waschküche

5 Emmerich Tálos: Ein Jahrhundert Arbeitslosenversicherung in Österreich (1920–2020), in: WISO 2/2020, S. 42; https://renner-institut.at/media/417/download/HP_Talos.pdf?v=1, S. 9.

6 Arnold Suppan: Jugoslawien und Österreich 1918–1938. Bilaterale Außenpolitik im europäischen Umfeld, Wien 1996, S. 1047f.; https://de.wikipedia.org/wiki/Creditanstalt-Bankverein#cite_note-Suppan-6

zur Verfügung, um die Trikots der Fußballer zu waschen. Die Phönix spielte damals dort, wo das fußballerische Aushängeschild des Bezirks – Wacker Wien – seine ersten Schritte gemacht hatte. Auf dem Fußballplatz, der von der Spittelbreitengasse, der Hohenbergstraße und der Aichholzgasse begrenzt wurde und direkt neben dem Meidlinger Schlachthaus lag, spielten nun die unterklassigen Spieler der Phönix 12. Der Platz stellte bald die zweite Heimat für Turl Wagner dar. An den Sonntagen wurde bereits in der Früh gepackt, die Schnitzel wurden herausgebacken, und dann wurde der Tag am Sportplatz verbracht. Das Leben um das runde Leder wurde somit zu jenem Habitat, in dem sich der junge Turl bald wie ein Fisch im Wasser fühlen sollte. Direkt angrenzend an den Fußballplatz befand sich ein Wirt. In der Mannschaft der Phönix gab es nur zwei Kinder. Turl Wagner und die Tochter des Center-Stürmers Stepanek. Auf den ersten Blick war die geringe Zahl an Kindern ein Nachteil für die beiden, jedoch sollte sich dies bald als Vorteil herausstellen. Denn jeder der Anwesenden gab den beiden ein paar Groschen, und so konnten sich Turl und seine Spielgefährtin mehr als einen Bensdorp-Schokoladeriegel leisten, und oft waren ihre Gesichter am Ende des Fußballausflugs komplett von Schokolade verschmiert.

Anders als beim Verein seines Vaters konnte in der Wienerbergstraße 22 keine Rede von Mangel an Nachkommen sein. 32 Parteien wohnten in dem Haus, und 29 Kinder tummelten sich im Stiegenhaus oder auf der Straße. Neben der Oma, Turls Eltern und Onkel Eduard wohnte auch noch ein weiterer Onkel im Umkreis von 50 Metern: Onkel Michael logierte gegenüber. Als die „Wagner-Dynastie" wurde die Häufung an Vertretern der Familie Wagner im Grätzl bezeichnet.

Turl hatte auch zwei Cousins, Eduard, der Sohn Onkel Eduards, und Hans, Sohn von Onkel Michael.

Jener Hans sollte sich später als Musiker beim Heurigen verdingen, was ihm neben seinem blendenden Äußeren die Herzen zahlreicher Besucherinnen zufliegen ließ. Die Bewunderung der Damenwelt und späte Dienstzeiten führten schließlich zum Bruch der Ehe mit seiner Frau Hermine. Im Gegensatz zu Hans Wagner blieb Hermine in Kontakt mit der Familie und zog zwischenzeitlich sogar zu ihrem Schwiegervater Michael Wagner, bis sie eine neue Wohnung in Breitenfurt finden konnte. Davon war jedoch damals noch keine Rede, Hans war selbst noch ein Kind, und da er etwas älter war als Theodor junior erbte dieser das abgelegte Gewand seines Cousins. Immer wenn Turls Kleidung ramponiert und löchrig war, oder, wie man auf gut Wienerisch sagt, wenn er auf den Säckln ging, brachte der Onkel Kleidung mit, aus der Hans bereits herausgewachsen war. Meistens handelte es sich um Hemden oder Pullover, was dazu führte, dass Turl im Sommer oft Pullover trug. Die Hosen entsprachen keineswegs den heutigen Standard. Vielmehr waren sie aus einem starken Stoff gewebt und wirkten recht improvisiert. Doch verlieh ihnen dies eine immense Robustheit, eine sehr gute Eigenschaft für die damalige Zeit, in der die Kinder von frühmorgens bis zur Dämmerung auf der Straße spielten. Damals gehörte die Straße noch größtenteils den Menschen und Pferdefuhrwerken. Autos gab es kaum. Der Milchmann, der Bäcker und der Eismann im Sommer waren die Hauptattraktionen im öffentlichen Verkehr des Stadtteils. Besonders der Besuch des Eismanns war ein spezielles Ritual. Wenn das Pferdegespann vor dem Haus Halt machte, eilten die Frauen, bewaffnet mit Lavoirs, im Volksmund Lawur genannt, heran.

Der Verkäufer schlug Stücke von den Eisblöcken ab, und die Käuferinnen nutzten sie, um ihre Sachen einzukühlen. Die Kinder fütterten inzwischen die Pferde mit altem Brot. Wenn später das Eis zu Wasser geworden war, schütteten die Frauen es aus den Fenstern auf die Gasse. Ein groteskes Schauspiel, das Kühlschränke und Gefriertruhen der heutigen Zeit nicht mehr zulassen.

Neben dem Haus und dem Fußballplatz fiel auch dem Schrebergarten, den die Oma besaß, eine zentrale Rolle in den Kindheitserinnerungen zu. 350 Quadratmeter in jener Kleingartenanlage, die sich gleich gegenüber der Wienerbergstraße erstreckte. Dort stand ein kleines „*Lusthäusl*", wie es Turl bezeichnete, umrahmt von einem Gemüsegarten. Dieser Schrebergarten war auch Treffpunkt für die Spielerkollegen seines Vaters, die wie eine zweite Familie für Turl waren. Die meisten waren Studenten oder ohne Arbeit. Nur wenige gingen einem Broterwerb nach. Später wird sich Turl Wagner an die Erzählungen erinnern, dass ein Frisör, ein Galvaniseur und ein Spieler, der im Verkauf tätig war – Torhüter Haslinger –, jeweils 50 Groschen oder einen Schilling spendierten, um Essen für die Festivitäten zu besorgen. Der kleine Turl wurde dann mit dem Geld losgeschickt, um die Zutaten für die Feier zu holen, die sich regelmäßig wiederholte. Zuerst führte ihn der Weg zum Bäcker, einem Schulfreund seines Vaters. Dann marschierte er zum Fleischhauer, bei dem er für einen Schilling mit der Losung „*Würste für die Phönix*" Burenwürste erhielt. „*Wie Feuerwehrschläuche*" seien sie von seinen Schultern gebaumelt, erzählte Turl später. Im Anschluss holte er noch den Senf bei Frau Wolfert, auch hier mit dem Hinweis, dass dieser für die Phönix sei. In einem Stanitzel transportierte er den Senf dann in den Garten, wo die Oma inzwischen die Würste im verzinkten Waschtrog kochte. Unter den üblichen Feierlaunigen befanden sich auch der junge Karl Schlechta, später eine Trainerlegende in Österreich, der ein guter Freund für den kleinen Turl werden sollte, und Franz Horr, der spätere sozialdemokratische Nationalrat und Präsident des Wiener Fußballverbandes, den sein Vater kannte. Während die Oma früher nach Hause ging, blieben die Männer meist länger. Auch der Turl war zumeist mittendrin und wurde dann oft schon im Halbschlaf von Franz Horr, der großgewachsen war und sowohl Handball als auch Eishockey spielte, auf den Schultern nach Hause getragen, wo die Oma bereits beim offenen Fenster auf die Rückkehr ihres Enkels wartete. Nicht selten sollte Franz Horr der Oma berichten, dass ihm schon wieder *„warm im Gnack“* geworden war, weil ihm der Turl ins Genick gewischerlt hatte.

Umgebung von Turl Wagners Wohnort mit den Schrebergärten, 1930.

Turl Wagner senior, Karl Schlechta, Turl Wagner junior.

Fußball als Identifikationsfaktor

Die fußballerische Landschaft war zu dieser Zeit geprägt von dem guten Abschneiden der österreichischen Vereine im Mitropacup. Der Bewerb war auf Initiative des österreichischen Verbandskapitäns Hugo Meisl ins Leben gerufen worden und bot Fußballvereinen aus Mitteleuropa die Möglichkeit, sich zu messen. Rapid erreichte 1927 und 1928 das Finale, der erste Turniersieger aus Österreich hieß 1930 ebenfalls Rapid. 1931 gab es sogar ein rein österreichisches Finale, das die Vienna gegen den Wiener AC gewinnen konnte. 1934 gewann die Austria den Bewerb, ebenso wie 1936.

Mehr noch als die Erfolge der österreichischen Klubs prägte das Nationalteam die Phase der frühen 1930er-Jahre. Das sogenannte Wunderteam war in aller Munde, Österreich die dominanteste Mannschaft auf dem Kontinent. 16 Spiele dauerte die Hochphase an, in der die Auswahl von Hugo Meisl zwölf Siege und zwei Unentschieden bei nur zwei Niederlagen erreichte.

Der unerwartete Höhenflug war auf skurrile Weise zustande gekommen. Hugo Meisl saß regelmäßig im *Ring-Café* am Wiener Stubenring und unterhielt sich dort mit Journalisten. Da das Team seit 1930 nur drei von zehn Spielen gewinnen konnte, war Handlungsbedarf gegeben. Die Vertreter der schreibenden Zunft forderten im Vorfeld des Spiels gegen Schottland 1931 eine Veränderung des

Sturms mit Matthias Sindelar und Fritz Gschweidl, beide gelernte Mittelstürmer. Meisl wies den Vorschlag zuerst zurück, ließ sich aber schließlich erweichen und bestätigte die geänderte Aufstellung mit dem legendären Satz: *„Da habts euer Schmiranski-Team."* Der Rest ist Geschichte. Turl Wagner ist vier Jahre alt, als der Erfolgslauf des Wunderteams beginnt.

Schottland wurde 5:0 gedemütigt. Es folgten ein 6:0 gegen Deutschland, ein 2:0 gegen die Schweiz, ein 5:0 gegen Deutschland, ein 2:2 gegen Ungarn, ein 8:1 gegen die Schweiz, ein 2:1 gegen Italien, ein 8:2 gegen Ungarn, ein 1:1 gegen die Tschechoslowakei, ein 4:3 gegen Schweden, ein 3:2 gegen Ungarn und ein 3:1 gegen die Schweiz. Damit hatte Österreich auch den Svehla-Cup gewonnen, den Vorläufer der heutigen Europameisterschaft, der 1931 und 1932 ausgetragen wurde.

Dann folgte der große Showdown der Wunderteam-Ära. Österreich, das allen großen Nationen die Stirn geboten hatte, schickte sich an, England herauszufordern, das auf heimischem Boden noch nie von einer Mannschaft vom Kontinent besiegt worden war. Wie die „Arbeiter-Zeitung" am 2. Dezember 1932 berichtete, wurde das Nationalteam von mehr als 5000 Menschen am Westbahnhof verabschiedet, als es die Reise nach London antrat. Ein wahres Fußballfieber packte das Land, allen voran Wien. Würde das Team in der Lage sein, England zu besiegen? Wie stark waren die Engländer wirklich? Hatte das Wiener Scheiberlspiel eine Chance gegen das körperbetonte intensive Spiel der Briten? Selten zuvor war ein Spiel derart aufgebauscht worden. Die angekündigte Live-Radioübertragung, die dank Unterseekabel möglich wurde, fachte die Vorfreude zusätzlich an. Die Verkaufszahlen an Radiogeräten stiegen sprungartig an. In Wien war in zahlreichen Kaffeehäusern eine Übertragung angekündigt, auf dem Heldenplatz Lautsprecher installiert und ein „public listening“ ermöglicht worden. 20 Groschen kostete der Eintritt in das Areal. Am 8. Dezember, dem Tag nach dem Spiel, berichtete die „Arbeiter-Zeitung“ von einem *„lautlosen Schweigen“*, das den Heldenplatz umgab. Nur Willy Schmiegers Radiokommentar aus London zerriss die Stille.

Heldenplatz, 7. Dezember 1932: Radio-Übertragung des Fußballspiels Österreich gegen England aus London.

Währenddessen warteten 40.000 Zuschauer im Stadion an der Stamford Bridge auf den Anpfiff. Auch zahlreiche österreichische Schlachtenbummler waren nach London gereist und sahen, wie ihr Team von Prinz George begrüßt wurde. Mit Karl Sesta wechselte der Adlige ein paar Worte, fragte ihn nach seinem Beruf, lobte denselben und erhielt als Antwort von Sesta, den seine Mitspieler liebevoll „*den Bladen*" nannten: „*Oba Ihna Hockn is a net die schlechteste.*" England bewies seine Vormachtstellung und führte bald 2:0. Meisl schickte seine Mannschaft nach der Pause mit der Losung „*Jetzt brauchen wir uns nichts mehr scheißen, spielts euer Spiel*" zurück aufs Feld. Und Österreich spielte das Spiel, das es sonst zu spielen pflegte – das sogenannte Scheiberlspiel. 4:3 hieß es am Ende. Die Engländer zollten den Besiegten höchsten Respekt, und die Niederlage wurde zum Meisterstück des Wunderteams. Eine typisch österreichische Lösung.

Nach dem Drama an der Stamford Bridge folgte auf der Rückreise noch ein 6:1 gegen Belgien. Die Rückkehr nach Wien wurde zu einem Triumphzug. Unzählige Menschen säumten die Bahnstrecke, und in den großen Bahnhöfen wie Linz oder Sankt Pölten wurden die Spieler beschenkt. In Wien empfingen Tausende die Mannschaft beim Westbahnhof und begleiteten ihre Helden über die Mariahilfer Straße zur ÖFB-Zentrale.

Der Abgesang des Wunderteams begann mit einem 4:0 gegen Frankreich, ehe mit dem 1:2 gegen die Tschechoslowakei die Ära des Wunderteams am 9. April 1933 endete.

Das Wunderteam entwickelte eine unbändige Strahlkraft und wurde mit der Zeit zum Mythos. Nicht zuletzt, weil es in einer Zeit voller Entbehrungen und Unsicherheit einen Lichtblick im Alltag der Menschen darstellte, eine zumindest kurzfristige Flucht aus der Tretmühle erlaubte und darüber hinaus einen identitätsstiftenden Charakter darstellte.

Für die Buben, die Anfang der 1930er-Jahre auf den staubigen Gassen Fetzenlaberln nachliefen, waren die Helden in Rot-Weiß nicht nur Idole, sie waren Götter. Einer dieser Götter kam aus Meidling und spielte bei Wacker. Karl Zischek war am 28. August 1910 in der Spittelbreitengasse geboren worden und in Meidling aufgewachsen. Zischek hielt der Wacker – trotz lukrativer Angebote – seine gesamte Karriere über die Treue. Ein Umstand, der seine Popularität im Bezirk ins Unermessliche steigen ließ.

Theodor Wagner senior war nicht nur fußballbesessen, sondern neben seiner aufopfernden Leidenschaft für Phönix 12 natürlich auch Wacker-Anhänger. Und er nahm seinen Sohn früh auf den Wacker-Platz mit. *„Auf dem Buckl"*, wie Turl Wagner später erzählen wird, habe ihn sein Vater getragen. Der kleine Turl erliegt, wenig überraschend in der Melange aus Fußballgemeinschaft bei der Phönix, dem fußballverrückten Vater, der elektrisierenden Atmosphäre des Wacker-Platzes und dem mystischen Erfolgslauf der Nationalmannschaft, bereits in frühen Kinderjahren der Faszination für den Fußball.

Die Arbeiterschaft in der Krise

Wie zum Trotz gegenüber den schwierigen Zeiten hatten sich in den 1920er- und frühen 1930er-Jahren zahlreiche Kulturorganisationen gebildet, die auf die geistige oder körperliche Ertüchtigung und Unterhaltung der Arbeiterschaft abzielten. Einen Höhepunkt dieser Entwicklung stellte die 2. Arbeiter-Olympiade dar, die im Juli 1931 in Wien ausgetragen wurde, nur zwei Monate nachdem die Credit-anstalt ihre Zahlungsunfähigkeit erklärt hatte und damit einen Höhepunkt der wirtschaftlich prekären Situation im Land einläutete.

Es war eine einzigartige Gelegenheit für die österreichische Sozialdemokratie und das „Rote Wien", sich der Welt zu präsentieren und nebenbei den gebeutelten Arbeitern eine mehr als notwendige Ablenkung zu verschaffen.

Auch hier kam der Fußball nicht zu kurz. Als Aushängeschild für die Spiele wurde das Wiener Praterstadion erbaut. Bereits zu Beginn der 1920er-Jahre war der Ruf nach einem Zentralstadion in Wien laut geworden. Anfänglich waren mehrere mögliche Standorte im Gespräch. Neben dem Prater waren dies die Hohe Warte, der Cobenzl und der Augarten.

Der deutsche Architekt Otto Ernst Schweizer und der Bauingenieur Rudolf Saliger planten das Oval, das in 23 Monaten fertiggestellt wurde. Das Wiener Stadion galt zur damaligen Zeit als modernstes Stadion

Europas und diente als Vorbild für zahlreiche Stadionbauten. Besonders innovativ war die sogenannte Entleerungszeit von nur rund acht Minuten. Für die fußballbegeisterten Wiener stellte es einen weiteren Schritt in Richtung einer Fußballnation dar. Auch das Fußballturnier im Rahmen der 2. Arbeiter-Olympiade erfreute die Wiener. Österreichs Arbeitersportler erreichten nach einem 5:1 über Finnland, einem 8:1 gegen die Schweiz und einem 6:2 über Belgien das Finale, wo sie auf Deutschland trafen. In einer hart umkämpften Partie gewannen die Österreicher mit 3:2 und kürten sich zum Arbeiter-Olympiasieger.[7]

Die drastische Erschwerung der Lebensumstände für zahlreiche Familien fand auch zunehmend Niederschlag in der politischen Landschaft in Österreich. 1933 war das Parlament nach einer kontroversiellen Sitzung am 4. März und dem Rücktritt der drei Nationalratspräsidenten beschlussunfähig geworden, und Dollfuß hatte die Macht an sich gerissen. Im Februar des folgenden Jahres kam es zu bewaffneten Auseinandersetzungen in Linz, als Dollfuß den paramilitärischen Flügel der Sozialdemokraten, den Schutzbund, entwaffnen lassen wollte. In der Folge wurde die sozialdemokratische Partei verboten, und damit entstand auch für die meisten kulturellen Einrichtungen der Arbeiterschaft ein Vakuum, das in Wien der Fußball zu füllen versuchte. Letztlich war das Selbstbewusstsein der Arbeiter aber stark gedämpft, ein weiterer Schritt in Richtung Radikalisierung der Gesellschaft, ein schwerer Schlag für die Arbeiter in Österreich und ein Quell großer Verunsicherung auch für Familie Wagner. Es brodelte in der Republik.

7 https://www.arbeiterfussball.de/international/arbeiter-olympiaden/olympia-1931/

Wieder einmal fiel dem Fußball eine wichtige Rolle zu. Kurz vor Turl Wagners siebentem Geburtstag fand die Weltmeisterschaft 1934 in Italien statt. Dem medialen Rummel konnte man nicht entfliehen, nicht zuletzt, weil Österreich als einer der Titelanwärter gehandelt wurde. Nach den Siegen über Frankreich und Ungarn stand das Nationalteam erwartungsgemäß im Halbfinale gegen Gastgeber Italien. Ein Skandal brachte Österreich um das Finale: Der schwedische Schiedsrichter Eklind traf einige umstrittene Entscheidungen und köpfte selbst eine Flanke von Zischek aus der Gefahrenzone. Das einzige Tor resultierte aus einem Foul am österreichischen Torhüter Platzer. Österreich wurde am Ende nach einer 2:3-Niederlage gegen Deutschland im Spiel um Platz drei Vierter. Zentrale Spieler des Wunderteams wie Gschweidl, Nausch, Rainer oder Torhüter Rudolf Hiden waren nicht mehr Teil der Mannschaft, der Meidlinger Karl Zischek jedoch schon.

So spannend und mitreißend die Weltmeisterschaft verlaufen war, so schnell war ihr Glanz verblasst, da die innenpolitischen Geschehnisse wieder in den Vordergrund rückten. Im Rahmen des sogenannten Juli-Putsches wurde Kanzler Dollfuß von Nationalsozialisten ermordet, die an die Macht drängten.

Das Haus Wienerbergstraße 22 war durch und durch sozialdemokratisch. Auch der Hausherr, der aus Ternitz kam, war ein Sozialdemokrat. Die Eltern, so betonte Turl Wagner später immer wieder, waren bedacht darauf, dass er nichts von ihrer Besorgnis und den Gesprächen merkte. Wenn die Erwachsenen doch einmal sprechen wollten, schickten sie ihren Sohn ins Kabinett spielen oder auf die

Gasse. Manches Mal, wenn sie glaubten, Turl sei bereits eingeschlafen, lauschte er dem elterlichen Gespräch in der Küche und erinnerte sich ganz besonders an einen Satz seines Vaters: *„Wir gehen einer schwierigen Zeit entgegen.“*

Doch vorerst gelang es Stefanie und Theodor Wagner, ihren Sohn von den Sorgen der politischen Entwicklungen fernzuhalten.

Alles dreht sich um den Fußball

Der Alltag war für den kleinen Turl geprägt von Fußballspielen auf der Gasse, und auch in der Schule war es nicht so wichtig, wie gut die Noten waren, sondern wer am besten Fußballspielen konnte. Turl Wagner begann seine schulische Laufbahn in der Volksschule „Johann Hoffmann-Platz“ in der Oswaldgasse. Eben jene Gasse sollte Turls gesamte Schulzeit prägen, denn nach der Volksschule sollte er nur wenige Meter weiter in die Hauptschule wechseln. Laut einer Erzählung von Turl Wagner selbst hatte er bereits am ersten Schultag preisgegeben, wo seine Prioritäten lagen. So fragte er in der ersten Stunde den Lehrer, wie lange die Schule denn dauern würde. Auf die Antwort des Lehrers erwiderte Theodor Wagner junior: *„So lange kann ich leider nicht bleiben, da muss ich schon vorher zum Fußballspielen gehen.“*

Turl Wagners Volksschulklasse.

Bald konnte er seine Passion aber auch im Kontext der Schule einbringen, denn er war ganz offensichtlich der Bub, der am besten in der Kategorie Fußball abschnitt, da der Lehrer immer Turl Wagner eine Mannschaft wählen ließ. Die Noten waren den Lehrern aber trotzdem nicht egal, ebenso wenig Turls Vater, wenn er, weil die Leistungen seines Sohnes wieder einmal eine Talsohle erreicht hatten, in die Schule zitiert wurde. Wie sehr Turl dem Fußball verfallen war, zeigte sich auch in seiner Sprache: Seine Bezeichnung für das Halbjahreszeugnis war *„Halbsaison"*. Die Lehrer drohten den verzweifelten Eltern regelmäßig, dass der Turl *„sitzenbleiben"* müsse. Turl Wagner bezeichnete dieses Szenario mit dem Wort *„Absteigen"*. Der Papa hatte nur eine Möglichkeit, er verbot das Fußballspielen. Dieses Druckmittel wirkte immer: *„Da hat es bei mir geschnaggerlt, und ich habe gewusst, jetzt ist es Rot, und ich muss jetzt auf Grün schalten."*

Das Zeugnis war trotzdem oft nicht den Ansprüchen entsprechend, und so geschah es, dass Turl Wagner einmal auf die Idee kam, eine schlechte Note im Zeugnis auszuradieren, was schließlich dazu führte, dass an jener Stelle, wo sich die ungenügende Note befunden hatte, nun ein Loch war. Wäre der Vater des geschändeten Zeugnisses ansichtig geworden, hätte der Haussegen wohl nachhaltig darunter gelitten. So zögerte Turl den unausweichlichen Moment hinaus, ehe er sich der Mutter anvertraute, die ihm aus der Patsche half, in die Schule ging und angab, daheim sei umgebaut und ausgemalt worden und dabei wäre das Zeugnis verschwunden. So erhielt sie eine neuerliche Abschrift. Generell ließ Turl Wagner alle Sachen von der Großmutter unterschreiben. Meistens legte er die Schriftstücke am frühen Morgen vor, weil da die Oma noch weniger genau schaute, was sie da zur Unterschrift vorgelegt bekam.

Mit ungefähr zehn Jahren begann Turl Wagner in der Schülermannschaft der Phönix 12 zu spielen. Das Spiel auf der Gasse hatte bereits gezeigt, dass er über Talent verfügte. Die Schule vermochte dem Fußball im Alltag kaum den Rang abzulaufen, die Botengänge, die er bald im 22er-Haus für die Oma, diverse Hausparteien und auch für den Opa, der seit seinem Arbeitsunfall ein Holzbein hatte, zu verrichten begann, jedoch schon. Neben dem Haus der Familie Wagner befand sich ein Gasthaus, der *Stepanek*, in dem sich der Großvater regelmäßig aufhielt, und während er sein Achterl zu sich nahm, bekam der Turl sein Kracherl. Als er etwas größer war, schickte der Opa den Turl ins Gasthaus, um ein Bier zu holen, was dieser dazu nutzte, den Bierschaum herunterzutrinken, ehe er das Glas mit Wasser auffüllte. Im Herbst 1934, als der Opa im Schrebergarten Arbeiten an dem kleinen Gartenhaus vornahm, verkühlte er sich, verschwitzt von der Anstrengung, und erlitt bald darauf eine Lungenentzündung, an der er einige Zeit laborierte und schließlich im Jänner 1935 verstarb.

Doch bereits im Herbst 1936 wuchs die Familie der Wagners wieder auf die alte Größe an: Sohn Alfred wurde geboren, und für den Turl war sein kleiner Bruder sein Ein und Alles.

Eine der wenigen Vergnügungen, die den Menschen blieb, war das Kino. Auch Turl Wagner und seine Freunde nutzten dieses ausgiebig:

> *„Am Sonntag bin ich immer ins Kino gegangen. In die Kindervorstellung. Die Mama und die Oma haben mir jedes Mal 20 bis 30 Groschen gegeben, und ich habe immer den anderen Kindern, mit denen ich Fußball gespielt habe, die aber nichts gehabt haben, die Karten mitgezahlt. Manchmal habe ich sogar einen Schilling und 50 Groschen zusammengebracht, das war viel Geld. Der Vater hat zum Schluss dann noch was draufgegeben, und die Mama hat gesagt, er soll noch ein bissi tiefer ins Börsel greifen."*

1938 nahmen die politischen Umwälzungen erstmals auch spürbaren Einfluss auf Turl Wagners Alltag, als die Nationalsozialisten in Österreich die Macht übernahmen. Die Kinder interessierten sich zwar anfänglich nicht für die neuen Machthaber, doch spätestens als die Hitlerjugend aufmarschierte, bemerkten auch die Kleinsten der Gesellschaft die veränderten Umstände. Turl Wagner erinnerte sich später, dass *„... einige Klassenkameraden, die vorher Sozialisten waren, dann mit der Uniform mit dem braunen Hemd und dem Dolch in die Schule gekommen sind"*.

Auch in der Schülermannschaft der Phönix 12, in der Turl spielte, gab es nicht lauter gleichaltrige Mannschaftskollegen, sondern auch ältere, die 15, 16 oder bereits 17 Jahre alt waren. Einige davon meldeten sich, weil sie ohnehin arbeitslos waren, freiwillig zum Wehrdienst. Die Wehrmacht war verlockend für viele, und vor allem in den ersten Monaten nach Kriegsausbruch 1939 begeisterten die Geschichten der Fronturlauber die Jugendlichen mit Lagerfeuerromantik und Siegen am laufenden Band. Die Tatsache, dass viele der früheren Mannschaftskollegen nicht zurückkehrten, klärte den getrübten Blick jedoch. Als Hausmeisterbub hatte Turl Wagner einen noch etwas tieferen Einblick in die Machenschaften des Regimes. Nicht selten wurde die Oma um fünf Uhr früh aus dem Bett geläutet, weil entweder ein jüdischer Hausbewohner abgeholt oder die Meldung überbracht wurde, dass ein Sohn oder Ehemann gefallen war.

Turl Wagner schilderte einen speziellen Vorfall:

> *„Der Herr Hirsch und die Frau Faber, das waren zwei Juden in unserem Haus. Das waren sehr nette ältere Leute. Ich bin für die älteren Leute oft einkaufen gegangen und habe dann etwas Geld von ihnen bekommen. Und eines Tages sehe ich, wie zwei Gestapo-Männer den Herrn Hirsch und die Frau Faber abführen. Ich bin hingegangen und habe gefragt, warum die beiden mitgenommen werden, und habe den Gestapo-Männern gesagt, dass Herr Hirsch und Frau Faber gute Menschen sind. Da hat man mir gesagt, dass sie gefährlich sind für die Zivilisation. Da ist mir ein Licht aufgegangen.“*

Talentesucher Jaroš (rechts hinten stehend), Turl Wagner (Dritter von links stehend).

Turl Wagner (in der Mitte, stehend) in der Wacker-Jugend.

Die Karriere beginnt

Auf der Straße entwickelten sich die Burschen zu vielseitigen Fußballern. Mit dem Tennisball spielten sie auf der grob gepflasterten Wienerbergstraße. Torstangen gab es keine, die Schultaschen dienten als Begrenzungen. Manche Kinder aus reicheren Familien besaßen einen richtigen Ball. *„Aber die haben nie mitgespielt, weil sie nicht kicken konnten“*, wird Turl Wagner später erzählen. Der „Spielbetrieb“ der Jugend war weitgehend ungestört, Autos gab es Mitte der 1930er-Jahre noch kaum, und wenn doch einmal ein Automobil die Wienerbergstraße befuhr, war es zumeist ein Ankerbrot-Wagen:

> *„Wenn man zum Wasserturm geschaut hat, konnte man das Auto bereits sehen, da hat man noch eine Weile spielen können, bis der wirklich da war. Die sind damals ja nur 40 km/h gefahren. Trotzdem musste man aufpassen, wenn wir zu langsam waren, sind sie uns über den Ball gefahren, dann hat's gescheppert.“*

Die Gassenkicker waren begehrt. Turl spielte bei Phönix in der Schülermannschaft, seine Freunde fast geschlossen beim WFC20, dem Verein von Bubi Jaroš, einem fußballbesessenen Meidlinger, der zu einem der erfolgreichsten Talentesucher Wiens werden sollte. Jaroš, der als Baby Kinderlähmung gehabt hatte und seine Arme nicht benutzen konnte, bot den Kindern die erste strukturierte Herangehensweise an den Fußballsport. Wagners Erinnerung an jenen Mann, der Talente am laufenden Band entdeckte, war bis ins hohe Alter lebhaft:

> *„Der konnte wunderbar mit dem Mund malen und hat seine Bilder für gutes Geld verkauft. Er hat bei seiner Mutter gelebt, und einer unserer späteren Mannschaftskollegen, der Cerwenka Fritz, hat neben ihm gewohnt und war so etwas wie sein Domestik. Der war Tag um Tag bei ihm und ist mit ihm aufs Klosett gegangen und hat mit ihm gegessen. Das kann man sich gar nicht vorstellen, wie er sich bemüht hat um den Jaroš."*

Jaroš setzte sich mit der Wacker, dem sportlichen Aushängeschild in Meidling, in Verbindung und erwirkte die Möglichkeit, die Kindermannschaft unter der Patronanz der Wacker führen zu dürfen. Das mündete in die Gründung des WFC20, bei dem er Jugendliche aus dem rivalisierenden Ober- und Untermeidling mischte und das Privileg erhielt, mit seiner Mannschaft auf dem Wacker-Platz spielen zu dürfen.

Turl Wagner bestritt seine Matches am Samstag bei der Phönix und ärgerte sich jedes Mal, dass er sie allein, ohne seine Freunde, mit denen er früher immer auf der Straße gespielt hatte, absolvieren musste. Aber er wollte den Vater, der ebenfalls bei der Phönix aktiv war, nicht im Stich lassen. So spielte er zwar nicht beim WFC20, doch ging er immer zuschauen, wenn seine Freunde aktiv waren. Und er hatte seine Packln, wie die Fußballschuhe bezeichnet wurden, fast jedes Mal mit. Fußballschuhe waren damals eine Rarität, also nahmen sich die Kinder meist weggeworfene Schuhe und stoppelten sie selbst auf. Die Wagners besaßen als Hausmeister einen Hackstock, und Turl organisierte sich einen Ambos, Stanzen vom Eisentandler und montierte Stoppeln auf seine Schuhe. Da diese meist keine intakten Sohlen hatten, musste mit einem alten Lederfleck auch das Unterleder wiederhergestellt werden. Trotzdem war das Leder meist zu dünn, und bei jedem Match rissen mehrere Stoppeln aus, die dann in der kommenden Woche wieder montiert werden mussten. Eine derart intensive Behandlung fördert die Beziehung zum Sportgerät, und so trug Turl Wagner seine Schuhe beinahe immer bei sich.

Eines Tages spielte der WFC20 ein Testspiel gegen eine Nachwuchsmannschaft des Wiener Sportclub, und Turl Wagner war so wie zumeist als Zaungast dabei. Was dann passierte, blieb ihm zeitlebens in lebhafter Erinnerung:

> *„Der Hubinek, der war Center-Half und Kapitän beim WFC20 und hat mit mir in Obermeidling immer auf der Gasse gespielt. Und der Hubinek kommt auf einmal zu mir und sagt, dass sie einen Spieler zu wenig haben, und fragt mich, ob ich mitspielen möchte. Da hat man damals keinen Spielerpass gebraucht, man konnte einfach mitmachen. Also habe ich Ja gesagt. Aber dem Jaroš war das gar nicht recht. Er wollte keinen Obermeidlinger dazunehmen, weil er wollte, dass es immer ausgewogen war. Letztlich hat er dann doch zugestimmt und hat mich zum Umziehen geschickt. Irgendwie ist ihm das auch auf die Nerven gegangen, dass ich bei jedem Match dort gestanden bin und gewartet habe, ob ich doch einmal mitspielen kann.“*

Platzwart Aster brachte dem Turl Fußballschuhe. Doch die sind mindestens zwei Nummern zu groß:

„Ich habe gesagt, dass die zu groß sind, und man hat mir gesagt, dass ich dann halt nicht spiele. Also habe ich Zeitungspapier in die Schuhe gestopft und sie angezogen. Ich habe keinen Ball erwischt. Unter der Woche, wenn wir gespielt haben, war ich einer der Besten. Meine Haberer haben gefragt, was los ist mit mir. Mir ist jeder Ball weggesprungen beim Dribbeln – so nervös war ich, vielleicht, weil es überraschend war, dass ich doch spielen durfte. Jedenfalls hat der Jaroš gesagt, dass ich zwar kommen kann, aber spielen wird er mich nicht mehr lassen.“

Turl Wagner spielte weiter bei Phönix 12 und ging regelmäßig zu seinen Freunden beim WFC20 zuschauen. Nicht allzu lange nach dem unsäglichen Spiel saß der Turl wieder einmal auf der Tribüne am Wacker-Platz und beobachtete das Geschehen. Da rief ihn Jaroš zu sich. Ob er spielen wolle, fragte er.

„Ich habe meine Fußballschuhe schon mitgehabt, irgendwie habe ich das scheinbar gespürt an diesem Nachmittag.“

Jaroš inspizierte noch die Schuhe und prüfte, ob die Stoppeln brauchbar waren, dann schickte er den Turl in die Kabine zum Umziehen.

„Wie der Teufel so will, haben wir an dem Tag 7:2 gewonnen, und ich habe Center-Stürmer gespielt und fünf Tore gemacht. Von da an war ich gesetzt“, wird sich Turl an diese Weichenstellung seiner Karriere erinnern.

Von nun an spielte Turl Wagner immer wieder bei der Mannschaft, was auch seinem Vater auffiel, der ihn bald darauf ansprach und ihm, als er merkte, dass sein Sohn ein schlechtes Gewissen hatte, weil er ihn nicht enttäuschen wollte, gleichzeitig aber bei seinen Freunden spielen wollte, mit folgenden Worten die Freigabe erteilte: *„Die Wacker ist die Wacker, und wenn du die Chance hast, dort zu spielen und bei deinen Freunden zu sein, dann solltest du das auch tun."* Der Vater kam von da an zu den meisten Spielen seines Sohnes als Zuschauer.

Die Jugendmannschaft der Wacker durfte auf dem Wacker-Platz trainieren. Ein Privileg für die Kinder und eine geschickte Möglichkeit, die Nachwuchsfußballer näher an die Erste, wie die Kampfmannschaft bezeichnet wird, heranzuführen. Die Nachwuchsspieler trainierten um 14 Uhr, danach kam die Erste zum Training, und die Jugendlichen blieben fast immer auf der Tribüne sitzen und beobachteten ihre Vorbilder bei den Trainingseinheiten. So bekamen sie nicht nur ein Gefühl für die Spieler, sondern auch für die Trainingsübungen, die die Erwachsenen durchführten. Ein Umstand, der sich bei einer potenziellen späteren Integration in den Kader als sehr nützlich erweisen sollte.

Turl Wagner war ungefähr zwölf Jahre alt, als er bei einem Spiel der Kampfmannschaft der Wacker in der Funktion eines Ballbuben – oder wie man es damals bezeichnete als Ballschani – an der Seitenauslinie stand. Aufgeregt verfolgten die Buben das Match, immer bereit, den Ball zurück ins Feld zu werfen, wenn dieser die Seitenauslinie überquerte. Turl sah dabei erstmals aus nächster Nähe auch das Aushängeschild der Wacker-Mannschaft, sein Idol, eine Lichtgestalt im österreichischen Fußball, den ehemaligen Wunderteam-Spieler Karl Zischek. Ehrfürchtig bewunderte der junge Turl den prominentesten Wacker-

Spieler zu dieser Zeit, der als Rechtsaußen in der ersten Halbzeit dort seinen Aktionsradius hatte, wo Turl auf die Bälle lauerte, die aus der Spielbegrenzung entwischten. Und wie es der Zufall so wollte, ging direkt vor Turl ein Ball ins Aus, er hob diesen eilig auf und wollte ihn seinem Idol, Karl Zischek, der bereits zur Seitenlinie herangetrabt kam, um den Einwurf auszuführen, übergeben. Doch in all der Hektik und Aufregung stolperte er über einen Stein, landete direkt vor Zischek auf den Knien und blickte diesen entsetzt an, während er sich unendlich genierte. Doch der Nationalstürmer lachte den Turl nicht aus, wie dieser befürchtet hatte, sondern im Gegenteil: Er beugte sich zu dem Ballbuben hinunter, streichelte ihm behutsam über die Wange und sagte in väterlichem Ton: *„Burli! Brauchst nicht nervös sein."*

Dann half er dem Nachwuchsfußballer auf, tätschelte ihm noch den Kopf und führte sogleich den Einwurf aus. Turl sollte diesen Moment als einen der wichtigsten seines Lebens bezeichnen, der seine Fürsorge für die Jugend und seine Toleranz nährte.

Im Alter von 14 Jahren trat Turl Wagner aus der Hauptschule aus. Er hatte eine Lehrstelle als Dreher bei der Firma Alfa-Separator in der Wienerbergstraße gefunden. Dort stellte er Bauteile her, zum Beispiel Schrauben, Muttern, Bolzen oder diverse Werkzeugmaschinen, die in zahlreichen Produkten, die Alfa-Separator vertrieb, benötigt wurden. Eine gewisse handwerkliche Begabung war ihm in die Wiege gelegt und wurde in der ersten Station seiner beruflichen Karriere weiter perfektioniert.

Der Alltag in Kriegszeiten

Mit jedem Jahr verstärkten sich die Kriegswirren, mittlerweile hatte fast jede Familie Mitglieder verloren, und die anfänglichen, von der Propaganda romantisierten militärischen Erfolge des sogenannten Blitzkriegs wurden immer mehr von realitätsnäheren Schilderungen der Fronturlauber oder Verwundeten, die zu Tausenden vom Felde nach Hause kamen, verdrängt.

Auch Familie Wagner hatte einen bitteren Verlust zu verarbeiten: Eduard, Turls Cousin, fiel. Doch immer noch war Wien von der Front weit entfernt, und man lebte in einem trügerisch „normalen“ Alltag und wähnte die grausame Fratze des Kriegs in sicherer Entfernung. Für Turl Wagner bot sich neben der Lehre nun genug Zeit für den Fußball. Bei Wacker spielte er in der Jugendmannschaft und machte sich gut. Überdies wurde am 17. November 1942 seine Schwester Stefanie geboren, mit der er sein gesamtes Leben lang eine sehr innige Verbindung pflegen wird.

Zur gleichen Zeit begann auch sein Bruder Alfred, auf der Straße Fußball zu spielen. Dort lernte er die Brüder Ernst und Paul Kozlicek kennen, mit denen sich bald eine Freundschaft entwickelte, die ein Leben lang halten sollte. Familie Kozlicek wohnte in der Pottendorfer Straße, Ecke Wurmbstraße, nur wenige Meter entfernt von der Wohnung, in der Turl und Alfred ihre Kindheit verbrachten. Ähnlich wie bei Familie Wagner befanden sich auch bei den Kozliceks weitere Familienmitglieder im direkten Umkreis zur elterlichen Wohnung.

Ernst, der ältere der beiden Brüder, erinnerte sich: *„Bei uns im Haus war eine Tischlerei, die einem Onkel von uns gehört hat, und ein paar Häuser weiter war ein anderer Onkel, der auch Tischler war, der hat Särge gemacht."*

In eben solche legte er sich mit seinen Freunden, unter anderem auch mit dem Wagner Fredi, wartete geduldig, bis jemand den Deckel öffnete und sich dann buchstäblich zu Tode erschreckte. Für Buben wie Ernst und Paul war Turl Wagner, der bereits beim Verein aktiv war, ein Vorbild und der „Große" unter den Kindern, der meist nur am Rand stand und zuschaute, wenn die Kleinen dem Ball nachjagten, allen voran sein neun Jahre jüngerer Bruder. Immer wieder forderten die Kinder Turl auf, mitzuspielen.

„Der war dann schon den großen Ball gewohnt, und die Buben haben mit dem Tennisball gespielt, da haben's ihn oft ganz schön am Schmäh gehalten", erinnerte sich Ernst Kozlicek. Trotzdem war der Turl immer der *„Chef"* und das Idol. Doch wurde seine Strahlkraft noch übertroffen von einer wahren Meidlinger Legende, wie Ernst Kozlicek zu berichten wusste:

> *„Wir haben meistens in der Pottendorfer Straße gespielt, da war weniger Verkehr. Aber wenn der Rigo Kuthan aus dem Fenster geschaut hat, dann sind wir alle blitzartig in die Wurmbstraße gelaufen und haben vor dem Haus vom Kuthan gespielt. Der war eine Legende bei uns in Meidling. Der hat bei Rapid gespielt, war mehrfach Meister und einmal Torschützenkönig."*

Turl Wagner wird zuerst Ernst und später auch Paul zu Wacker lotsen, weil er ihr Talent erkannt hatte, was offensichtlich auch nicht allzu schwer gewesen sein dürfte. Fredi, Paul und Ernst hoben sich bei den 5-gegen-5-Spielen der Straßenkicker deutlich ab und standen fast immer auf der Siegerseite. Ernst Kozlicek: *„Der Turl hat öfter zugeschaut, und irgendwann ist er zu mir gekommen und hat gesagt: Wenn du da spielst, kannst du zur Wacker auch kommen. So bin ich dann zum Verein gegangen.“*

Neben der Arbeit, dem Fußballplatz und der Zeit bei den Kindern auf der Gasse blieb immer noch genug Zeit für den Turl, der Oma bei ihrer Arbeit als Hausmeisterin zu helfen. Von Botengängen für Parteien bis zu kleinen Reparaturen – der hilfsbereite Turl war überall dabei. Auch beim Putzeinsatz, wenn sich der Hausherr wieder einmal angesagt hatte. Wenn dieser das Haus besuchte, musste alles blitzblank sein, und die Familie musste sich ruhig verhalten. Der Eigentümer bekam sein Essen und nutzte das Sofa im Schlafzimmer der Oma, um sich auszuruhen.

Der Hausmeisterbub wurde oft von den Hausparteien zu Unterstützungstätigkeiten angefordert, meist um Lebensmittel einzukaufen. Ein paar Groschen verdiente er sich dabei, und so kam einiges zusammen bis zum Abend. Manches Mal durfte er für Frau Hedmar Besorgungen erledigen. Bei besagter Dame handelte es sich um eine *„Spiritistin“*.

Turl berichtete, wie die Séancen in ihrer Wohnung im ersten Stock abliefen:

> *„Damals hatte man Petroleumlicht. Sie hat das Licht klein gedreht, und es war richtig mystisch. Dann hat sie einen der verstorbenen Ehemänner gerufen. Wir möchten gerne wissen, wie*

es dir geht. Wenn es dir gut geht, pumpere zwei- bis dreimal. Auf einmal hat es im Kabinett gepumpert."

Das Geschäft ging gut, und Frau Hedmar war großzügig. Bis zu einem Schilling erhielt Turl für seine Botengänge. Im Vergleich: Sein Vater verdiente fünf Schilling in der Woche.

Neben seiner Hilfsbereitschaft zeigte sich auch eine zweite typische Eigenschaft des Heranwachsenden. Er spielte der Oma Streiche am laufenden Band. In der Küche zum Beispiel, wo sich eine höhenverstellbare Lampe befand, stellte er diese auf die höchste Position. Die kleingewachsene und korpulente Oma tappte bei ihrem nächtlichen Gang zur Toilette, die sich, wie damals üblich, am Gang befand, buchstäblich im Dunklen und scheiterte bei ihrem Versuch, die Lampe zu ertasten. Der obligate Pumperer, nachdem sie mit einer Wand oder einem Möbelstück kollidierte, beendete das Schauspiel. *„Die Schimpfer hat dann immer der Fredi gekriegt"*, gibt Schwester Stefanie die Erzählungen wieder.

Turl nutzte die Dienstleistungsverpflichtung der Oma regelmäßig, um sie zu foppen. Er lief in den dritten Stock, wo es zwei Gänge gab, und rief: *„Frau Wagner, kummens auffe!"* Während die Oma schnaufend in das oberste Stockwerk eilte, wartete der Turl, welchen Gang sie wählte, und lief eilig durch den anderen zurück zur Stiege und huschte in die Wohnung im Erdgeschoß, um die Oma dort zu erwarten.

Auch den Mittagsschlaf konnte Turls Großmutter nicht ohne Angst genießen. Manches Mal, während die Oma auf dem Sessel in der Küche Erholung bei einem Nickerchen suchte, band ihr der älteste Enkel das Schürzenband um den Sessel, und wenn sie danach versuchte aufzustehen, stand sie mit dem Sitzmöbel auf.

Ein anderer Streich: Turl nahm ihr während ihres Mittagsschlafs vorsichtig die Brille ab und klebte Cellophan auf die Gläser. Sobald die Oma erwacht war, rief sie: *„Hilfe! Ich seh schon wieder nix!“*

„Regelmäßig hat die Oma den Fredi und den Turli mit dem Schürhaken durchs Schlafzimmer gejagt. Meist hat sie geglaubt, es war der Fredi, dabei ist fast immer der Turl dahintergesteckt“, gibt Schwester Stefanie Einblick in den ganz normalen Alltag bei der Oma.

Bruder Alfred war viel ruhiger als sein älterer Bruder, fast schon introvertiert. Während der Turl seine Gefühle und Meinungen meist ungefiltert in die Welt posaunte, war Alfred weniger mitteilsam und spielte auch kaum Streiche. Eine Geschichte, die auf das Konto von Fredi ging, war jedoch ein Dauerbrenner. Er und seine engsten Freunde, der Steup Hansi und der Kozlicek Pauli, spielten regelmäßig bei der Oma in der Küche Tipp-Kick, oder wie es richtiger heißt: Pfitschigogerln. Ganze Meisterschaften wurden ausgespielt, und dabei wurde lautstark – wie am richtigen Fußballplatz – gejubelt. Als Spieler dienten Knöpfe, die sich die Buben aufgedoppelt und geschliffen hatten, damit sie bestmöglich über den Küchentisch flutschten. Der Vater war Vorstand im Kleingartenverein und hatte einmal im Monat Besprechung. Als er eines Tages den neuen Trenchcoat aus dem Kasten nahm, um zur Vereinssitzung zu gehen, musste er feststellen, dass sich keine Knöpfe mehr auf dem Mantel befanden. Paul und Fredi hatten diese in hochwertige Neuzugänge ihrer Pfitschigogerl-Kader verwandelt.

Die A-Jugend von Wacker Wien, die die Altersklasse von 14 bis 18 Jahren umfasste, war zweimal Meister geworden. Turl Wagner erinnerte sich daran, mit 103 Treffern in einer Saison Torschützenkönig geworden zu sein. Als Gegenspieler hatte er es meist mit Älteren zu tun, was seine fußballerische Entwicklung vorantrieb.

„Als Kleiner konntest du viel lernen. Man wurde im Zweikampf mehr gefordert und ist dadurch viel stärker geworden", erklärte Turl die Bedeutung dieser Umstände für seine Karriere. Kriegsbedingt waren nur acht bis zehn Mannschaften in der Liga, da es nicht genügend Spieler gab.

Der Krieg gewann an Grausamkeit, die Wehrmacht vermeldete immer öfter Misserfolge, und spätestens seit der Niederlage in Stalingrad im Februar 1943 hatten sich die Kräfteverhältnisse an diversen Fronten zugunsten der Alliierten verschoben. Immer mehr Gefallene, Vermisste und Verwundete saßen wie ein Stachel in den Gefühlen der Familien in der Heimat.

TEIL 2
1943–1962
Die Fußballkarriere des Turl Wagner

Einer der Führungsspieler der Wacker war zu dieser Zeit Ernst Reitermaier. Der 1918 geborene Stürmer befand sich über eine lange Zeit in Bestform, hatte 1939 für die reichsdeutsche Nationalmannschaft gespielt und 1942 zusammen mit dem Sportclub-Stürmer Jelinek den Titel des Torschützenkönigs erobert. Gleichzeitig wirkte der Star der Mannschaft, sofern diese Bezeichnung in der damaligen Zeit anwendbar ist, da das heute bekannte Starverständnis damals noch nicht existent war, als Trainer der A-Jugend bei der Ausbildung der nachstoßenden Generation mit. Seine Popularität bewahrte ihn auch vor einem Fronteinsatz. Im Rahmen der Krankenbetreuung war er mit Uniform eingeteilt, Verwundete und Rekonvaleszente mit dem Rollstuhl zu führen. Die Patienten waren begeistert, von einem „Prominenten" betreut zu werden. Eine Propagandamaßnahme, die von den Nationalsozialisten flächendeckend eingesetzt wurde und die durchaus Erfolg brachte. Nicht so glücklich wie die weit über ihren Verein hinaus bekannten Spieler waren viele andere, die mit Fortdauer des Kriegs sukzessive an die Front geschickt wurden. Ein Umstand, der damit auch die Vereinsleitungen zwang, auf Reservespieler und auch auf Nachwuchsspieler zurückzugreifen.

Und es war Ernst Reitermaier, der an einem ganz besonderen Moment für Turl Wagner beteiligt war, der in dessen Erinnerung bildhaft bis ins hohe Alter verewigt blieb:

> *„Am Donnerstag, wir hatten unser Abschlusstraining am Wacker-Platz bei der Uhr unten und haben uns eingeschossen. Auf einmal ruft mich der Reitermaier zu sich und schickt mich nach*

> *Hause. Und ich frage wieso, wir sind ja gerade im Training. Da hat er mir gesagt, dass ich am Sonntag in der Ersten spielen werde. Ich habe geglaubt, mich haut's um.“*

Der Gegner hieß LSV Markersdorf. Der Luftwaffensportverein Markersdorf war 1939 gegründet worden und diente, wie zahlreiche andere derartige Wehrverbandsmannschaften, als Auffangbecken für eingerückte Topfußballer. Der LSV Markersdorf, bei dem über die Jahre zahlreiche Nationalspieler wie die Deutschen Paul Zielinski oder Walter Dzur sowie die Österreicher Karl Durspekt, Lukas Aurednik, Adolf Huber, Max Merkel und auch Wunderteam-Legende Karl Sesta spielten, hatte sich inzwischen in die höchste Spielklasse hochgearbeitet. Und so standen sich am 10. Oktober 1943 in Sankt Pölten der LSV Markersdorf und Wacker Wien gegenüber. Die Meidlinger mussten ohne die verletzungsbedingt nicht im Kader stehenden Reitermaier, Zischek und Kaburek antreten, dafür mit einem blutjungen Theodor Wagner. Die Einstimmung auf das Spiel war aber alles andere als optimal verlaufen, wie Turl Wagner berichtete:

> *„Als junger Spieler musste man den Sanitätskoffer tragen. Unser Masseur war schon ein etwas älteres Semester. In meiner Nervosität habe ich den Koffer im Zug vergessen. Dann war ich mit den Nerven am Ende und habe bitterlich geweint.“*

Tormanntrainer Pelikan, der Vater des späteren Wacker-Torhüters Franz Pelikan, der selbst als Torhüter in den unteren Klassen aktiv gewesen war, wovon zahlreiche Narben in seinem Gesicht zeugten, tröstete den Jungspund Wagner. Er solle sich keine Sorgen machen, das sei anderen auch bereits passiert, und die Konzentration sollte rein dem Spiel gelten. Doch es half nichts, Turl Wagner war komplett verunsichert und fand gar nicht in die Partie. Ähnlich wie damals, als er unter den Augen von Bubi Jaroš sang- und klanglos untergegangen war, scheiterte er auch diesmal bei einer wichtigen Premiere. Als der Vater am nächsten Tag zum Greißler eilte, um sich über den ersten Einsatz seines Sohnes in der Zeitung zu informieren, musste er die vernichtende Zusammenfassung der glatten 0:2-Niederlage lesen: *„Im Angriff war nur Kucharsky gefährlich, während sich die Jugendspieler Wagner und Windisch in der Mitte schon aufgrund ihrer körperlichen Unterlegenheit nicht durchsetzen konnten."*[8]

Mildernd muss man hinzufügen, dass Wacker-Torhüter Taborsky bereits in den ersten Spielminuten mit Markersdorf-Spieler Klein kollidiert war und schwer verletzt, mit Verdacht auf Schädelbasisbruch, ins Krankenhaus gebracht werden musste, wodurch die Meidlinger nur mit zehn Mann und Stürmer Jany im Tor weiterspielen mussten.

Der Weg zum folgenden Training wurde für den ehrgeizigen Wagner zum Canossagang. Er genierte sich für die Leistung und fürchtete zugleich, seine Chance vertan zu haben. Ernst Reitermaier empfing den Nachwuchsstürmer gleich beim Eingang, nahm ihn zur Seite und versuchte, ihn mental wieder aufzurichten. Immerhin sei es sein erstes Spiel gewesen, die Mannschaft sei in der Unterzahl gewesen, und es sei schon zu sehen, welches Talent in ihm stecke, bekam Turl

8 Völkischer Beobachter, 11. Oktober 1943, https://anno.onb.ac.at/cgi-content/anno?aid=vob&datum=19431011&seite=4&zoom=10

Wagner an aufmunternden Worten zu hören. Dennoch blieb die Enttäuschung über das Match die vorherrschende Emotion.

Zwei Wochen und eine deutliche Niederlage gegen den Wiener AC später trat die Wacker daheim gegen den FC Wien an. Die Jugendspieler schauten sich die Spiele der Ersten immer von der Tribüne aus an, und Turl Wagner hatte sich bereits auf seinem Platz niedergelassen, als plötzlich ein Fliegeralarm losging, ein sogenannter V-Alarm – das stand für Voralarm und bedeutete eine Vorsichtsmaßnahme für die Bevölkerung, wenn sich feindliche Flugzeuge im Anflug befanden, jedoch noch nicht klar war, wo ihr Ziel sein würde. Wien war bis Mitte 1943 von Bombenangriffen verschont geblieben. Im Volksmund bezeichnete man die Stadt deshalb als „Reichsluftschutzbunker". Im August 1943 waren erstmals die Flugzeugwerke in Wiener Neustadt angegriffen worden, und nachdem die Alliierten im italienischen Foggia einen Luftwaffenstützpunkt errichtet hatten, geriet auch Wien ins Visier der Luftangriffe. Die Flugabwehr war aber nach dem ersten überraschenden Angriff verstärkt worden und bewies ihre Schlagkraft am 1. Oktober, als die amerikanische Luftflotte herbe Verluste erlitt. Der Voralarm diente dazu, der Bevölkerung genug Zeit zu verschaffen, sich in die Schutzeinrichtungen zu begeben, und wurde aufgehoben, wenn ersichtlich war, dass der Angriff einem anderen Ziel galt. Als an jenem 24. Oktober 1943 der V-Alarm losheulte, war die Routine bei den Wienern noch nicht eingekehrt, ein Verkehrschaos war das Ergebnis. Bereits in einer Stunde sollte der Anpfiff des Wacker-Spiels erfolgen. Die Straßenbahnen, damals das Hauptverkehrsmittel in Wien, stellten ihren Betrieb ein, und somit kam der öffentliche Verkehr weitgehend zum Erliegen. Während sich die gegnerische Mannschaft nahezu vollzählig versammelt hatte, waren gerade erst sechs Spieler des Gastgebers Wacker Wien eingetroffen. Turl Wagner erkundigte sich beim Zeugwart, wie lange es denn noch dauern sollte, bis das Spiel angepfiffen werden würde. Als der V-Alarm aufgehoben wurde, hatte er vom langen Warten bereits Hunger, und wenn sich nicht bald etwas ändern sollte, plante er, nach Hause zu gehen und etwas zu essen. Alles lief ohnehin auf eine Spielverschiebung hinaus. Doch dann ging plötzlich alles ganz schnell. Der Platz füllte sich, und alle waren in Erwartung des Spiels. Unten bei der Tribüne ging Ernst Reitermaier vorbei und winkte Turl zu sich.

> *„Ich habe mir gedacht, was will denn der schon wieder, und bin zu ihm gegangen. Ich bin davon ausgegangen, dass ich dem Zeugwart helfen soll. Aber er deutete auf die Kabine und sagte mir, ich solle da reingehen. Ich habe ihn gefragt, was ich dort machen soll. Da hat er mir gesagt, dass ich heute spielen werde."*

Turl spürte die Nervosität, aber bei Weitem nicht so schlimm wie bei seinem ersten Auftritt. Als er die Kabine betrat, sah er sofort Karl Zischek. Spätestens seit seinem Hoppala als Ballbub diente der Wunderteam-Spieler als Wagners unumstrittenes Vorbild.

Karl Zischek blickte auf und deutete dem Jungspund, sich zu ihm zu setzen: *„Bua, komm, setz dich zu mir."*

Diese Worte würde er nie mehr vergessen. Artig grüßte er die Wacker-Legende mit *„Guten Tag, Herr Zischek."*

Dieser antwortete: *„Sag Karli zu mir."*

In der Folge erklärte Zischek dem jungen Stürmer, der vor seinem ersten Heimspiel stand, er brauche nicht nervös zu sein, und wenn es in einer Situation eng werden sollte, solle er den Ball einfach zu ihm abgeben. Er würde die Verantwortung übernehmen, um zu verhindern, dass die Zuschauer meutern, wenn Wagner den Ball in einem unnötigen Dribbling oder einem Fehlpass zu verlieren drohe. Zischek ging mit Wagner aufs Feld zum Aufwärmen, und nach einigen Momenten rief er ihn zu sich: *„Komm einmal her. Glaubst du, wir sind in einem Puff?“*

Entsetzt erkundigte sich Turl bei seinem Idol, wie er denn zu dieser Annahme käme.

„Schau dir deine Stutzen an, die hast verkehrt herum angezogen, die Naht ist außen. Das schaut ja aus wie bei den Hurln.“

Wacker verlor das Spiel knapp mit 2:3, und Wagner spielte eine gute Partie.

Genau eine Woche später stand er erneut in der Startaufstellung im Duell gegen Rapid. Gegen eine starke Mannschaft der Hütteldorfer zogen die Meidlinger knapp mit 1:2 den Kürzeren. „Das Kleine Blatt“ schrieb am nächsten Tag:

> *„Bei den unglücklichen Wackerleuten waren der Tormann Taborsky, Macho in der Deckung, Reitermaier, der das Um und Auf der Elf war, und der diesmal auf dem rechten Flügel eingesetzte Wagner die besten Spieler.“*[9]

9 Das Kleine Blatt, 1. November 1943, https://anno.onb.ac.at/cgi-content/anno?aid=dkb&datum=19431101&seite=4&zoom=33

Dieses Spiel stellte auch das erste Aufeinandertreffen in der Kampfmannschaft mit dem um ein Jahr älteren Alfred Körner dar. Der Rapidler wird später ein langjähriger Wegbegleiter Wagners sein. Und dieses Spiel war auch das erste Duell mit Ernst Happel, mit dem Wagner stets freundschaftlich verbunden bleiben wird.

Der Höhenflug blieb bestehen, Wagner spielte regelmäßig. Am 7. November beim Heimspiel gegen die Amateure Steyr lieferte er eine solide Leistung und hatte auch seinen Anteil daran, dass Ernst Reitermaier mit seinen vier Treffern beim 5:0-Sieg glänzen konnte.

Das darauf folgende Duell mit dem FAC ging glatt mit 0:3 verloren, doch „Das Kleine Blatt" hob Wagner dennoch hervor: *„... bei Wacker waren der Mittelläufer Polster, der junge Wagner und zeitweise Reitermaier die besten Leute."*[10]

Am 28. November 1943 gelang ihm ein weiterer wichtiger Meilenstein in seiner noch jungen Karriere, und zwar im Spiel gegen die Vienna, die zu dieser Zeit eine der besten Mannschaften in der „Ostmark" darstellte. Nicht einmal einen Monat vor dem Duell mit Wacker Wien hatten die in Blau-Gelb spielenden Döblinger den Tschammer-Pokal gewonnen, den Pokalbewerb des Deutschen Reiches. Auf dem Weg ins Finale wurden der FC Nürnberg und Schalke 04 bezwungen, ehe beim Endspiel in Stuttgart der Luftwaffenverein Hamburg in einer packenden Partie mit 3:2 in der Verlängerung besiegt werden konnte. Die Wacker-Mannschaft hatte an diesem Sonntagnachmittag keine Chance gegen die Döblinger, bei denen unter

10 Das Kleine Blatt, 15. November 1943, https://anno.onb.ac.at/cgi-content/anno?aid=dkb&datum=19431115&seite=4&zoom=33

anderem Nationalspieler Karl Decker und der in Wien stationierte Hamburger Rudolf Noack spielten. Noack, geboren 1913, zählte zu den ganz großen Spielern seiner Zeit. Ernst Happel gab für das „Fußball Lexikon Hamburg" in seiner Zeit als Trainer des Hamburger SV folgendes Statement ab: *„Bis auf Matthias Sindelar, Österreichs berühmtester Fußballer aller Zeiten, war er besser als die Stars des Wiener Wunderteams."*[11]

1:6 unterlagen die Meidlinger, aber der junge Turl Wagner sollte trotz der sportlichen Übermacht zum besten Wacker-Spieler gekürt werden und erzielte den Ehrentreffer. „Das Kleine Blatt" adelte den jungen Stürmer mit den Worten: *„Bei Wacker wäre vor allem Wagner hervorzuheben, nächst ihm noch Reitermayer (sic!), alle übrigen ließen viel zu wünschen übrig."*[12]

Am 12. Dezember spielte Wagner gegen die Wiener Austria, bei der mit Camillo Jerusalem, Josef Stroh und Wunderteam-Spieler Heinrich Müller einige erfahrene Nationalspieler aktiv waren. Aber Wacker erwischte einen großartigen Tag und gewann nach 0:1-Rückstand und 5:1-Pausenführung mit 6:4. Turl Wagner erzielte das wichtige 2:1 und wird daraufhin vom „Kleinen Blatt" in der Berichterstattung erneut lobend hervorgehoben: *„... im Angriff waren Wagner, Denk und Kalcik die besten Leute."*[13]

11 Andreas Meyer/Volker Stahl/Uwe Wetzner: Fußball Lexikon Hamburg, Göttingen 2007, S. 231.
12 Das Kleine Blatt, 29. November 1943, https://anno.onb.ac.at/cgi-content/anno?aid=dkb&datum=19431129&seite=4&zoom=33
13 Das Kleine Blatt, 13. Dezember 1943, https://anno.onb.ac.at/cgi-content/anno?aid=dkb&datum=19431213&seite=4&zoom=33

Am 30. April 1944 kam es für Wagner zu einem ganz besonderen Duell. Wieder einmal war der LSV Markersdorf zu Gast in Meidling, und in dessen Reihen befanden sich einige Starspieler. Max Merkel zum Beispiel, oder Karl Sesta. Aber Turl Wagner war besonders aufgeregt, weil er dieses Mal gegen eines seiner größten Idole, den vier Jahre älteren Adolf Huber, spielen durfte. Schon in der Jugend hatte er den dribbelstarken Stürmer verehrt. Huber war am 23. Jänner 1939 der Austria beigetreten. Dieser Tag war der Todestag von Matthias Sindelar, und Huber wurde bald als dessen Nachfolger gehandelt.

Turl Wagner erinnerte sich viele Jahre später an den Stürmer, der in der Nachkriegszeit mit der Austria dreimal Meister und zweimal Cupsieger werden sollte und in 13 Spielen für die Nationalmannschaft zehn Treffer erzielen wird:

> *„Das war ein großartiger Fußballer. Technisch stark, und er hat enorm viele Tore geschossen. Der war so lieb, den haben alle gerngehabt. Wir sind ja oft Ballschanis gewesen im Stadion (Anm. Praterstadion), und nach dem Spiel haben wir immer auf den Huber gewartet. Wir haben gewusst, der zaht immer zwei fesche Katzen mit. Der war ja fesch, blonde Haare, und er hat immer einen lichten Anzug getragen und ein schönes Hemd, meistens in Violett. Wir sind dann immer einige Meter hinter ihm gegangen und haben beobachtet, was er macht. Er hat uns schon gekannt und hat gewusst, dass wir kein Geld hatten, also hat er uns dann immer irgendwo im Wurstelprater ein paar Münzen zugesteckt, damit wir bei einem Standl etwas spielen konnten und einige Zeit beschäftigt waren. Er hat sich dann mit der Dame abgeseilt.“*

Und an jenem 30. April gelang dem blutjungen Turl Wagner mit der Wacker-Mannschaft in einem hart umkämpften Spiel ein 4:3-Sieg über den haushohen Favoriten Markersdorf. Turl Wagner gehörte nun zum Stammpersonal und bestritt von seinem Debüt bis Ende 1944 25 Spiele.

Im gleichen Jahr ging auch der Stern eines anderen jungen Spielers auf, der zeitlebens mit Wagner verbunden bleiben sollte. Der gleichaltrige Walter Zeman wurde Stammtorhüter beim FC Wien und beendete dessen Suche nach einem Einsergoalie. Im Jahr davor waren gleich vier Torhüter zum Einsatz gekommen: Leopold Grimme, Hans Prager, Josef Amreich und Josef Hartl ritterten um das Einserleiberl. Zeman wurde zum Auftakt der Herbstsaison zum Stammtorhüter und sollte diese Position behaupten, bis er 1945 zu Rapid wechseln wird. Wagner wuchs mit dem Favoritner auf:

> *„Der war vom Wienerberg. Wir haben ja am Wienerberg einen Garten gehabt, und er hat immer vorbeigeschaut, wenn er zum Training gegangen ist. Er hat mich immer gefragt, ob ich mit ihm einen Wein trinken möchte. Ich habe ja nichts getrunken, aber ich habe immer einen für ihn hergerichtet. Wenn wir gegeneinander gespielt haben, hat er gefragt, ob er vorbeikommen darf, aber das mochte ich nicht. An diesen Tagen wollte ich meine Ruhe haben, wir haben uns dann ohnehin auf dem Platz gesehen. Wir haben uns immer wieder getroffen. Es war so wie bei Magneten, die sich immer wieder anziehen. Am Schluss war er beim Gaswerk angestellt. Einmal waren in Kalksburg die Kanalgitter verstopft. Ich bin mit dem Auto vorbeigefahren und hab gesehen, dass das Git-*

ter offen war, und ich bin stehen geblieben und habe runtergerufen, dass sie das nicht so offen herumliegen lassen sollen, auf einmal ist der Zeman herausgeklettert. Das war so einer der Zufälle."

Franziska

Im zarten Alter von 17 Jahren hielt nun auch die Liebe Einzug im Leben von Turl Wagner. Und wie so oft ganz unverhofft. Franziska Hummel, ein Mädchen aus der Nachbarschaft, ein Jahr älter als Turl, besuchte damals die Schule, um die Ausbildung zur Lehrerin zu machen. Ein- bis zweimal die Woche lief ihr der Turl auf dem Weg zur Schule oder dem Heimweg nach und haute ihr eins über die Füße, bis es sie *„herblattelte"*, sollte er später erzählen. Als Motiv für sein unrühmliches Verhalten führte er an, die *„Fini"*, wie er sie nannte, necken zu wollen. Und letztlich zeigte der weitere Verlauf der Geschehnisse, dass der Spruch „Was sich neckt, das liebt sich" viel Wahrheit in sich hat. Die junge Dame beschimpfte den lästigen unfreundlichen *„Pilcherbua"* jedes Mal. Franziska wohnte im Haus Wienerbergstraße 20, doch obwohl es das Nachbarhaus war, trennten die beiden Welten. Familie Hummel hatte Wasser und eine Toilette in der Wohnung, während die Wagners eine Bassena und Klo am Gang hatten: *„Die waren was Besseres."*

Ein Abszess am Auge fungierte schließlich als Amors Pfeil. Turl Wagner erinnerte sich:

„Ich habe ein Karbunkel beim Auge bekommen, das ist nach innen gewachsen. Die Oma hat immer gesagt, was von selber kommt, geht auch von selber wieder. Aber das Karbunkel ist nicht wieder weggegangen. Die Oma ist ursprünglich aus Ungarn gekommen, aus dem Komitat Siebenbürgen genauer gesagt, und sie war ganz stolz, weil ich so einen dunklen Teint gehabt habe, sie hat immer gesagt, das hab ich von ihr. Sogar der Puskás hat später immer gesagt, dass ich zu den Ungarn gehöre und nicht zu den Österreichern."

Die Weisheit der Oma half nicht, und Turl verbarg sein Auge sowohl aus Schmerzen als auch um der Oma nicht den Misserfolg ihrer *„Behandlung"* zu zeigen.

„Ich kann mich erinnern, als wäre es gestern gewesen. Es war ein nebeliger Herbsttag, und ich bin auf den Stufen vor dem Haus gestanden und tupfe mir das Karbunkel mit einem Taschentuch, das hat ziemlich wehgetan. Da ist auf einmal die Franziska vorbeigegangen. Sie ist stehen geblieben und hat zu mir herübergeschaut. Ich habe mich weggedreht. Aber sie ist über die Straße gegangen und schnurstracks auf mich zu und hat mich gefragt, was ich denn habe. Ich habe sie angeschnauzt, was sie das denn angeht. Sie hat nicht lockergelassen und hat gemeint, ich schaue irgendwie traurig aus. Sonst habe ich sie immer geschimpft oder bin ihr nachgelaufen und diesmal nicht, das hat sie gewundert. Da habe ich das Taschentuch vom Auge weggerissen und sie angeschrien. Da schau her, habe ich gebrüllt und gehofft, dass sie mich in Ruhe lässt. Jessas Maria, hat sie gerufen und ist weg-

> *gelaufen. Aber sie ist nicht nach Hause gelaufen, sondern zum Doktor Kleinberger, das war unser praktischer Arzt. Den hat sie gut gekannt. Sie ist raufgelaufen und hat ihm von meinem Auge erzählt, und er hat ihr gesagt, sie soll mich gleich holen."*

Turl hatte sich bereits in die Wohnung zurückgezogen. Franziska läutete ihn jedoch heraus und schaffte es tatsächlich, ihn zu Doktor Kleinberger zu bugsieren. Dort sorgt sein Freund Willi Lakisch, der aufgrund seiner forschen Art die Aufgabe hatte, die Leute einzuteilen, dafür, dass Turl gleich vorgereiht wird.

> *„Doktor Kleinberger hat mir dann gesagt, dass ich mich bei der Franziska bedanken kann für ihr beherztes Eingreifen, weil wenn ich noch ein oder zwei Tage gewartet hätte, hätte ich vermutlich mein Augenlicht verloren. Und von dem Zeitpunkt an sind wir zusammen gewesen."*

Franziska Hummel war als *„Feinspitz"* verschrien, was die Burschen betrifft. Die Eltern kamen aus Thuma im Waldviertel. Der Vater war in der Uhrenfabrik in Karlstein tätig. Aber nachdem Turmuhren langfristig keine gute Auftragslage garantieren, blieb ihm nichts anderes übrig, als nach Wien zu übersiedeln und nach Arbeit zu suchen. Hier lernte er, als Untermieter einquartiert, seine spätere Frau kennen. Die beiden bekamen eine Tochter, die ein Einzelkind bleiben sollte. Nach und nach folgten große Teile der Verwandtschaft aus Thuma nach Wien. Die Arbeit warf genug Geld ab, und die Familie betätigte sich auch aktiv in der sozialdemokratischen Partei. Ein Bekannter gab einen entscheidenden Tipp, wie die Wohnungssuche erfolgreich abzuwickeln sein könnte. Die Mutter sollte beim Gang auf das Wohnungsamt die kleine Franziska, die damals noch ein Baby war, mitnehmen, und wenn sie dran wären, der Kleinen in den Hintern zwicken, damit sie möglichst hysterisch plärrt. Das wäre ein Umstand, den die Beamten dort gar nicht leiden können. Franziskas Mutter tat, wie ihr geheißen, und tatsächlich füllte der Beamte angesichts des ohrenbetäubenden Geschreis der kleinen Franziska das Formular ganz schnell und ohne weitere Prüfungen aus, um die nervige Kundschaft so schnell wie möglich wieder loszuwerden.

Franziskas Vater war, wie die meisten im Grätzl, ein glühender Anhänger von Wacker Wien, und auch die Tochter ging bereits als Jugendliche mit auf den Platz. Später sollte sie ihrem Ehemann, mit dem sie acht Jahre zusammen sein sollte, bevor sie heirateten, gestehen, dass sie bereits damals ein Auge auf ihn geworfen hatte.

„Sie war eine fesche Katz und ist von den Burschen immer angesprochen worden, aber die hat sie alle abgefotzt oder vertrieben, sodass alle gesagt haben, die ist ihnen zu bissig“, äußerte sich Turl Wagner über seine Frau.

Ab dem Vorfall mit dem Karbunkel gingen die beiden miteinander, wie es damals hieß. Die anderen Burschen befragten Turl Wagner regelmäßig neugierig nach dem Fortschritt der Beziehung. Einer von Franziskas Onkeln hatte in Thuma einen Bauernhof, und hin und wieder war er in Wien, und dann fuhren Franziskas Eltern ins Waldviertel, um den ebenfalls noch am Hof lebenden Großvater zu versorgen. Diese Besuche dauerten manchmal zwei Wochen, später sogar länger. Als es wieder so weit war, ergriff Franziska die Initiative: *„Du schläfst heute bei mir.“*

Turl Wagner plagten noch die Zweifel, wie er das seiner Familie erklären solle. Er müsse doch in die Arbeit gehen und der Vater kontrolliere alles. Doch Franziska hatte die Begründung parat. Turl solle sagen, dass er Luftschutzübungen in der Firma habe: *„Ob es meine Eltern geglaubt haben, weiß ich nicht, jedenfalls bin ich diese Nacht bei Franziska geblieben, und ab diesem Moment waren wir offiziell ein Paar.“*

Der Krieg rückt näher

Trotz der Freude darüber, regelmäßig in der ersten Mannschaft der Wacker auf dem Platz stehen zu dürfen, entwickelte sich Fußball immer mehr zur Nebensache. Die Firma, in der Turl Wagner seine Arbeit verrichtete, befand sich nur wenige Gehminuten von seinem Wohnhaus entfernt. Wenn feindliche Flieger im Anflug waren, wurde regelmäßig Voralarm ausgelöst, die Arbeit musste unterbrochen werden. Meistens begab sich die Belegschaft auf den Platz vor der Firma und vertrieb sich die Zeit mit Fußballspielen, bis Entwarnung oder ein richtiger Alarm gegeben wurde. In diesem Fall rannte Turl zum Keller seines Wohnhauses, um bei seiner Mutter, der Großmutter und den Geschwistern auf den drohenden Angriff zu warten. Ein ganz besonders einschneidendes Ereignis trug sich im Zuge eines derartigen Angriffs zu. Im Rahmen eines V-Alarms kam die Mutter zum Vorplatz der Firma gelaufen: Seine kleine Schwester rufe ganz hysterisch nach dem großen Bruder. Eine ungewöhnliche Sache, denn normalerweise herrschte bei einem Voralarm keine besondere Aufregung.

Beunruhigt durch die unüblich heftige Reaktion und die Besorgnis der Mutter lief Turl eilig nach Hause und ging in den Keller. Wie immer warf er eine Decke über die Mutter, die Großmutter, seinen Bruder Fredi und seine Schwester Stefanie. Genau in diesem Moment gab es völlig unerwartet einen ohrenbetäubenden Knall. Gleich herrschte bei allen im Keller die Überzeugung, dass da etwas passiert sein musste. Nach einiger Zeit verließen die Leute den Schutzraum, und als Turl auf die Straße trat, kamen ihm bereits ein paar befreundete Mädchen entgegen. Der Walter sei tot, riefen sie ihm entgegen. Walter war einer der besten Freunde von Turl, Mannschaftskollege bei der Wacker-Jugendmannschaft, ein großartiger Rechtsverbinder. Eine Freundin, Grete Schmid, schickte Turl vor. Er schob den Wassertrog, mit dem man die Leiche provisorisch abgedeckt hatte, zur Seite und sah, dass es Walter den Kopf abgerissen hatte. Offenbar war er zum Zeitpunkt des Angriffs treppabwärts aus dem Haus gelaufen. Die Bombe, die eingeschlagen hatte, war eine Streubombe gewesen. Durch den Luftdruck wurde Walter auf das Eisengeländer gedrückt und ihm der Kopf abgetrennt. Zahlreiche Freunde fielen im Krieg, und auch die Stadt erlitt Tag für Tag neue Wunden von den Kampfhandlungen. Auch das Haus, in dem die Familie Wagner wohnte, blieb nicht verschont. Eine Bombe trug den dritten Stock ab.

Turl Wagners Arbeit wurde als „kriegswichtig“ bezeichnet. Die Firma Alfa-Separator stellte Kriegsmaterial wie zum Beispiel Kartuschen für Raketen her. Die Firma selbst war politisch neutral, was es den Nationalsozialisten erschwerte, eingreifen zu können und Personal abzuziehen. Turl war bisher vom Einsatz an der Waffe verschont geblieben.

Doch je näher die Front rückte, desto enger wurde es auch für ihn. Die Armee zog alle ein, auch jene, die bisher nicht angreifbar gewesen waren. Eines Abends kam der Einberufungsbefehl. Bereits am kommenden Morgen sollte er abgeholt und mit dem Bus nach Ungarn zu den Kampfhandlungen gebracht werden. Franziska reagierte blitzartig. Sie informierte Herrn Hönig, den Sektionsleiter der Wacker, über die Lage. Dieser wusste Rat und rief seinen Mannschaftsarzt Dr. Pantzer an. Kurz darauf wurde Turl aufgefordert, sich umgehend ins Triesterspital zu begeben. Hönig erwartete ihn dort und führte ihn zum Arzt. Im Behandlungszimmer wurde bereits Gips angerührt, Turl wurde am rechten Bein rasiert und bis zur Hüfte eingegipst.

„*Schwere Verletzung, wehrdienstuntauglich*“, vermerkte Dr. Pantzer auf dem Bescheid und versah ihn mit dem offiziellen Stempel des Spitals. Am nächsten Tag humpelte Turl zum vereinbarten Abholpunkt bei der Firma, statt ihm wurde ein anderer aus der Belegschaft in den Bus gesetzt. Acht waren es insgesamt. Nur einer kehrte zurück – mit Kopfschuss.

Doch die Gefahr war noch nicht gebannt. Ein Bub aus der Nachbarschaft hatte es auf Alfred abgesehen. Er drangsalierte den Gleichaltrigen, pöbelte und spuckte ihn an. Turl konnte aufgrund des Gipses nicht eingreifen. Doch wie der Zufall so spielt, kam der zwölf Jahre alte Unruhestifter eines Tages um die Ecke, und Turl konnte ihn überraschen. Der Bub kam zu Sturz, und Turl verpasste ihm zwei Ohrfeigen. Die Mutter des Buben beobachtete den Vorfall vom Fenster aus und eilte ihrem Sohn zu Hilfe. Sie beschimpfte Turl und gab ihm zuerst eine, dann eine weitere Ohrfeige. Als sie zur dritten ausholte, war Turl schneller und verpasste ihr ebenfalls eine Watschen, wie man auf Wienerisch sagt. Durch die Wucht stürzte auch die Mutter zu Boden. Der Vater des Buben war bei der SS, mit ein Grund, wieso der Sohn alle anderen terrorisierte. Jetzt wurde es für Turl gefährlich. Die Gestapo suchte ihn. Man entschied sich, ihn in der Kleingartenanlage zu verstecken, bis der Krieg zu Ende wäre. Die Mitglieder des Gartenvereins halfen mit und versteckten Turl an immer anderen Orten. Das Gartenhaus der Familie, in dem – durch einen Bombenschaden verursacht – ein riesiges Loch prangte, war nicht mehr sicher genug.

Das Untergrundleben dauerte nur einige Wochen, dann konnte Turl wieder zu seiner Familie zurückkehren. Die Gestapo hatte andere Sorgen, die Schlacht um Wien befand sich in der Endphase, die meisten Nazis waren bereits abgezogen. Die Bewohner des Hauses Wienerbergstraße 22 warteten auf die russischen Besatzer. Turl wurde in den zweiten Stock geschickt, um die Wienerbergstraße Richtung Wasserturm zu beobachten, ob sich die Russen bereits im Anmarsch befänden. Im Haus gegenüber lebte ein Herr Meinl, ein SS-Mann, der sich absetzen und die verbliebenen Waren, die er für das Militär vorrätig hatte, vor den anrückenden Russen in Sicherheit bringen wollte. Er ersuchte Turl, diese unter den Bewohnern des Grätzls aufzuteilen. Konserven wie Marillen oder auch Grammelschmalz stellten wahre Köstlichkeiten in dieser Zeit dar und erfreuten die teilweise hungernden Anwohner.

Unter russischer Besatzung

Die russischen Besatzer hatten ein veritables Interesse, schnell wieder eine Art Normalität herzustellen, und so sollte bereits am 1. Mai 1945 ein erstes Fußballspiel auf dem Wacker-Platz stattfinden. Doch der war von einigen Splitterbomben durchlöchert. Sektionsleiter Hönig suchte den russischen General auf und teilte ihm mit, dass so nicht gespielt werden könne. Der General beorderte umgehend einen LKW, ließ Erde aus den umliegenden Gärten bringen und die Bombenkrater zuschütten. Bereits zwei Wochen später war der Platz bespielbar.

Der Wacker-Platz wird wieder bespielbar gemacht.

Aber die Wacker hatte, wie die meisten Vereine, zahlreiche Spieler, die gefallen, vermisst, verwundet, in Gefangenschaft oder untergetaucht waren. Jene, die für die NSDAP tätig waren, blieben noch längere Zeit versteckt – aus Angst vor Verfolgung. Etwas mehr als ein Jahr sollte es dauern, bis der Großteil der Spieler zurück oder ihr Verbleib geklärt war.

Wacker sollte in Wien gegen eine tschechoslowakische Auswahl spielen, die zu einem guten Teil der Mannschaft von Slovan Bratislava entsprach und sich mit ein paar Gastspielern verstärkte. Als Turl Wagner schließlich mit seiner Mannschaft aus der Kabine kam und auf das Spielfeld ging, traute er seinen Augen nicht – neben ihm, im Dress der Gäste, ging sein Vater auf den Platz. Er kannte einige Spieler von früher, und man hatte ihn gefragt, ob er aushelfen würde. Doch er hatte Turl nicht informiert und der Mama und der Großmutter verboten, etwas zu verraten. Nun war Turl auch klar, wieso sein Vater in den letzten Wochen oft später als sonst heimgekommen und regelmäßig erschöpft gewesen war. Am Spieltag hatte er vor Turl das Haus verlassen und war zum Wacker-Platz gegangen, um sich vorher aufzuwärmen. Turl hatte sich bereits gefragt, ob ihn sein Vater diesmal nicht anfeuern würde, doch die Mutter hatte ihn beruhigt und ihm erzählt, der Vater habe noch etwas zu erledigen und würde direkt zum Platz kommen. Nun stand er seinem Sohn gegenüber. Die tschechische Auswahl war nicht eingespielt, und so hatte die Wacker-Mannschaft keine Probleme, das Spiel zu gewinnen. Ein glatter 8:0-Sieg unterstrich den deutlichen Klassenunterschied. Turl düpierte seinen Vater mit zwei Gurkerln, was bei diesem für heftigen Ärger sorgte. Die Mutter warnte Turl daraufhin, das gemeinsame Abendessen heute ausfallen zu lassen und später heimzukommen, um dem Zorn des Vaters zu entgehen. Als sich Turl schließlich daheim einfand, saß der Vater immer noch am Küchentisch und gebot ihm, sich niederzusetzen, ehe sich folgender Dialog entwickelte:

Turl: *„Bist vielleicht müde, Papa?"*

Vater: *„Depperter Bua. Das werd ich dir nicht vergessen – zwischen die Füße ..."*

Turl: *„Wennst die Füße auseinander gibst, kann ich ja nix dafür."*

Unter den beiden Fußballern war das Thema damit erledigt.

Wacker mit den russischen Besatzern nach dem 8:0-Sieg über die tschechische Auswahl – Turl Wagner vorne links.

Der russische General war offensichtlich auf den Geschmack gekommen und initiierte kurz darauf ein Pfingstturnier. Es war eines von dreien, die zeitgleich ausgetragen wurden. Auf dem FC Wien-Platz in Favoriten, in der Gußriegelstraße, an jener Stelle, wo sich heute der Fortuna-Park befindet, spielten der Favoritner FC Vorwärts 06, Rapid Oberlaa, Slovan und Gastgeber FC Wien. Auf dem Red Star-Platz und dem Platz des Wiener Sportclubs wurde ein Turnier zwischen Red Star, Post SV, Helfort und dem Wiener Sportclub ausgetragen. Und auf dem Wacker-Platz standen sich Rapid, die Wiener Austria, die Vienna und Wacker gegenüber. Nachdem die Austria im ersten Spiel die Vienna knapp mit 2:1 besiegt hatte, geigte eine entfesselte Wacker-Mannschaft groß auf und besiegte Rapid nach 1:2-Rückstand mit 10:2. Am kommenden Tag verloren die ersatzgeschwächten und sich körperlich nicht in Bestform befindlichen Hütteldorfer auch das Spiel um Platz drei gegen die Vienna, ehe sich Gastgeber Wacker mit der Austria um den vom russischen General gestifteten Pokal duellierte. Die Zeitung „Neues Österreich“ wusste über das Finalduell Folgendes zu berichten:

> *„Das schnelle, aufopfernd geführte Spiel versetzte die Massen in richtige Pokalstimmung. Die erste Hälfte ließ eine klare Überlegenheit der Gäste erkennen, wenn auch Wacker schon in der 5. Minute durch einen Elfmeterstoß Wagners zur Führung kam. Ein Elfmeterstoß Hubers führte zum Ausgleich und in rascher Folge brachten Huber und der jüngere Stojaspal zwei weitere Treffer zustande. Nach dem Seitenwechsel änderte sich das Kampfbild vollständig zugunsten der Meidlinger. Ein Schuss*

Reitermaiers, ein Elfmeterstoß Kucharskys und ein prachtvoller Kopfball Zischeks brachten drei Treffer. Schiedsrichter Brandweiner führte den harten Kampf geschickt durch alle Fährlichkeiten."[14]

Wacker durfte am Ende den Pokal für das Pfingstturnier in Händen halten. Die Trophäe befindet sich heute im Meidlinger Bezirksmuseum.

Beeindruckend waren aber nicht nur die sportlichen Leistungen, sondern auch das Zuschauerinteresse. Trotz, oder vielleicht gerade aufgrund der widrigen Umstände, Hunger, Verunsicherung und Ungewissheit fanden sich bei jedem Spiel rund 10.000 Zuschauer auf dem Wacker-Platz ein.

Einige Wochen nach dem Pfingstturnier kam es zu einer nachhaltigen Verstimmung zwischen Turl und seinem Vater. Doch diesmal hatte der Fußball nichts mit dem Streit zu tun. Der Vater verließ die Familie. Während Turl, quasi erwachsen, diesen Einschnitt ins Familienleben zumindest emotional ganz gut wegstecken konnte und Schwester Stefanie noch zu klein war, um die Auswirkungen vollends wahrzunehmen, traf dieser Schritt vor allem den neunjährigen Alfred mit voller Wucht. Fredi sollte später auch bei seinem Vater in der Metallschleiferei arbeiten, eine Situation, die unweigerlich zu Spannungen führen wird. Außer-

14 Neues Österreich, 22. Mai 1945, https://anno.onb.ac.at/cgi-content/anno?aid=nos&datum=19450522&seite=4&zoom=33

dem weigerte sich der Vater, sich scheiden zu lassen, und war auch mit den Zahlungen für die Kinder mehr als nachlässig. Turl Wagner übernahm in dieser Zeit die Rolle des Ernährers der Familie. *„Es hat uns an nichts gefehlt, und der Turl hat auf viel verzichtet, damit wir alle durchkommen. Für mich war der Turl wie ein Vater"*, erinnert sich Schwester Stefanie an ihre Kindheitsjahre zurück.

Obwohl Turl den Schritt seines Vaters verurteilte, blieb er mit ihm in Kontakt und behielt ihn in der Vaterrolle stets positiv in Erinnerung.

„Ich kann mich nicht beschweren, ich habe eine wunderbare Kindheit gehabt, und als Vater war er großartig", wird er der Schwester in späteren Jahren Einblick geben. Dass Alfred und Stefanie und natürlich auch seine Mutter unter den Umständen sehr litten, zeigte er dem Vater gegenüber aber dennoch regelmäßig, wenn auch ergebnislos. Turl Wagner übernahm nun auch die Vaterrolle für seine Geschwister. Stefanie über ihren großen Bruder:

> *„Die Mama war schon mehr wie resolut und hat uns im Griff gehabt, wenn nicht, dann ist der Turl eingeschritten. Wenn der Fredi und ich Blödheiten gemacht haben, hat die Mama reingerufen, dass sie es dem Turl sagt, wenn wir nicht gleich aufhören, danach war meistens Ruhe."*

Eine besondere Verbindung hatte die Familie Wagner auch nach dem Weggang des Vaters zu Karl Schlechta, der Firmpate von Alfred war. Schwester Stefanie erinnert sich zurück:

> *„Zu Weihnachten waren wir am Stefanitag immer beim*

Schlechta eingeladen. Da sind die Mama, der Fredi und ich eingeladen worden, der Turl war ja meistens auf Tournee. Die Familie hat zwar mehr Geld gehabt, aber da war niemand hochnäsig oder Ähnliches. Später hatte der Schlechta ein Haus gehabt am Maurer Berg.“

Der russische General, der das Spiel am Wacker-Platz initiiert hatte, war ein Fußballfan, hatte einen guten Draht zu Sektionsleiter Hönig entwickelt und mochte den aufgeweckten Turl Wagner, der im Grätzl durchaus eine wahrnehmbare Autorität und Anerkennung genoss. Das Hauptquartier der russischen Militärverwaltung im 12. Bezirk befand sich im Werksgebäude der Alfa-Separator, wo der General regelmäßig mit Turl Wagner zusammentraf und ihm nach einiger Zeit anbot, wenn es irgendwelche Probleme mit russischen Soldaten geben sollte, könne er sich bei ihm melden. Die russischen Soldaten hatten keinen allzu guten Ruf. Gegenstände aus Wohnungen oder gar ganze Wohnungen wurden immer wieder konfisziert und die oft sehr jungen Soldaten nach den spätabendlichen Trinkgelagen zudringlich oder unkontrolliert. Im Nachbarhaus fanden sich regelmäßig zwei in der Alfa stationierte Soldaten ein, die zwei bestimmten Mädchen nachstellten. Turl und seine Freunde blieben oft bis 22 oder 23 Uhr im Hof und passten auf, ob etwas Bedenkliches vor sich ging. Eines Tages versuchten die beiden besagten Russen wieder, zu den Mädchen zu gelangen, und machten sich nach einigen ergebnislosen Versuchen, die Damen zum Öffnen der Wohnungstür zu überreden, bereits an selbiger zu schaffen. Die beiden Mädels riefen verzweifelt vom Fenster aus um Hilfe. Turl erkannte den Ernst der Lage, lief blitzschnell zur Alfa und informierte den General über die Vorgänge. Der beorderte zwei Soldaten, sprang in den Jeep und raste in den Hof der Wohnanlage. Die beiden Unruhestifter wurden sofort aus dem Haus geführt und gleich an Ort und Stelle mit zwei Kopfschüssen exekutiert. Turl war schockiert und machte sich noch viele Jahre Vorwürfe. In der Vergangenheit waren solche Vorfälle lediglich mit einer Tracht Prügel geahndet worden.

Die russischen Besatzer gelten in der kollektiven Erinnerung als die undiszipliniertesten, unberechenbarsten und gefährlichsten der vier Armeen, die Wien verwalteten. Plünderungen und Vergewaltigungen waren ebenso verbreitet wie Willkür. Es war zu einem guten Teil davon abhängig, welchem Soldaten man gegenüberstand und wie dessen Kommandant die Regeln definiert hatte. Tausende Rotarmisten waren im Zuge der Befreiung Wiens gefallen, das Bild der Deutschen und ebenso der Österreicher war durch die Entbehrungen des langen Feldzugs, der teilweise bestialischen Vorgehensweise der Wehrmacht in Russland und nicht zuletzt aufgrund der sowjetischen Propaganda ein grausames, unversöhnliches. Schriftsteller Ilja Ehrenburg verfasste hetzerische Aufrufe für die Armee, die den russischen Soldaten eingebläut wurden. So schrieb er Zeilen wie:

> *„Tötet, ihr tapferen Rotarmisten, tötet! Es gibt nichts, was an den Deutschen unschuldig ist. Folgt der Anweisung des Genossen Stalin und zerstampft das faschistische Tier in seiner Höhle. Brecht mit Gewalt den Rassen-Hochmut der germanischen Frauen, nehmt sie als rechtmäßige Beute. Tötet, ihr tapferen vorwärtsstürmenden Rotarmisten, tötet."*[15]

15 Frankfurter Allgemeine Zeitung, 28. Februar 1995, S. 7.

Auch wenn der offizielle Kodex der Roten Armee lautete, als Befreier diszipliniert und tugendhaft aufzutreten und vor allem die Österreicher als Befreite zu behandeln und nicht als Besiegte, fand es eine große Zahl an russischen Soldaten und Befehlshabern durchaus verständlicherweise schwer, nach gewonnener Schlacht ihren Durst nach Vergeltung von einem Tag auf den anderen abzulegen und den Wienern mit Respekt und zuvorkommend zu begegnen. Diese mentale Herausforderung rechtfertigt aber natürlich keineswegs das Unrecht, das in den sowjetischen Besatzungszonen verübt wurde, vor allem gegenüber den Frauen. Seitens der Armee gab es strikte Regeln und drakonische Strafen. Auf Vergewaltigung stand zum Beispiel die Todesstrafe, doch wo kein Kläger, da kein Richter, und so unterlag jeder Rayon seinen eigenen Regeln. Mit weit verbreitetem, ungezügeltem Alkoholkonsum verschlimmerte sich die Lage nur noch weiter, dazu kam der, trotz der massiven Kriegsschäden wahrnehmbarere, höhere Lebensstandard, der viele Soldaten verleitete, sich ihren „Anteil" zu sichern. Doch dies wurde nicht nur im materiellen Sinne interpretiert, sondern auch im Hinblick auf die Frauen in den besetzten Zonen. Es wird von ungefähr 240.000 Vergewaltigungen in Niederösterreich und Wien ausgegangen.[16]

Turl Wagners Familie entging derlei Gräuel, nicht zuletzt aufgrund der Tatsache, dass der russische General, der für das Grätzl zuständig war, keinerlei Disziplinlosigkeiten seiner Soldaten duldete. Auch

16 Barbara Stelzl-Marx: Die Innensicht der sowjetischen Besatzung in Österreich 1945–1955. Erfahrung, Wahrnehmung, Erinnerung, Habilitationsschrift, Universität Graz 2009.

die Männer der Familie entgingen, mit Ausnahme von Turls Cousin Eduard, dem Tod auf dem Schlachtfeld oder schweren Verletzungen. Dennoch musste Turl Wagner im Jahr 1945 einen Verlust in seiner Familie betrauern. Seine Großmutter mütterlicherseits, Katharina Prinz, starb am 30. September im Alter von 77 Jahren.[17] Zu der Oma, die nicht weit entfernt wohnte, pflegte die Familie durchaus regen Kontakt.

Das erste Länderspiel und ein Mentor für Turl

Sportlich konnte der junge Stürmer Wagner die teils immer noch chaotischen Umstände nutzen. Das Fehlen zahlreicher arrivierter Spieler bot Platz für aufstrebende Talente. Österreich spielte bereits am 19. August sein erstes Länderspiel nach dem Ende der NS-Herrschaft. In Budapest verlor die Mannschaft, in der mit Karl Zischek auch ein Wacker-Spieler stand, gegen Ungarn mit 0:2. Am Tag darauf sogar mit 2:5. Zeitgleich spielte in Wien auf der Pfarrwiese, der legendären Rapid-Heimstätte in Hütteldorf, ein Wiener Städteteam gegen eine Auswahl aus Budapest und unterlag 3:6. Am 21. August fand schließlich ebenfalls auf der Pfarrwiese ein Duell zwischen einer weiteren Wiener Stadtauswahl gegen eine Budapester Mann-

17 https://data.matricula-online.eu/de/oesterreich/wien/roeschitz/01-07/?pg=4

schaft statt. Turl Wagner wurde in den Kader berufen und spielte die zweite Halbzeit an der Seite seines Idols Adolf Huber. Treffer gelang ihm keiner, sein Team war klar unterlegen und ging mit 0:5 unter.

Nur zwei Wochen später begann am 2. September 1945 bereits die erste Nachkriegsmeisterschaft. Und die Wacker hatte einen nennenswerten Neuzugang zu vermelden: Wilhelm Hahnemann, der bis zu diesem Zeitpunkt 32 Länderspiele für Österreich (9) und das Deutsche Reich (23) bestritten hatte. Hahnemann, der bis zum Kriegsende bei der Admira engagiert gewesen war, musste aufgrund der Zoneneinteilung der Besatzer den Verein wechseln, da er von seinem Wohnort aus nicht mehr nach Floridsdorf fahren konnte. Somit trat er der Meidlinger Wacker bei. Der Verbinder, Jahrgang 1914, brachte ungemein wichtige Erfahrungen mit. So war er 1934 im Cupfinale gegen Rapid beim 8:0-Sieg mit drei Treffern ins Rampenlicht getreten. Ebenfalls 1934 erreichte er mit der Admira, bei der er zusammen mit den Wunderteam-Spielern Adolf Vogl und Anton Schall spielte, das Mitropapokal-Finale, wo er dem FC Bologna nach einem 3:2-Sieg im Praterstadion mit 1:5 unterlegen war. 1935 hatte er sein Debüt im Nationalteam gegeben und war auch nach dem „Anschluss" einer der wenigen österreichischen Spieler, die sich in der deutschen Nationalmannschaft einen Fixplatz erobern konnten. Beim 13:0-Sieg über Finnland am 1. September 1940 in Leipzig gelangen ihm gleich sechs Treffer, womit er hinter Gottfried Fuchs, der 1912 bei den Olympischen Spielen zehn Tore gegen Russland erzielt hatte, bis heute auf Platz zwei der Torschützenliste in einem Länderspiel für Deutschland liegt. Turl Wagner sprach über den Routinier nur voller Lob:

> *„Hahnemann war sehr beliebt bei den Trainern. Bei der Nationalmannschaft war er immer einer der Ersten, die angefordert wurden. Die österreichischen Spieler haben sie generell bei der deutschen Nationalmannschaft nicht so gerne gehabt, weil die zu technisch gespielt haben und nicht so viel gelaufen sind. Als der Hahnemann zur Wacker gekommen ist, habe ich Rechtsaußen gespielt, der Hahnemann hat Rechtsverbinder gespielt. Der Hahnemann hatte einen großen Anteil an meiner erfolgreichen Karriere. Du brauchst schon Talent, aber er hat mich geformt. Der war beidbeinig und konnte ein Spiel lesen. Und er hat viel mit mir gearbeitet. So hat er zum Beispiel gesagt beim Einschießen, dass ich links und rechts vorbeischießen darf, aber drüberschießen darf ich nicht. Ich war so etwas wie sein Lehrbub. Er war schon älter, und defensiv hat er nichts gemacht. Dafür haben wir Verteidiger, hat er immer gesagt, und Ball hast auch keinen zurückbekommen, wenn man ihm einen gegeben hat, weil er immer gleich in die Tiefe gespielt hat. Der war ganz happig aufs Toreschießen. Einmal in einem Match gegen die Vienna spielt er mir den Ball zu, und ich lege ihn mir flach vor und schieße dann das Tor. Er ist dort gestanden und hat mich ermahnt, warum ich nicht rübergespielt habe. Ich habe gesagt, dass ich das Tor ja eh gemacht habe, und er hat geantwortet, dass er es auch gemacht hätte. Der war immer*

extrem ehrgeizig. Schon als Kind habe ich ihn spielen sehen bei der Admira. Einmal war ich auf der Pfarrwiese, wie die Admira gegen Rapid gewonnen hat. Der Hahnemann, der Schall und der Vogl in den weißen Dressen und weißen Hosen, die haben großartig gespielt. Da habe ich ihn bewundert, und auf einmal spiele ich mit ihm in einer Mannschaft.“

Auch Ernst Kozlicek, der später mit Hahnemann in der Mannschaft spielen wird, erinnerte sich an den Leitwolf der Wacker: *„Der Hahnemann war der Boss. Er wollte immer, dass man ihn punktgenau anspielt, damit er nicht mit einem Verteidiger in einen Zweikampf kommt.“*

Auch die Anekdote mit dem Treffer, den Turl Wagner erzielt hatte, worauf Hahnemann ihn wegen des ausgebliebenen Abspiels tadelte, wurde von Kozlicek erwähnt.

Wagner, der bisher als Rechtsaußen gespielt hatte, konnte nun, nachdem Johann Walzhofer seine Karriere beendet hatte, als Rechtsverbinder mehr in die Mitte rücken. Die Erfahrung als Rechtsaußen, bei vielen Spielern eine eher ungeliebte Position, da man auf der Flanke viel laufen muss und wenig Bälle sieht, half Wagner jedoch zu verstehen, wie man einen Flügelspieler richtig einsetzt und welche Art von Zuspielen es erfordert.

Neben Hahnemann war auch der routinierte Verteidiger Otto Marischka zur Wacker gestoßen, der ebenso wie Hahnemann zuvor bei Admira engagiert gewesen war und nun wohnortbedingt für Wacker auflief.

Die Mischung aus jungen Talenten und einigen erfahrenen Führungsspielern wie Marischka, Zischek, Reitermaier und Hahnemann funktionierte von Beginn an hervorragend, und in den ersten 18 Runden verloren die Meidlinger nur zwei Spiele, beide gegen den FC Wien. Dass nach 22 Runden Wacker nicht auf dem obersten Tabellenplatz stand, hatte seine Ursache darin, dass in der Schlussphase der Meisterschaft zwei von vier Spielen verloren wurden und dass Wacker mit fünf Unentschieden gleichauf mit dem FC Wien, der Admira und Helfort die meisten Spiele ohne Sieg beendet hatte. Zusätzlich waren vor allem in den ersten Meisterschaftsrunden nur wenige Sportplätze in bespielbarem Zustand, weshalb die Wacker einige ihrer Auswärtspartien auf heimischem Boden bestreiten durfte.

Für Wagners Entwicklung waren die routinierten Mitspieler ungemein wichtig, und so kam er in 18 von 22 Spielen zum Einsatz und war mit seinen acht Treffern hinter Hahnemann (19), Reitermaier (16) und Brinek (11) viertbester Torschütze seines Teams, wobei ihm erst in der zehnten Runde sein erstes Tor gelang.

Ein ganz besonderes Spiel stellte das Match am 31. März 1946 dar. Im Rahmen der 16. Meisterschaftsrunde empfing Rapid die Meidlinger auf der Pfarrwiese. Es war das erste Mal in seiner Karriere, dass Turl Wagner einem seiner großen Idole auf dem Platz gegenüberstand. Franz Binder, der 1,90 Meter große Hüne, war einer der erfolgreichsten Stürmer seiner Zeit, sechsmal Torschützenkönig und eine Ikone – nicht nur bei Rapid, sondern für den gesamten österreichischen Fußball. Sein exotischer Spitzname „Bimbo“ rührte von einem Kinobesuch, den die Rapid-Mannschaft 1936 in Marseille absolvierte, während man auf das Schiff nach Marokko wartete. In dem gezeigten Film trat ein afrikanischer Soldat namens „Bimbo" auf, der eine Nachricht überbringen sollte. Die Bewegungen des großgewachsenen Schauspielers ähnelten jenen Franz Binders auf dem Rasen, und als ein Mannschaftskollege *„Schauts, da rennt unser Langer"* ausrief, war der Spitzname geboren. Binder ist vor allem durch seine Verkörperung der Rapid-Tugend des Einsatzwillens im kollektiven Gedächtnis geblieben, und wie so oft bei Legendenbildungen ist auch diese mit einem ganz konkreten Ereignis verknüpft: dem Endspiel um die deutsche Meisterschaft 1941. Am Tag des deutschen Überfalls auf die Sowjetunion wurde in Berlin das Spiel Rapid gegen Schalke 04 ausgetragen. Schalke war der große Favorit. Die Gelsenkirchner hatten die Meisterschaften 1939 und 1940 gewonnen und dabei 1939 die Admira mit 0:9 gedemütigt. Schalke begann überfallsartig, und bereits nach sieben Minuten lag der Titelverteidiger mit 2:0 in Führung. Als die Spieluhr die 59. Minute anzeigte, führte Schalke 3:0, und das Spiel schien gelaufen. Doch die Gäste aus Wien gaben nicht auf, im Gegenteil, der Rückstand schien die Hütteldorfer anzustacheln. Der Rapidler Schors verkürzte in der 60. Minute auf 1:3. Zwei Minuten später traf Binder zum 2:3, und ein Ruck ging durch die Mannschaft. Binder legte nur eine Minute später den Ausgleich zum 3:3 per Elfmeter nach. Dann verwandelte er in der 71. Minute einen Freistoß direkt. Die Rapid-Verteidigung hielt den darauf folgenden Angriffen der Schalker stand, und Rapid kürte sich zum deutschen Meister.

Franz Binder war in den Kriegsjahren einer jener populären Sportler, die von der NSDAP zu Propagandazwecken eingesetzt wurden. So war er zusammen mit Karl Decker auf einer Propagandapostkarte als Frontsoldat abgebildet. Binder blieb aber nicht vom Fronteinsatz verschont und musste an der Ostfront dienen, wo er mit der 2. Wiener Panzer-Division im Bereich Smolensk an einer Kesselschlacht beteiligt war. Eine Blinddarmoperation bewahrte ihn vor der Verlegung nach Stalingrad. Nach seiner Rückkehr benötigte es einige Zeit, bis er sich körperlich wieder auf der Höhe befand. Am 21. Oktober 1945 lief er aber in der achten Meisterschaftsrunde wieder für Rapid auf. Und so stand Binder in der Startelf, als Rapid und Wacker sich am 31. März 1946 gegenüberstanden.

Turl Wagner erinnerte sich bis ins hohe Alter an sein erstes Spiel gegen Binder:

> *„Als ich ein Kind war, waren bei Rapid viele großartige Spieler, und ich war heimlich eigentlich Rapid-Fan. Und vom Binder war ich ganz besonders begeistert. Ich habe ihn auch spielen gesehen und habe gewusst, dass er einen Bombenschuss hat. Bei dem ersten Spiel gegen Rapid war ich der jüngste Spieler am Platz, und es gab einen Freistoß für Rapid, ungefähr 20 Meter von unserem Tor entfernt. Der Binder legt sich den Ball zurecht. Unsere beiden erfahrenen Verteidiger, der Marischka und der Virius, haben mich nach hinten gerufen und mich in die Mauer gestellt. Der Ball ist genau bei mir vorbeigezogen, ich habe geglaubt, da macht einer die Tür auf, wenn draußen ein Sturm geht, dabei war das der Ball. Von dem Wind wäre ich fast umgeflogen. Wenn mich der Ball getroffen hätte, wäre ich im Rollstuhl gesessen. Unglaublich, was der für einen Fleck gehabt hat. Ich habe un-*

sere Verteidiger dann gefragt, warum sie mich da in die Mauer gestellt haben, und die beiden haben gesagt, damit ich einmal sehe, was los ist bei ihnen da hinten."

Rapid bestimmte die erste Viertelstunde, und Alfred Körner brachte die Gastgeber in der 14. Minute in Führung. Zwei Minuten später gelang Zischek der Ausgleich. Der junge Wagner legte den Schock der Freistoß-Erfahrung bald ab und konnte in Minute 33 sogar einen Treffer zum 3:1 Zwischenstand erzielen. Rapid glich aber noch vor der Pause durch Binder, der einen Freistoß verwandelte, und Aurednik aus. Gegen Ende der zweiten Halbzeit überschlugen sich dann jedoch die Ereignisse in der hart umkämpften Partie. Der „Wiener Kurier" berichtete in seiner Ausgabe vom 1. April 1946 über den Eklat:

> *„Das Hauptspiel der letzten Meisterschaftsrunde in Hütteldorf zeigte einen unerfreulichen Abschluss, es wurde vom Schiedsrichter 12 Minuten vor dem regulären Ende wegen Eindringens der Zuschauer in das Spielfeld abgebrochen. Die Chronik der Ereignisse, soweit man sie überhaupt übersehen konnte, ist folgende: Der Wacker-Spieler Reitermeyer (sic!) wurde im Strafraum Rapids durch einen Tritt umgelegt – der Schiedsrichter gab Korner (sic!), was mit stürmischem Protest seitens eines Teils der Zuschauer quittiert wurde. Nun ging der Hexenkessel los. Eine Kracherlflasche flog ins Feld, die Wacker-Spieler wollten abtreten, Zuschauer strömten in das Spielfeld, der Schiedsrichter pfiff ab und eines der schönsten Spiele der Saison endete mit einem unerwünschten Knalleffekt."*[18]

18 Wiener Kurier, 1. April 1946, https://anno.onb.ac.at/cgi-content/anno?aid=wku&datum=19460401&seite=5&zoom=33

Das Spiel wurde am 23. Juni 1946 nachgetragen. Es fand im Praterstadion nur drei Tage nach dem Cupfinale statt, in dem Rapid einen knappen 2:1-Sieg über die Vienna erringen konnte. Der Kräfteverschleiß machte sich aber deutlich bemerkbar. Turl Wagner bekam diesmal die Chance als zentraler Stürmer, wie die „Österreichische Zeitung" in ihrer Ausgabe vom 24. Juni berichtete:

> *„Man stellte Wagner in die Mitte, und der junge Stürmer bewies eindeutig, dass er dort wesentlich mehr leisten kann als am Flügel, vielleicht ist er der kommende Mittelstürmer, den man bei den vergangenen Auswahlspielen nicht finden konnte."*[19]

Rapid ging zwar in der vierten Minute in Führung, doch ließen die Meidlinger den Hütteldorfern an diesem Tag keine Chance und gewannen mit 4:1. Turl Wagner gelang in der 18. Minute der 2:1-Führungstreffer.

19 Österreichische Zeitung, 24. Juni 1946, https://anno.onb.ac.at/cgi-content/anno?aid=wku&datum=19460624&seite=5&zoom=33

1946/47 – eine denkwürdige Saison

Die Saison 1946/47 begann für Turl Wagner nach Maß. So gelang ihm im Duell in der ersten Meisterschaftsrunde gegen den FC Wien, das bereits am Samstag, dem 24. August, ausgetragen wurde, während alle anderen Spiele am Sonntag stattfanden, der Treffer zum 1:0, der damit auch den ersten Treffer dieser Meisterschaft darstellte. Der „Kurier" hob Wagner in seiner Ausgabe vom 26. August 1946 hervor:

> *„Obwohl das Ergebnis ganz knapp ausfiel, haben die Meidlinger das Spiel dennoch verdient und in sicherer Manier gewonnen, dies vor allem deshalb, weil sie über den besseren und schusskräftigeren Angriff verfügten, in dem sich besonders Wagner auszeichnete."*[20]

Auch im zweiten Spiel überzeugte Wagner beim 5:0-Sieg über Post SV, wie der „Kurier" berichtete: *„Bei den Meidlingern war der rechte Flügel mit Zischek-Wagner die treibende Kraft."*[21] Wagner steuerte den Treffer zum 5:0 bei.

Beim folgenden 5:1 gegen den SC Rasenspieler Hochstädt traf Wagner erneut (3:0). Nachdem er daraufhin drei Runden ohne Treffer

20 Wiener Kurier, 26. August 1946, https://anno.onb.ac.at/cgi-content/anno?aid=wku&datum=19460826&seite=5&zoom=33
21 Wiener Kurier, 2. September 1946, https://anno.onb.ac.at/cgi-content/anno?aid=wku&datum=19460902&seite=5&zoom=33

geblieben war, traf er beim 5:0-Sieg über den Wiener AC zum 3:0. Da Rapid überraschend gegen den Floridsdorfer AC verloren hatte, lachten die Meidlinger nun von der Tabellenspitze.

Die darauf folgende neunte Runde brachte das Duell mit den Rapid-Bezwingern aus Floridsdorf, die in der 21. Minute auch Wacker in Rückstand brachten. Aber Wagner gelang nur zwei Minuten später ein herrliches Zuspiel auf Hahnemann, der in der 29. Minute die Meidlinger in Führung brachte. Turl Wagner traf zum vorentscheidenden 3:1 in der 69. Minute.[22]

Die folgende Woche war aufgrund der Länderspielpause spielfrei. Österreich sollte im erst achten Länderspiel nach Kriegsende in Bern auf die Schweiz treffen. Am 6. Oktober hatte die Nationalmannschaft in Budapest gegen Ungarn verloren, am 27. Oktober war man der Tschechoslowakei 3:4 unterlegen. Teamchef Eduard Bauer, der mit Rapid zwischen 1912 und 1923 als Spieler achtmal den Meistertitel errungen hatte und 23-mal für Österreich aufgelaufen war, stand in seiner noch recht kurzen Karriere als Verbandskapitän unter Druck und war auf der Suche nach der richtigen Mischung. Turl Wagner erinnerte sich an den Montag nach dem Spiel gegen den FAC:

> *„Jeden Montag nach den Meisterschaftsspielen gab es um 17 Uhr im Radio eine Sportsendung. Da sind wir alle, also die Mama, die Großmama, der Fredi und die Weibi (Anm. Schwester Stefanie) beim Radio gesessen und haben gehorcht, ob sie meinen Namen auch durchsagen.“*

22 Wiener Kurier, 4. November 1946, https://anno.onb.ac.at/cgi-content/anno?aid=wku&datum=19461104&seite=5&zoom=33

Und tatsächlich: Turl Wagner ist für das Spiel gegen die Schweiz nominiert. Der „Kurier" schrieb in seiner Dienstagsausgabe:

> *„Nach der Niederlage gegen die Tschechoslowakei, die in erster Linie durch das Versagen der Deckung bedingt wurde, war klar, dass Verbandskapitän Bauer eine kleine Umgruppierung in der Nationalmannschaft plane (...)"*, und weiter: *„(...) Damit sei nicht gesagt, dass Ocwirk und Wagner nicht die Berufung im Team verdienen, sie sind beide große Hoffnungen für die Zukunft (...)"*[23]

Wagner spürte die Nervosität, als er in das mit 35.000 Zuschauern gefüllte Wankdorf-Stadion in Bern einlief. Er spielte eine solide, jedoch unauffällige Partie. Österreich verlor 0:1 durch ein Gegentor zwei Minuten vor Schluss, doch für Wagner stellte das Spiel dennoch einen Meilenstein dar:

> *„Das ist die nächste Stufe gewesen. So wie in einem Haus. Erster Stock, zweiter Stock, dritter Stock, dann bist du oben. Das hat mir einen unglaublichen Auftrieb gegeben. Ich war ja im Vergleich zu den meisten Mitspielern im Team ganz jung. Da habe ich mit Binder zusammengespielt."*

Es sollte im Übrigen das einzige Spiel bleiben, in dem Wagner mit Binder in einer Mannschaft auf dem Platz steht.

> *„Die einzige Enttäuschung war für mich, dass die Zuschauer den Binder so ausgepfiffen haben; weil die Zeitungen geschrieben haben, dass er bei der Waffen-SS war. Das hat mir so leidgetan,*

23 Wiener Kurier, 5. November 1946, https://anno.onb.ac.at/cgi-content/anno?aid=wku&datum=19461105&seite=5&zoom=33

> *weil er war der Vater unserer Mannschaft und auch für mich. Ununterbrochen ist er ausgepfiffen worden. Da habe ich gesehen, was für ein Bursch der war. Er hat eine Widerstandskraft gegen die Pfiffe gehabt und das weggesteckt und super gespielt."*

Binders Nationalteamkarriere endet fast ein Jahr später, nach zwei weiteren Einsätzen, am 5. Oktober 1947, mit Wagner wird er nie wieder in einer Mannschaft spielen.

Neben dem Sportlichen boten die Auslandsreisen einerseits Abwechslung, und andererseits die Gelegenheit, etwas zu kaufen, was es in der Heimat oft nicht gab:

> *„Wir waren froh, dass wir ins Ausland gekommen sind. In der Schweiz ist ja kein Krieg gewesen, deshalb haben wir viele Lebensmittel mitgenommen, und man hat uns Schokolade für die Kinder mitgegeben."*

Wacker verlor die nächsten beiden Meisterschaftsspiele (2:3 gegen Admira und 0:2 gegen den Sportclub) und auch die Tabellenführung zum Ende des Jahres.

Am 1. Dezember wurde Turl Wagner erneut ins Nationalteam berufen. Im Mailänder San Siro-Stadion traf die österreichische Equipe auf die Squadra Azzura, die italienische Verbandsauswahl. Wagner erwischte keinen guten Tag im Hexenkessel, in dem sich knapp 60.000 Zuschauer eingefunden hatten. Er konnte kaum mithalten und wurde zur Pause zugunsten von Karl Decker ausgetauscht. Der „Wiener Kurier" berichtete: *„Wagner war körperlich der Lage nicht ganz* *gewachsen und wurde nach der Pause durch Decker ersetzt, der sich jedoch auch nicht recht durchsetzen konnte.“*[24]

Die ganze Geschichte hinter dem Spiel offenbart aber den wahren Grund für die schlechte Kritik. Am Mittwoch vor dem sonntäglichen Spiel gab es ein Trainingsmatch, wie Turl Wagner schilderte:

> *„Wir haben A-Team gegen B-Team gespielt. Die waren ziemlich gleich stark, beim A-Team waren die routinierteren Spieler. Wir haben am Rapid-Platz gespielt und es waren Tausende Zuschauer da. Bei der anderen Mannschaft hat der Röckl Verteidiger gespielt, und wir haben zur Halbzeit 2:1 geführt. In der zweiten Hälfte kommt ein hoher Ball, und ich springe rauf und köpfel den Ball, und der Röckl kommt mit dem Kopf und trifft mich bei der Nase. Ich war kurz bewusstlos, und man hat mich ins Spital geführt, und dort hat man einen Siebbeinbruch festgestellt. Mein Gesicht war komplett geschwollen. Der Teamchef, Edi Bauer, ist dann am nächsten Tag zu uns nach Hause gekommen. Die Oma hat sich verbeugt, als ob der Papst bei uns zu Besuch war. Er ist zu mir ins Kabinett gekommen, wo ich im Bett gelegen bin, und er war ganz entsetzt, wie ich ausschaue. Er hat mich dann gefragt, ob ich mitfahren will zum Spiel nach Italien. Ich habe gesagt, dass ich sehr gerne mit dabei wäre, aber ich nicht weiß, ob ich spielen kann. Der Arzt hat zwar gesagt, dass er die Geschwulst in zwei Tagen wegbringt. Normalerweise gab es keinen*

24 Wiener Kurier, 2. Dezember 1946, https://anno.onb.ac.at/cgi-content/anno?aid=wku&datum=19461202&seite=5&zoom=33

> *Austausch damals, aber bei den Freundschaftsspielen hat man sich geeinigt, dass man zwei- bis dreimal wechseln darf. Der Bauer hat dann gesagt, dass er mich mitnimmt, und wenn es nicht gehen sollte, tauscht er mich zur Pause wieder aus. Er hat gemeint, dass ich da erstens viel lerne und außerdem Mailand und das San Siro-Stadion sehen würde und auch ein paar der großen Spieler der Italiener wie den Biavati oder den Castigliano. Der war ein Weltklasse-Stopper. Wir sind dann hingefahren, aber ich konnte nicht wirklich schlafen, dauernd hat die Verletzung wehgetan, und ich war eingeschränkt durch die Schmerzen. In der Pause hat mich der Teamchef dann ausgetauscht.“*

Bei der ersten Meisterschaftspartie im Frühjahr folgte ein 1:1 gegen den FC Wien, ehe sich die Meidlinger am 13. April 1947 im Praterstadion vor 45.000 Zuschauern gegen die Austria durchsetzen konnten. Wacker lag trotz des Sieges nur auf dem vierten Tabellenplatz, allerdings nur zwei Punkte hinter der Vienna, die zu diesem Zeitpunkt die Tabelle anführte.

Es folgte das Duell mit Rapid, zu dem sich 58.000 Zuschauer im Praterstadion einfanden. Rapid führte zur Halbzeit mit 4:1. Alfred Körner erhöhte in der 50. Minute auf 5:1, aber Wacker kam in einem starken Finish noch auf 4:5 heran. Wagner und Hahnemann waren laut „Kurier“-Bericht vom 21. April 1947 *„die treibenden Kräfte“*[25] aufseiten von Wacker. Auch beim 1:0 Sieg gegen den WAC eine Woche später fand Wagner eine positive Erwähnung in der Zeitung.

25 Wiener Kurier, 21. April 1947, https://anno.onb.ac.at/cgi-content/anno?aid=wku&datum=19470421&seite=3&zoom=33

Mit einem klaren 3:0-Sieg über die Vienna rückte Wacker wieder bis auf einen Punkt an Tabellenführer Rapid heran. Wagner konnte seine Torflaute, die mittlerweile sechs Spiele gedauert hatte, beenden und traf in der 80. Minute zum vorentscheidenden 2:0. Der „Kurier" schrieb in seiner Montagsausgabe:

> *„Die Meidlinger hatten ihren Erfolg hauptsächlich ihrem Angriff zu danken, der sich weit durchschlagskräftiger als der der Döblinger erwies, bei dem vor allem die beiden Verbinder Decker und Barilly versagten, während bei Wacker gerade Hahnemann und Wagner für ein einheitliches Gefüge des Sturmes sorgten."*[26]

Nun standen die Meidlinger zweimal dem Floridsdorfer AC gegenüber. Am 14. Mai im Rahmen des Cup-Viertelfinales und am 18. Mai im Rahmen der Meisterschaft. Beide Spiele konnten die Meidlinger gewinnen (1:0 und 4:1). Wagner gelang im Liga-Duell das letzte Tor im Spiel.

Nur drei Tage später scheiterte Wacker daran, die Tabellenspitze zu erringen, als man überraschend gegen SC Rasenspieler Hochstädt nur 1:1 spielte. Konkurrent Rapid verlor jedoch, und so blieb Wacker punktegleich mit den Hütteldorfern auf dem zweiten Platz hinter dem neuen Tabellenführer Vienna. Rapid siegte in der nächsten Runde (5:1 gegen den Sportclub) wie Wacker (2:0 gegen die Admira), und Wagner trug sich erneut in die Schützenliste ein und erzielte den Endstand.

Als Wacker Wien am 5. Juni mit einem 3:1-Sieg über den Sportclub ins Cupfinale einzog, jubelte die Fangemeinde.

---

26 Wiener Kurier, 12. Mai 1947, https://anno.onb.ac.at/cgi-content/anno?aid=wku&datum=19470512&seite=3&zoom=33

Drei Tage später, am 8. Juni 1947, in der vorletzten Meisterschaftsrunde, war die Sensation dann beinahe perfekt. Wacker besiegte den Sportclub mit 4:0 und errang den Meistertitel. Rechnerisch war dieser zwar noch nicht fixiert, das letzte Spiel bestritten die Schwarz-Weißen jedoch gegen den abgeschlagenen Letzten der Tabelle, Post-SV, der erwartungsgemäß am 14. Juni deutlich mit 8:1 bezwungen wurde.

Sechs Tage später gelang der Wacker das Double. Ohne Wagner, der krankheitsbedingt ebenso wie Zischek nicht spielen konnte, gewann Wacker das Cupfinale in einer packenden Partie 4:3 gegen die Wiener Austria.

Die Saison 1946/47 sollte für Wagner eine der erfolgreichsten seiner Karriere sein. Er bestritt alle 20 Meisterschaftsspiele und erzielte elf Tore, womit er hinter Hahnemann (15) und Reitermaier (14) drittbester Torschütze seines Teams war.

Für den Meidlinger Verein, dem das Image des ewigen Zweiten anhaftete, war der Gewinn der Meisterschaft ein Jahrhundertereignis. Viermal bereits, 1939, 1940, 1941 und 1945 (ex aequo mit der Vienna), hatte Wacker den zweiten Platz belegt. Doch nun war es gelungen, und mit dem Pokalsieg kürte man sich gleich zum Double-Gewinner. Die Freude im Lager der Schwarz-Weißen kannte keine Grenzen, und wie viele andere Meidlinger war die Familie Wagner sprichwörtlich aus dem Häuschen. Auch die Jugendmannschaft war beim großen Empfang im Wiener Schauspielhaus dabei, darunter der Freund der Familie, Ernst Kozlicek, der 16-Jährige galt bereits damals als großes Talent. Turl Wagner hielt sich bei derlei Veranstaltungen stets im Hintergrund. Der große Rummel oder im Mittelpunkt zu stehen war seine Sache nie, wie auch Ernst Kozlicek bestätigte: „*Wenn wir nach dem Spiel noch etwas trinken gegangen sind, war der Turl oft nicht dabei, er ist meistens gleich nach Hause gegangen. Im kleinen Kreis war er immer gelöster.*"

Auch Schwester Stefanie zeichnet ein ähnliches Bild: „*Der Turli wollte eigentlich nie woanders sein als zu Hause, aber dort hatte er gerne viele Leute um sich. Am liebsten war es ihm, wenn der Besuch zu ihm nach Hause gekommen ist.*"

Meisterfeier im neuen Schauspielhaus: die Wacker-Spieler auf der Bühne.

Trotz seines jungen Alters war der Turli ein fixer Bestandteil der ersten Mannschaft, gehörte zum erweiterten Kreis der Nationalmannschaft und war in seinem Grätzl so etwas wie ein lokaler Held, der als Vorbild für die jüngere Generation galt, dass man es schaffen kann. Der Andrang bei den Sichtungstagen war riesig, und *„man musste viele Kinder heimschicken. Die haben sich sehr gekränkt und sind wieder gekommen und haben hinter dem Tor Bälle geschupft, damit sie dabei sein können"*, erzählte Turl Wagner. Ein Bild, das sich bei allen Vereinen gleicht.

Die Saison 1946/47 brachte auch einige große Weichenstellungen für Turl Wagner. Franz Pelikan, der junge Spieler, mit dem Wagner bereits einige Jahre im Nachwuchs gespielt hatte, war im Oktober zur Kampfmannschaft gestoßen und hatte den Einsergoalie Stefan Ploc verdrängt.

> *„Der Franz war wie mein Bruder. Meine Frau war schon fast eifersüchtig. Er war in der A-Jugend, ich in der B-Jugend, weil er zwei Jahre älter gewesen ist. Aufgewachsen ist er in der Fockygasse, und er ist auch aus einer Hausmeisterfamilie gekommen. Wenn wir frei gehabt haben, mussten wir Stiegen oder Bassena waschen. Der Franz hatte einen Bruder, den Karl, der war sogar noch ein wenig besser als der Franz. Der Vater war auch Tormann, aber hat nur in den Unterklassen gespielt. Der hatte unzählige Verletzungen. Und er wollte seine Buben auch zu Tormännern erziehen. Ich habe oft vorbeigeschaut, und da ist seine Mama in der Küche gesessen, und wenn ich gefragt habe, wo der Franz ist, hat sie immer gesagt, dass er im Hof mit dem Vater ist. Der hat ihn bei den Teppichklopfstangen eingeschossen. Der Va-*

ter war auch eine Zeitlang bei der Wacker Spartentrainer – der war sehr hart zu den Spielern. Der Franz war bei der Waffen-SS und ist im Krieg erst ganz gegen Ende in Kampfhandlungen verwickelt worden. Da war er mit einem guten Freund bei der Truppe, dessen Familie hat einen Bauernhof in Oberösterreich gehabt, und der hat zum Franz gesagt, dass sie dort untertauchen können, bis der Krieg aus ist. Das war nicht ungefährlich, damals waren an einigen Stellen die Deutschen schon im Rückzug. Also haben sie sich da durchgeschlagen und sind zum Dorf gekommen. Da war schon ein ziemlicher Auflauf, weil sich herumgesprochen hat, dass der Sohn zurückkommen wird. Und am Rand vom Dorf war ein Marterl, und der Freund vom Franz hat gesagt, dass er da immer schon als Kind gebetet hat zum Herrgott, dass alles gut geht. Und er wollte dort kurz beten und sich bedanken, dass sie sicher ins Dorf gekommen sind, und geht zum Marterl und nimmt das Maschinengewehr runter und schmeißt es zur Seite, und es löst sich ein Schuss und trifft ihn am Kopf. Der Franz hat ihn dann ins Dorf reingetragen. Davon hat sich der Franz lange nicht erholt. Bei uns hat der Ploc Stefan gespielt im Tor. Der hat früher bei der Vienna gespielt und war ein Feschak, der hat immer einen weißen Pullover angehabt, auch im Sommer. Und wie der Franz wieder zurückgekommen ist, war der Ploc nicht begeistert und war nicht nett zum Franz. Man hat ja nicht gewusst, wie der Franz beinander sein wird nach dem Krieg. Nachdem man dann gesehen hat, dass der Franz wieder auf der Höhe ist, hat man den Ploc gestanzt.“

Mit Franz Pelikan sollte Turl Wagner einen Großteil seiner Karriere verbringen. Pelikan war auch fast immer der Zimmerkollege von Wagner bei Kasernierungen oder Reisen: *„Mit dem habe ich fast genauso oft in einem Zimmer geschlafen wie mit meiner Frau, wir waren ja sehr oft im Ausland.“*

Wagner mit seinem Freund Pelikan und Wacker-Spieler Sögner, 1951.

Ein Profi muss viel reisen

Eben dies ist die zweite Konstante, die sich beginnend mit 1947 durch die Karriere von Wagner ziehen wird – die ausgedehnten Tourneen. Für fast alle großen Spieler der Wiener Vereine gab es kaum ein Jahr, in dem sie zu Weihnachten oder um den Jahreswechsel, aber auch im Sommer nach Meisterschaftsende zu Hause waren. Schwester Stefanie hat das Weihnachtsritual von damals noch in guter Erinnerung:

> *„Weihnachten war immer schön, auch wenn der Papa nicht mehr da war und der Turli zu Weihnachten immer weg war. Wir haben den Weihnachtsbaum im Schlafzimmer gehabt. Da war das Ehebett und eine Couch und davor ein runder Tisch, und auf dem ist der Baum gestanden. Auf der Seite haben der Fredi und ich schon die Zuckerln runtergegessen, und dann sind schon die Nadeln im Bett gelegen, aber der Christbaum hat nicht abgeräumt werden dürfen, bis der Turli da war. Ich kann mich nur erinnern, dass er zwei- oder dreimal daheim war. Einmal hatte er den Fuß gebrochen, da hat man ihn mit dem Flugzeug irgendwo aus England gebracht, und er war über Weihnachten daheim."*

1946 hatten die österreichischen Vereine mit den ersten Reisen ins benachbarte Ausland, in die Tschechoslowakei, nach Ungarn und Italien, begonnen, einige wie Rapid wagten sich sogar bis Belgien. 1947 ging es auch für Wacker bereits nach Frankreich, Rapid zog es nach Schweden. Das Jahr stellte den Startschuss für eine intensive Reisetätigkeit dar. Bald schon sollte die finanzielle Sicherheit der Vereine eng mit den Einnahmen aus den Tourneen verbunden sein, so auch bei Wacker Wien.

Eine der ersten Auslandsreisen brachte auch den Auftakt zu einer der beachtenswertesten Karrieren eines österreichischen Fußballers zu jener Zeit. Bei einem Freundschaftsspiel gegen Ferencváros Ende 1946 ging der Stern von Gerhard Hanappi auf. Turl Wagner, selbst noch ein aufstrebender junger Spieler, war bereits damals ein Fürsprecher der nachrückenden Spieler und setzte sich aktiv für diese ein:

> *„Wir haben in Ungarn gespielt, als es darum ging, wer mitfahren wird, wollte man den Hanappi nicht mitnehmen. Der Franz Pelikan und ich haben ihn aber aus der Jugend gekannt und haben gewusst, dass er eine großartige Technik hat und dass aus ihm etwas werden wird. Aber alle haben gesagt, er ist zu klein. Wir haben darauf bestanden, dass er mitfahren kann. Also haben der Franz und ich gesagt, wenn man den Hanappi nicht mitnimmt, fahren wir auch nicht mit. Unser Trainer, der Strnad, hat gleich den Präsidenten Frey angerufen, dass er mit uns reden soll. Der hatte eine Villa am Grünen Berg, und als wir raufgekommen sind, hat er gemeint, was wir zwei Buben uns eigentlich einbilden. Wir sind aber stur geblieben, und man hat den Hanappi tatsächlich mitgenommen. Und der Franz und ich haben das dann vor Ort auch eingefädelt, dass der Hanappi tatsächlich gespielt hat, und er war dann der beste Mann am Platz. Ein paar Monate später hat er dann den Sprung in die Erste geschafft.“*

Die Tourneen strahlten auch für die Jugend des Bezirks eine große Faszination aus. Ernst Kozlicek: *„Wenn wir in Meidling angekommen sind, nach 14 Tagen oder mehr auf Reise, haben schon überall die Kinder auf uns gewartet, und man ist aus dem Erzählen gar nicht mehr herausgekommen."*

Wacker erhielt in der Vorbereitung auf die neue Saison dank des russischen Generals, der den Fußball und vor allem die Wacker ins Herz geschlossen hatte, Unterstützung. *„Das war ein Fußballfanatiker. Die Russen wollten schnell wieder Ordnung in das zivile Leben bringen, da war der Fußball ein gutes Mittel. Der war arg. Wenn wir gewonnen haben, hat er mit der Puška in den Plafond geschossen, weil er sich so gefreut hat"*, wusste Wagner zu berichten. Der erwähnte General hatte auch ein gutes Verhältnis zu Wacker-Sektionsleiter Hönig.

Hönig war ein „Macher", der dem Fußball seit Kindheit verbunden war. Sein Bruder Ladislaus spielte bei Wacker als Rechtsverbinder. Wagners Erinnerung an die Schlüsselfigur beim Verein war lebhaft:

> *„Der Hönig war so etwas wie ein Marketender beim Militär und war hoch angesehen dort. Der Vorgesetzte von unserem russischen General hat das Hotel Panhans am Semmering verwaltet. Unser General war ein Kartendippler, genauso wie der Hönig. Beim Resch, der war früher ein berühmter Fußballer, im Restaurant haben die Russen Karten gespielt. Der Hönig hat einen Lauf gehabt und hat herausgeholt, dass wir zwei Wochen gratis im Panhans eine Art Trainingslager durchführen können. Das Panhans hatten die Russen komplett ausgeräumt, aber sonst*

war's intakt. Wie wir hingekommen sind, waren alle Bilder und die meisten Möbel ausgeräumt, da waren nur Betten, sonst nichts. Auch die Küche war voll eingerichtet, aber kein Essen war da. Jetzt hat der Hönig angerufen und gesagt, was nutzt uns das, wenn wir hierher fahren und kein Essen haben. Man hat uns mit dem Truppen-LKW raufgeführt. Aber auf den Betten sind nur Strohsäcke gelegen. Jetzt hat der Hönig gesagt, dass wir wieder nach Hause fahren. Der General hat gesagt, dass das nicht infrage kommt, und zwei Stunden später sind die Russen mit Essen und Matratzen gekommen. Wir waren zwei Wochen dort, und ich habe sechs Kilo zugenommen, weil wir jeden Tag Schweinsbraten gegessen haben.“

Turl Wagner konnte zu diesem Zeitpunkt vom Fußball leben. Die Prämien und auch die Einnahmen aus den Reisen warfen genug ab, um die Familie über Wasser zu halten.

Als Titelverteidiger starteten die Meidlinger in die neue Saison, doch ließ der amtierende Meister die Konstanz vermissen. In den ersten vier Runden gab es zwei Siege und ebenso viele Niederlagen. Danach folgten jedoch vier Siege aus fünf Spielen bis zur Winterpause.

Am 9. November 1947, seinem Namenstag, sollte Turl Wagner zum dritten Mal in die Nationalmannschaft einberufen werden. Wieder ging es gegen Italien, und wieder war das vorangegangene Spiel gegen die Tschechoslowakei mit einem Tor Unterschied verloren gegangen. Franz „Bimbo“ Binder sollte gegen die Tschechen das letzte Mal für Österreich aufgelaufen sein und hatte seine Teamkarriere zwar standesgemäß mit einem Treffer beendet, jedoch war ihm ein Sieg verwehrt geblieben. Es war Wagner, der nun erneut die Chance bekam, sich zu beweisen. In seinen bisherigen zwei Länderspielen war er matt geblieben, und nun drängten mehrere Stürmer in die Lücke, die Binder hinterließ. Österreich sann auf Revanche, nachdem man in Mailand 2:3 unterlegen war. Der junge Wagner teilte sich ein Zimmer mit seinem Wacker- und Vornamenskollegen Theodor Brinek.

> *„Am Samstag hatten wir eine Mannschaftsbesprechung gleich nach dem Abschlusstraining im Stadion und sind ins Lokal von den Eltern vom Ernst Happel in der Weihburggasse gefahren. Normalerweise ist da nicht viel geredet worden, meistens nur so etwas wie ‚Spielt euer Spiel', ‚Lasst die Kugel laufen' oder ‚Einer läuft für den anderen, nicht stehen bleiben'. Das war bei uns aber automatisch, da hat man nichts sagen müssen. Damals ist der Edi Bauer zu mir gekommen und hat mir gesagt, dass ich morgen Center-Stürmer spielen werde und da gegen den Parola spielen werde. Der war damals der vermutlich beste Stopper in Europa. Der war schnell und kräftig, und ich war zu der Zeit noch ein Hendl. Er hat zu mir gesagt, dass er mir überlässt, wie ich das anlege. Ich habe ihn ersucht, dass ich mit meinen zwei Verbindern sprechen möchte. Das waren der Stojaspal links und mein ‚Lehrmeister' Hahnemann, mit dem ich bei der Wacker gespielt habe. Ich habe ihnen gesagt, dass der Parola der letzte Mann ist und drei vor ihm stehen, aber er wird mich decken müssen. Und ich habe vorgeschlagen, dass ich mich zurückfallen lasse, dann*

> *muss er mit mir mitgehen und von der tiefen Position rausrücken, und dann haben sie hinten in der Abwehr ein Loch, und da schneidet ihr hinein, oder einer der Flügel, das waren der Körner Fredi links und der Bichler rechts. Das ist die einzige Möglichkeit, wie wir den Riegel aufmachen. Geht er aber nicht mit mir, dann bin ich frei und kann das Spiel machen."*

Die taktische Finte ging auf. Österreich siegte 5:1. Bester Mann am Platz war aber nicht Wagner, sondern sein Zimmerkollege Brinek:

> *„Der Gernhardt Poldi war damals als rechter Außendecker gesetzt. Der Brinek war als Ersatz vorgesehen und hat sich recht locker vorbereitet, weil er frühestens zur Pause zum Einsatz gekommen wäre. Beim Essen in der Früh ist der Edi Bauer runtergekommen und hat gesagt, dass der Gernhardt Magenkrämpfe hat und der Brinek spielen wird. Der war aber gar nicht so erpicht darauf, der hat gern was getrunken. Normalerweise war er kein guter Schütze, wenn er ihn bei der Wacker gut getroffen hat, hat er einen Fan von der Uhr runtergeschossen oder einen Baum getroffen. Aber wenn er den Ball schlecht getroffen hat, ist er im Winkel gelandet. In dem Spiel hat er zwei schlecht getroffen, und beide haben eingeschlagen."*

Bei der Feier nach dem Spiel gönnte sich Wagner, der normalerweise keinen Alkohol trank, zwei Vierterl Wein. Im Zuge der Feier kam der Teamchef zu ihm und gratulierte ihm mit den Worten: *„Weißt du, dass du heute eine der größten Partien gespielt hast? Und das auf deine jungen Jahre – herzlichen Glückwunsch!"*

Nach dem Sieg wurde die Mannschaft im Fußballhaus auf der Mariahilfer Straße geehrt, die vor Menschenmassen überquoll. Der „Kurier“ titelte auf seiner Sportseite am 10. November:

> *„60.000 bejubeln den 5:1-Sieg über die Azzurri. Eine Glanzleistung des österreichischen Fußballsports – Die Deckung Brinek, Ocwirk, Joksch und die Stürmer Stojaspal, Hahnemann in Wunderteamform – Wiener Schule triumphiert über Stoppersystem.“*[27]

Dieses Match hielt eine weitere amüsante Anekdote bereit, denn es stellte das erste Länderspiel dar, in dem Turl Wagner und Ernst Happel gemeinsam auf dem Platz standen. Während der um fast zwei Jahre jüngere Wagner bereits im November 1946 sein Debüt in der österreichischen Nationalmannschaft gegeben hatte, war Happel erst im September 1947, also etwas mehr als einen Monat vor dem Spiel gegen Italien in den Kreis der Nationalmannschaft aufgerückt. Doch Happel war schon damals durchaus ein spezieller Charakter und vermochte sich schnell Respekt zu verschaffen. So entspann sich nach dem Spiel beim Massieren, bei dem zur damaligen Zeit meistens dem Alter nach gereiht wurde, folgender Dialog, nachdem sich Turl Wagner auf die Liege gelegt hatte und bereit für die Massage war.

Happel: *„Owe mit dir!“*

Wagner: *„Hams dir ins Hirn geschissen? Jetzt werde ich massiert.“*

Happel. *„Zuerst komm ich, weil ich bin der Ältere.“*

---

27 Wiener Kurier, 10. November 1947, https://anno.onb.ac.at/cgi-content/anno?aid=wku&datum=19471110&seite=3&zoom=33

Wagner: *„Da bist du noch in den Fetzen gelegen, hab ich schon im Team gespielt."*

Die durchaus resche Intervention zeigte ihre Wirkung. Wagner blieb in der Folge von Happels Streichen verschont, und zwischen beiden entwickelte sich später eine enge Freundschaft.

Am ersten Spieltag nach Wiederbeginn der Meisterschaft am 29. Februar 1948 gelang Theodor Wagner beim 10:1 Sieg über den WAC der erste Pflichtspiel-Hattrick seiner Karriere.

Gleich in der nächsten Runde traf Wacker vor 57.000 Zuschauern im Wiener Stadion auf Rapid und siegte mit 1:0. Wagner gelang der einzige Treffer des Spiels. Der „Wiener Kurier" berichtete in seiner Ausgabe vom 8. März über das Spiel:

> *„(...) Der Sieg Wackers war dem Spielverlauf nach verdient, denn der Angriff der Meidlinger, in dem sich besonders Wagner auszeichnete, arbeitete doch planvoller als der von Rapid. (...) Der einzige und siegbringende Treffer fiel in der 42. Minute durch einen prächtigen Kopfball Wagners, wobei das Leder, von der Querlatte abprallend, hinter dem Rücken Zemans ins Netz fiel."*[28]

Zwei Runden vor Meisterschaftsschluss lag Rapid in der Tabelle vier Punkte vor Wacker Wien. Und es sollte ein Herzschlagfinale werden. Wacker gewann beide ausstehenden Spiele, Rapid verlor zuerst beim FC Wien und lag dann im letzten Spiel der Saison im Derby gegen die Austria bis zur 82. Minute mit 1:2 zurück.

28 Wiener Kurier, 8. März 1948, https://anno.onb.ac.at/cgi-content/anno?aid=wku&datum=19480308&seite=5&zoom=33

Wacker Wien war zu diesem Zeitpunkt Meister – weil bei Punktegleichheit der Torquotient zählte, und da hatten die Meidlinger klar die Nase vorn. Als dem Austrianer Mikolasch der Ball im Strafraum an die Hand gesprungen war, hielt das Stadion den Atem an. Schiedsrichter Beranek gab Strafstoß, und Robert Körner verwandelte zum 2:2, was nicht nur den Punkt-, sondern auch den Titelgewinn bedeutete.

Wagner war mit zwölf Meisterschaftstreffern zweitbester Schütze seiner Mannschaft. Nur Routinier Hahnemann übertraf den jungen Stürmer mit seinen 22 Toren.

1948 stellt ein großes Jahr für den Wacker-Nachwuchs dar. Nach 1946 und 1947 gelang zum dritten Mal in Folge der Sieg im Walther-Bensemann-Pokal. Das Turnier galt als das renommierteste Nachwuchsturnier in Europa. Benannt nach dem Fußballpionier Walther Bensemann, der 1920 auch die Fußballzeitschrift „Kicker" gegründet hatte und 1934 verstarb, war der Bewerb bereits 1937 ausgetragen worden. Die Wacker-Jugend hatte das Turnier 1946 in Zürich gewonnen: Wie die „Österreichische Zeitung" in ihrer Ausgabe vom 13. Juni 1946 berichtete, konnten die jungen Meidlinger gegen Straßburg und Basel gewinnen, gegen Zürich folgte ein Unentschieden, ehe man im Finale Slavia Prag besiegte.[29]

1947 fand das Turnier in Straßburg statt, und Wacker gewann gegen Nancy und teilte die Punkte gegen Anderlecht, womit man sich für das Endspiel qualifizierte, wo man den englischen Vertreter Durham

29 Österreichische Zeitung, 13. Juni 1946, https://anno.onb.ac.at/cgi-content/anno?aid=oez&datum=19460613&seite=5&zoom=33

besiegen konnte. Mit im Kader der junge Gerhard Hanappi, der seine Klasse auch bei diesem Turnier aufblitzen ließ.[30]

So gelang es 1948, das prestigeträchtige Turnier nach Wien zu holen. Und auch auf dem Wacker-Platz hielten die Nachwuchsspieler dem Druck stand und gewannen den Bewerb.[31] 1950 sollte es Wacker zum vierten und letzten Mal gelingen, den Bensemann-Pokal zu gewinnen.[32] Turl Wagner hatte die Gelegenheit genutzt, um seinen jungen Vereinskollegen auf die Beine zu schauen.

Die Tourneen

Der Alltag in den ersten Nachkriegsjahren war gut strukturiert. Wagner war mit seiner Partnerin Franziska mittlerweile aus der mütterlichen Wohnung ausgezogen. *„Sie hatten zuerst eine kleine Wohnung in Ottakring und sind dann recht bald in den 10. Bezirk in den Fliederhof gezogen“*, erinnert sich Schwester Stefanie.

Die Arbeit bei Alfa-Seperator, der Fußball und die Familie lassen kaum Platz für andere Beschäftigungen. Als er seine Lehre abgeschlossen hatte, auf Wienerisch ausgelernt war, entschied sich Turl Wagner zu einem durchaus riskanten Schritt. Er beendete seine Be-

30 Neues Österreich, 11. April 1947, https://anno.onb.ac.at/cgi-content/anno?aid=nos&datum=19470411&seite=4&zoom=33
31 Die Weltpresse, 18. Mai 1948, https://anno.onb.ac.at/cgi-content/anno?aid=dwp&datum=19480518&seite=8&zoom=33
32 Wiener Kurier, 30. Mai 1950, https://anno.onb.ac.at/cgi-content/anno?aid=wku&datum=19500530&seite=5&zoom=33

schäftigung bei der Alfa, und das, obwohl er nach dem Weggang des Vaters und dem regelmäßigen Ausbleiben von dessen Zahlungen die Familie nahezu im Alleingang ernährte. Bruder Fredi, der später beim Vater arbeiten sollte, war noch Schüler, Schwester Stefanie besuchte zu dieser Zeit den Kindergarten. So blieb nur das Hausmeistergehalt der Großmutter und das wenige Geld der Mutter, die Putzen ging und damit ein paar Schilling verdiente. Die Lage war in vielen Familien oft noch um einiges prekärer, auch bei einigen Mannschaftskollegen bei der Wacker war das Auskommen schwer. Doch trotz der Fährnisse blickte Turl stets sehr positiv auf diese Zeit zurück: *„Jeder hat weniger gehabt, und alle haben mehr geteilt."*

Dass Turl Wagner seine Anstellung bei der Alfa trotz der finanziellen Lage aufgeben kann, ist durch eine relativ neue wirtschaftliche Entwicklung im Bereich des Fußball-Business erklärbar – die Tourneen.

Der sportliche Austausch über die Grenzen des eigenen Landes hinaus hatte in Österreich schon kurz nach der Jahrhundertwende begonnen, international hatte die Reisetätigkeit bereits 1890 mit der Reise des Londoner Vereins Clapton FC nach Antwerpen und einem damit verbundenen 8:1-Sieg ihren Auftakt gefunden.

8:1 war auch der Endstand im Spiel zwischen einer Auswahl von Spielern aus Uruguay und dem FC Southampton am 12. Juli 1904 in Montevideo. Das Spiel bildete den Schlusspunkt der fast dreiwöchigen Reise der Engländer ins argentinische Buenos Aires und in die Hauptstadt Uruguays und war gleichzeitig der erste Besuch einer europäischen Klubmannschaft in Südamerika. Nur ein Jahr später folgte der Nottingham FC, der ebenso wie Southampton ungeschlagen blieb und auch die argentinische Nationalmannschaft klar mit 5:0 besiegen konnte.

Die Reisetätigkeiten führten auch zu etlichen prägenden Ereignissen. So inspirierte 1910 der Corinthians FC aus London bei seiner Reise nach São Paulo die Brasilianer zur Gründung eines gleichnamigen Vereins, der bis heute einen fixen Bestandteil der brasilianischen Fußballlandschaft darstellt.

Nachdem es bereits zahlreiche Städtereisen gegeben hatte, startete 18 Jahre nach dem Clapton FC mit den Cricketern der erste österreichische Verein eine Tournee. Freiburg, Pforzheim, Karlsruhe und München bereisten die Cricketer und gewannen drei ihrer vier Spiele. Der Erste Weltkrieg setzte der regen Reisetätigkeit ein zwischenzeitliches Ende, doch bald nach dem Ende der kriegerischen Auseinandersetzung begannen die Fußballklubs wieder, die nahe und weite Welt zu bereisen.

1924 sorgte die olympische Fußballmannschaft aus Uruguay für Furore auf dem europäischen Kontinent und gewann im Rahmen des olympischen Fußballturniers in Paris nicht nur den Titel, sondern auch die Herzen der Zuschauer. José Leandro Andrade war der erste Spieler mit dunkler Hautfarbe, den das europäische Publikum breitenwirksam wahrnahm, und der Dribblanski genoss die Aufmerksamkeit sichtlich. Er blieb in Paris, verkehrte in den nobelsten Kreisen, und auch eine Liaison mit Josephine Baker wurde ihm nachgesagt. Im selben Jahr stand bei den österreichischen Vereinen Polen als Reiseziel hoch im Kurs, wo sich nahezu alle namhaften Wiener Klubs einfanden. Es war auch das Jahr, in dem in Österreich der Profifußball eingeführt wurde, was bei den Vereinen zu gestiegenen Ausgaben führte und Einnahmequellen vor allem in Devisen gerade recht kamen.

Durch den Erfolg Uruguays inspiriert, versuchten nun auch Vereine aus Südamerika ihr Glück in Europa. Der Club Nacional de Football aus Montevideo reiste von März bis August 1925 durch Europa und gastierte dabei in acht Ländern, darunter auch in Österreich, wo man je einen Sieg gegen Austria und Rapid sowie ein zusätzliches Unentschieden gegen die Austria erringen konnte. Insgesamt bestritt man 38 Spiele, von denen man nur fünf verlor.

Zeitgleich befanden sich die Boca Juniors in Europa und gewannen 15 der 19 Partien auf ihrer Tournee durch Frankreich, Spanien und Deutschland. 1927 machte sich auch Colo Colo aus Chiles Hauptstadt auf eine Tour nach Spanien und Portugal, ehe im gleichen Jahr Peñarol Montevideo durch Europa tourte. Auch in Wien machte das Team aus Uruguay zweimal Halt, musste sich aber zuerst einer Wiener Stadtauswahl mit 1:3 und später Rapid auf der Pfarrwiese mit 0:5 geschlagen geben.

Die Reisen der österreichischen Mannschaften führten zuerst in die Nachbarländer Tschechien, Deutschland, Schweiz oder nach Jugoslawien. Der Wiener Sportclub reiste 1919, ebenso wie 1920 die Hertha aus Favoriten, nach Polen, Rapid 1921 über die Niederlande nach Schweden. Es war der SC Hakoah Wien, der neue Maßstäbe setzte: Am

Neujahrstag 1924 besiegte man in Ägypten eine Stadtauswahl aus Alexandria. Die Reise führte weiter nach Kairo, Tel Aviv, Jerusalem und Haifa, ehe sich die Hakoah zum Abschluss das einzige Mal geschlagen geben musste, als man dem ägyptischen Olympiateam mit 0:2 unterlag. Auch im Folgejahr tourte die Hakoah durch das Land am Nil. 1926 machte sie sich als erstes österreichisches Team nach Übersee auf und spielte die berühmte Amerika-Tournee. Bei beiden Tourneen erlagen zahlreiche Spieler dem Ruf des Geldes und blieben in den USA.

1929 begab sich Ferencváros Budapest auf eine Tournee durch Südamerika und verdiente sich dort bald den Titel „das grüne Ballett“, und das, obwohl die sportliche Bilanz mit sechs Siegen, zwei Unentschieden und sechs Niederlagen ausgeglichen war. Ein Jahr später unternahm die Hakoah unter dem Namen „Hakoah All-Stars“ eine Südamerika-Tournee, in deren Rahmen eine ebenso geheimnisvolle wie fußballhistorisch relevante Person auf den Plan trat. Viele Mythen ranken sich um Emérico Hirschl, der eigentlich Imre Hirschl hieß. Manche, so wie auch er selbst, behaupteten, er sei Teil der Ferencváros-Mannschaft gewesen, doch scheint er in keinem einzigen Pflichtspiel im Archiv des Vereins auf. Der ungarische Fußballspieler und spätere Trainer Béla Guttmann erinnerte sich an ihre erste Begegnung im Sommer 1930, als Hirschl anbot, für die Hakoah als Masseur tätig zu sein. Guttmann testete Hirschls Können und war sehr zufrieden, und so unterstützte Hirschl die Hakoah während der Tour. Als die Mannschaft gegen Ende der Tournee kein Geld mehr hatte, um Hirschl zu bezahlen, verabschiedete man sich von ihm. Er blieb in Argentinien und pries sich dort als Co-Trainer der Hakoah an, bis er 1933 ein Engagement als Trainer bei Gimnasia y Esgrima

La Plata bekam. Obwohl er mit dem Team knapp den Titel verpasste, waren die Fans von seiner offensiven Spielweise verzückt. 1935 heuerte er bei River Plate an und feierte wie auch im Folgejahr den Meistertitel. Hirschl begeisterte nicht nur mit seiner offensiven Ausrichtung, sondern auch mit innovativen Trainingsmethoden und einem guten Auge für talentierte junge Spieler.[33]

Hirschl reiht sich ein in die Reihe jener Spieler, die im Umfeld einer Tournee vor Ort blieben. Seltener trat der gegenteilige Fall ein, in dem sich ein Spieler einem durchreisenden Team anschloss, wie das Beispiel von Karl Pekarna zeigt, den die Glasgow Rangers bei ihrem Besuch in Wien 1904 auf Einladung der Vienna zum zehnjährigen Vereinsjubiläum gleich verpflichteten und ihn damit zum ersten österreichischen Fußballlegionär machten.

In den 1930er-Jahren machte Schule, was vor allem in den Nachkriegsjahren ein wirtschaftliches Geschäft wurde – den guten Ruf des Vereins zu Geld zu machen. Die Tourneen der österreichischen Vereine wurden ausgedehnter. Die Sommer- und Winterpausen wurden oftmals im Ausland verbracht, und auch die Destinationen wurden exotischer. So reisten zum Beispiel der Grazer AK 1930 nach Algerien, der FC Wien nach Südafrika (1936) und der Wiener Sportclub nach Indonesien (1937).

Kriegsbedingt kamen die Tourneen zum Erliegen. Die Ersten, die sich wieder ins Ausland aufmachten, waren die Admiraner, die bereits im Dezember 1945 nach Budapest fuhren. 1946 folgten diverse Vereine mit Reisen in die Schweiz oder nach Frankreich.

33 Jonathan Wilson: Angels with dirty faces. The Footballing History of Argentina, London 2016.

Nach Kriegsende erinnerten sich die Klubs jedoch rasch an diese Möglichkeit, zu Geld zu kommen, und da dies in den anderen Ländern nicht anders war, entwickelte sich ein reger Markt an Testspielen. Die Wiener Klubs stellten sportlich attraktive Gegner dar, die zahlreiche Zuschauer in die Stadien lockten, und waren damit besonders gefragte Gäste. Zwei Männer erkannten das Potenzial dieser Entwicklung besonders schnell und machten sich in dem neuen Geschäftszweig einen Namen. Julius Ukrainczyk, geboren am 3. April 1910 in Warschau, war während des Kriegs in die Schweiz geflüchtet und eröffnete nach dem Krieg ein Büro als „Spiele-Vermittler" in Paris. Er war die schillerndste Persönlichkeit in diesem neu geschaffenen Business. Auch Turl Wagner war der Name Ukrainczyk ein Begriff:

> *„Der war der beste Manager auf der Welt zu dieser Zeit. Der hat alles gemanagt und konnte viele verschiedene Sprachen. Er war zwar kein Fußballer, aber er hat viel vom Fußball verstanden. Nach dem Krieg hat er für die Tschechen, die Ungarn und auch die Deutschen alles organisiert. Die Deutschen haben damals Probleme gehabt, weil man die überall ausgepfiffen hat nach dem Krieg. Wenn man auf Tournee gewesen ist und es hat ein Problem gegeben, hat man nur ‚Ukrainczyk' sagen müssen, dann sind alle Türen aufgegangen, bis hinauf zu den höchsten Beamten. In Peru habe ich ihn einmal kennengelernt. Der hat so gut Österreichisch gesprochen wie wir. Und der Hönig, unser Sektionsleiter, war bei einem hohen Beamten eingeladen, und der hat gleich übersetzen lassen, dass wir unter seinem Schutz stehen, und egal, was wir anstellen, es wird uns keiner was antun."*

Der zweite Pionier im Spielvermittlungsgeschäft war Maximilian Gold. Gold war 1924 mit der Hakoah erster Profimeister geworden und dann im Rahmen der zweiten Amerika-Tournee in den USA geblieben, im Jahr darauf jedoch nach Wien zurückgekehrt, doch schon ein weiteres Jahr später wieder nach New York zu den Hakoah All-Stars gewechselt. In dieser Saison erlitt er eine Knöchelverletzung und beendete seine aktive Karriere bereits 1930. 1938 emigrierte Gold mit seiner Frau nach Luxemburg, wo er als Trainer der Mannschaft Jeunesse Esch arbeitete. Dort blieb er jedoch nicht vor dem Zugriff der Nationalsozialisten geschützt, wurde interniert und musste Zwangsarbeit verrichten. 1942, kurz bevor seine Familie deportiert werden sollte, gelang es ihm mit Hilfe von Widerstandskämpfern unterzutauchen, und er überlebte den Rest des Kriegs in Belgien im Untergrund.

Nach Kriegsende kehrte er für kurze Zeit nach Luxemburg zurück, ehe ihn sein Weg wieder in seine Heimatstadt Wien führte. Dort begann er ähnlich wie Ukrainczyk, sich mit Spielvermittlungen einen Namen zu machen. Ein besonderes Naheverhältnis hatte Gold zur Wacker aus Meidling, mit der er zahlreiche Reisen unternahm. Trotz eines Sprachfehlers, der dazu führte, dass ein „Sch“ zu einem „Ch“ wurde, war der Wiener ein ausgekochter Profi in seinem Geschäft. Turl Wagner wusste hierfür einige Beispiele zu liefern:

> *„Bei einem Turnier haben wir gegen Bratislava und Independiente aus Argentinien gespielt. Die Spiele waren ausverkauft, und man hat immer zu Mittag gespielt, damit wir aufgrund der Hitze lädiert sind. Im Finale war das Stadion schon voll, und die*

Fans sind mit den Buschmessern gesessen. Und der Gold Maxl ist gekommen und hat gesagt, dass wir nicht spielen, weil wir noch kein Geld bekommen haben. Die Fans haben zwei Stunden warten müssen, aber der Gold Maxl ist hart geblieben. Am Ende hat der Hönig, unser Sektionsleiter, dann die Pesos in einem Sack bekommen, die haben sie in der Kabine ausgeleert, und wir haben das provisorisch gezählt. Die Tschechen haben gar nichts bekommen – die haben keinen Gold Maxl gehabt.“

Aber Maximilian Gold verstand durchaus auch Spaß.

„Mit ihm haben wir viel gelacht. Der Hönig hatte ziemlich arge Schweißfüße, das kann man sich gar nicht vorstellen. Der hatte Dutzende Paar Socken mit auf einer Reise und hat sich jeden Tag mehrfach die Füße gewaschen, aber das hat nicht wirklich geholfen. Einmal waren wir in Ecuador in der Hauptstadt Quito, das liegt auf circa 3000 Meter Höhe. Dort waren einige europäische Geschäfte, und man hat viele europäische Waren bekommen. Und einmal haben wir eine Käsefabrik besucht, und der Bokon hat dort ganz furchtbar stinkende Quargeln gekauft. Der Kaubek hat einen Wickel mit dem Hönig gehabt und wollte die Quargeln haben, um ihm einen Streich zu spielen. Und wir haben die tatsächlich bekommen, die haben grauenvoll gestunken. Der Hönig hat sich das Zimmer mit dem Gold Max geteilt, und wie sie beide nicht im Zimmer waren, haben wir die Quargeln unters Bett geschmiert. Am Abend ist der Gold Maxl zurückgekommen und hat den Hönig geschimpft, dass er sich jetzt endlich die Füße waschen soll, weil es so furchtbar stinkt.“

Maximilian Gold konnte sein Geschäft jedoch nicht sehr lange ausüben. Bei einer Reise mit der schwedischen Mannschaft Malmö FF 1961 nach Teheran kam er ums Leben, nachdem er in einen Aufzugschacht gestürzt war.

Das Geschäft mit den Tourneen hätte durchaus noch einige Jahre für ein gutes Einkommen gesorgt, doch als Fernsehübertragungen zum Standard wurden, sich das Sponsoring im heute bekannten Sinne etablierte und die Terminpläne durch die zahlreichen Bewerbe, allen voran der Europapokal, immer enger wurden, begann die Bedeutung der Tourneen als Einnahmequelle langsam rückläufig zu werden. Bis in die 1970er-Jahre waren sie aber noch ein zentraler Bestandteil der Finanzplanungen der Vereine.

Davon profitierten auch die Spieler. Ernst Kozlicek zum Beispiel war es möglich, sich von diesen Geldern über die Jahre hinweg ein Grundstück und ein Auto anzusparen. Viele Spieler konnten sich mit dem kleinen Zuverdienst einen bescheidenen Wohlstand aufbauen – in einer Zeit, in der dem Großteil der Bevölkerung bereits ein Urlaub unerreichbar schien. *„Wir haben die Welt gesehen und nebenbei etwas dazuverdient"*, fasste es Ernst Kozlicek zusammen.

Für die Wacker hatten die Tourneen darüber hinaus eine noch zentralere Bedeutung als für andere Vereine. Der Präsident der Meidlinger, Alfred Frey, stellte für die Wien-Film-Studios die begehrten Rohfilme bereit, die es auf dem Markt jedoch nur gegen Dollars zu erwerben gab. Die Wacker erspielte diese auf ihren Auslandsreisen, und Frey finanzierte damit jene Filmrollen, die benötigt wurden, um die populären Antel-, Hörbiger- oder Hans Moser-Filme drehen zu können. Turl Wagners Bruder Alfred arbeitete, nachdem er seine Lehre abgeschlossen hatte, für den Vereinspräsidenten: *„Der Fredi und der Haummer haben beim Frey gearbeitet, die waren ja Halbprofis, und wenn sie die Filmrollen hinauf (Anm. auf den Rosenhügel) geführt haben, sind oft schon der Moser oder der Hörbiger oben gesessen und haben gewartet."*

Allein während der Saison 1947/48 bestritt Wacker Wien 32 internationale Testspiele und bereiste Tschechien, Luxemburg, Belgien, Ungarn, Algerien, Italien, Frankreich und Schweden.

Auch die Nationalmannschaft hatte in den ersten Nachkriegsjahren einen hohen Identifikationscharakter. Mit jedem Monat kehrten weitere Spieler in den Kreis zurück, viele brauchten lange Zeit, um sich zu regenerieren, wie Turl Wagner zu erzählen wusste:

> *„Der Pavuza ist aus dem Krieg mit zwölf Kilo Übergewicht zurückgekommen. Das war das Wasser im Körper, weil die jeden Tag nur Kartoffeln zu essen bekommen haben. Oder der Stotz, der war zwar nur kurz eingerückt, hat aber lange gebraucht, bis er sich erfangen hat."*

Die Infrastruktur, vom Krieg stark in Mitleidenschaft gezogen, wurde schrittweise wieder aufgebaut. Zahlreiche Wohnhäuser, Straßen und Geschäfte konnten in den ersten zwei bis drei Jahren wieder instand gesetzt werden.

Mediale Aufreger

Nach der gescheiterten Titelverteidigung schickte sich die Wacker zu Saisonbeginn 1948 an, erneut um die Meisterschaft mitzukämpfen. Und tatsächlich spielten die Meidlinger im Konzert der Großen mit. Nach neun Runden zur Winterpause lagen Austria, Admira und Wacker mit 13 Punkten gleichauf. Wagner hatte vier Treffer erzielt.

In der Winterpause fuhr die Wacker auf Tournee in die Türkei und nach Griechenland. Die Reise sollte jedoch nicht aufgrund der sportlichen Erfolge Bekanntheit erlangen. Die „Weltpresse“ berichtet am 23. Februar 1949:

> *„Ein Augenzeuge schildert der ‚Weltpresse‘ die ganze Angelegenheit, die zur Verhaftung der Wackerspieler führte, wie folgt: Durch das Auftauchen von zahlreichen Feuerzeugen in den Kaffeehäusern in Istanbul, wurde die türkische Wirtschaftspolizei aufmerksam und nahm an, dass diese Feuerzeuge von den Spielern der österreichischen Mannschaften stammten, obwohl es sich dann herausstellte, dass es sich um eine große Schmuggelaffäre handelte. Das Hotel, in dem Wacker und die Mannschaft Admira wohnte, erhielt durch die Polizei eine vertrauliche Information, dass eine Aktion wegen der Feuerzeuge geplant sei. Wacker ließ daraufhin alle Spieler in Kenntnis setzen, dass, falls die Spieler Feuerzeuge hätten, diese abzugeben seien. Ein Einheimischer hatte sich erbötig gemacht, die Feuerzeuge zu übernehmen und zu vernichten. Wacker hat die Feuer-*

zeuge aller Spieler – 579 an der Zahl – tatsächlich eingesammelt und in ein Kofferl gegeben. Ein kleinerer Rest wurde in Papier verpackt. Die Feuerzeuge sollte bei der Straßenbahnhaltestelle vor dem Hotel ein näher bezeichneter Mann übernehmen. Da niemand die Feuerzeuge hinaustragen wollte, erklärte sich Polster bereit, die Aktion durchzuführen, und Hahnemann, der eben spazieren gehen wollte, nahm die wenigen in Papier verpackten Feuerzeuge und ging mit. Vor dem Hotel wurden sie von einem Herrn und einer Dame angesprochen, die auf Türkisch und Englisch etwas verlangten. Hahnemann verstand aus den Gesten, dass es sich um Feuerzeuge handelte. Er wickelte das Papier auf, entnahm ihm ein Feuerzeug und zeigte es den beiden. In diesem Moment entpuppte sich der höfliche Mann als Detektiv, zog eine Pistole und packte Hahnemann am Arm. Hahnemann und Polster ließen daraufhin alles fallen und liefen in das Hotel zurück, hinter Hahnemann der Detektiv der Wirtschaftspolizei mit gezogenem Revolver. Er lief Hahnemann bis in das Stockwerk des Hotels nach und verhaftete dort beide Spieler. Am nächsten Tag wurden sie bereits verurteilt. In einer Pressekonferenz sprachen gestern die Reiseführer der so wenig glücklichen Türkeifahrt, und auch die beteiligten Wacker-Spieler kamen dabei zu Wort. Immer wieder wurde versichert, dass man die Feuerzeuge nur als Geschenke für Griechenland und nicht für die Türkei mitgenommen habe, dass vor allem Hahnemann lediglich durch eine Verkettung unglücklicher Umstände das Opfer der ganzen Affäre wurde. In der Tat scheint Hahnemann nicht schuldiger oder unschuldiger als alle anderen Teilnehmer der Fahrt gewesen zu

> *sein. Er wurde eben zusammen mit Polster zum Sündenbock. Es wurde berichtet, dass die beiden Spieler in nächster Zeit in Wien eintreffen würden."*[34]

Die angekündigte Rückkehr verzögerte sich noch lange. Wilhelm Hahnemann und Reinhold Polster mussten eine sechsmonatige Haftstrafe absitzen und konnten erst zum Start der neuen Saison im August 1949 nach Wien zurückkehren.

Bis in die Schlussphase der Meisterschaft spielten die Meidlinger um den Titel mit. Drei Runden vor Schluss lag die Wacker vier Punkte hinter Rapid auf Rang zwei. Dann folgte Runde 16 und das Duell mit der Wiener Austria am 15. Mai. Eine unfassbare 3:10-Niederlage schockierte die Meidlinger. Turl Wagner erzielte zwei der drei Ehrentreffer für Wacker, wie im „Kurier" hervorgehoben, doch die Freude über die persönliche Leistung vermochte die Enttäuschung über das Debakel nicht auszugleichen. Die hohe Niederlage hinterließ Spuren, und die Wacker gewann kein weiteres Spiel mehr in dieser Saison.[35]

Medial herrschte mit der Verlautbarung im Dezember 1948, dass die Fußballweltmeisterschaft 1950 in Brasilien stattfinden würde, Vorfreude auf das Großereignis, vor allem bei den Spielern. Österreich traf für die Qualifikation auf den Sieger aus dem Duell Syrien gegen die Türkei. Die Syrer zogen ihre Teilnahme zurück, und so sollte Österreich gegen die Türkei um ein Ticket bei der Weltmeisterschaft

34 Die Weltpresse, 23. Februar 1949, https://anno.onb.ac.at/cgi-content/anno?aid=dwp&datum=19490223&seite=5&zoom=33
35 Wiener Kurier, 16. Mai 1949, https://anno.onb.ac.at/cgi-content/anno?aid=wku&datum=19490516&seite=5&zoom=33

rittern. Während zuerst Terminprobleme die Festlegung des Datums für die beiden Duelle gegen die Türken verhinderten, entspannen sich bald verschiedenste Diskussionen bezüglich der Verifizierung, ob eine Entsendung einer österreichischen Auswahl sinnvoll wäre. Fast das gesamte Kalenderjahr 1949 dauerte diese Debatte an und wurde von den Zeitungen ausführlich dokumentiert und kommentiert. Die Zeitung „Neues Österreich“ bot am 8. Dezember einen Querschnitt zu dem Thema:

> *„Die Gegner einer Teilnahme Österreichs an der Weltmeisterschaft führen immer wieder ins Treffen, daß wir keine Chancen haben und die Reisespesen ungewöhnlich hoch sind. Auch bei den Olympischen Spielen hatten wir wenig Aussichten, trotzdem hat man unseren Vertragsspielern das ‚Amateurmäntelchen‘ angezogen und sie nach London geschickt. Das Olympische Fußballturnier war aber doch nur eine halbe Angelegenheit (die überseeischen Mannschaften fehlten) gegenüber der Weltmeisterschaft. Wenn wir auch in Zukunft zu den führenden europäischen Fußballnationen zählen wollen, müssen wir unser Team nach Brasilien entsenden. Der ÖFB muss einen Weg finden, um die Vereine, die Spieler für das Team abgeben, für einen etwaigen Entfall von Auslandsreisen zu entschädigen. Dem ÖFB stehen bereits jetzt nach sieben Totorunden über eine halbe Million Schilling aus den Totoerträgnissen zu. Mit einer staatlichen Hilfe wäre also die finanzielle Grundlage einer Expedition zu der Weltmeisterschaft gegeben. Österreich darf in Brasilien nicht fehlen. Wir können zwar die Südamerikaner nicht schlagen,*

> *doch haben wir gute Chancen, einen ehrenvollen Platz zu besetzen. Die Klubfunktionäre bitten wir also im Namen der großen Fußballgemeinde, den ‚Kantönligeist' beiseitezulegen und einmal in ‚Rot-Weiß-Rot' zu denken."*[36]

Am Ende entschied sich der ÖFB aus finanziellen Gründen und aus Rücksicht auf den Meisterschaftsbetrieb zu einem Verzicht auf die Teilnahme. Der „Wiener Kurier" berichtete in seiner Ausgabe vom 18. Jänner 1950 etwas süffisant über die Prioritäten seitens der Vereine, die eine Weltmeisterschaftsteilnahme einige Einnahmen gekostet hätte, da die Wintertourneen nicht möglich gewesen wären:

> *„Die Wogen der Entscheidung wegen der Nichtteilnahme Österreichs an der Fußball-Weltmeisterschaft, die offiziell mit sportlichen Gründen motiviert wurde, sind noch nicht ganz abgeebbt und schon hört man, dass der Klassenausschuss der Staatsliga den Beschluss gefasst hat, eine vorzeitige Beendigung der Meisterschaft durch Benützung von Feiertagsterminen, wie Pfingsten, Himmelfahrtstag und Fronleichnamstag, herbeizuführen. An dem Beginn der Punktekämpfe, der für den 26. Februar angesetzt ist, soll nicht gerüttelt werden, doch würde die Meisterschaft durch die Heranziehung der obengenannten Ersatztermine bereits am 8. Juni statt am 23. Juni beendet sein. Im Rahmen der Weltmeisterschaftsdebatte im ÖFB stand aber gerade die Terminfrage im Mittelpunkt der Begebenheiten. Seitens der Staatsliga wurde dabei ins Treffen geführt, dass sich eine Verkürzung des*

36 Neues Österreich, 8. Dezember 1949, https://anno.onb.ac.at/cgi-content/anno?aid=dwp&datum=19490223&seite=5&zoom=33

> *Meisterschaftsablaufes für die Vereine wirtschaftlich unheilvoll auswirken würde. Dieser Vorgang wird in der Sportöffentlichkeit Befremden erregen, denn wenn es jetzt möglich ist, den Meisterschaftsbetrieb abzukürzen, dann wäre dieses ‚Kunststück‘ auch gelungen, wenn man die reelle Absicht gehabt hätte, die Weltmeisterschaft zu beschicken. Jetzt, wo es um die Nordlandreisen der Vereine geht, ist von Terminnot keine Rede mehr.“*[37]

Die großen Leidtragenden waren neben den Fans vor allem die Spieler, die um die große Möglichkeit gebracht wurden, bei einer Weltmeisterschaft aufzulaufen. Auch Turl Wagner, der zum Stamm der Nationalmannschaft gehörte, war davon betroffen und wie viele seiner Kollegen enttäuscht.

Die Saison 1949/50 stand somit über weite Strecken im Schatten der Weltmeisterschaftsdiskussion. Doch bereits in der vierten Runde gibt es einen besonderen Grund zur Freude für Turl Wagner. Ernst Kozlicek, den er zum Verein gelotst hatte, darf im Alter von 18 Jahren sein erstes Meisterschaftsspiel bestreiten. An der Seite von Wagner, dem der erste Treffer des Spiels in der 16. Minute gelingt, zeigt Kozlicek eine solide Leistung.

Auch Ernsts Bruder Paul, der beste Freund von Alfred Wagner, war auf dem Weg, Fußballer zu werden. Paul und Alfred spielten mittlerweile schon in der Wacker-Jugend. Aus dieser Zeit gibt es auch eine amüsante Anekdote über Alfred Wagner. Beim Fußballspielen

37 Wiener Kurier, 18. Jänner 1950, https://anno.onb.ac.at/cgi-content/anno?aid=wku&datum=19500118&seite=5&zoom=33&query=%22weltmeisterschaft%22&ref=anno-search

nach der Schule war es wieder einmal spät geworden, und als Fredi nach Hause geeilt kam, brach bereits die Dämmerung herein. Beim Betreten der Wohnung erschrak die Großmutter. Fredi stand in der Unterhose vor ihr. Es stellte sich heraus, dass er zum Ballestern die Lederhose auf die Gaslaterne gehängt und ebendort vergessen hatte. Am nächsten Morgen eilte Fredi vor der Schule zur Laterne, und die Hose hing zum Glück noch dort.

Turl Wagner gelangen in dieser Saison zwölf Treffer in 23 Meisterschaftsspielen. Die Wacker landete trotz sechs Siegen in den letzten sieben Spielen der Meisterschaft am Ende auf nur auf Platz drei hinter Meister Austria und Rapid.

Eleganz trotz schwierigen Materials

Am 14. Mai 1950 folgte ein weiteres Highlight für Wagner in der Nationalmannschaft. Am Montag nach den Wochenendspielen in der Meisterschaft wurde vermeldet, dass er sich erneut im Kader für das Duell mit Erzfeind Ungarn befand. Doch in der Startaufstellung fand sich statt dem Meidlinger ein Hütteldorfer. Teamchef Walter Nausch, ehemaliger Wunderteam-Spieler und ein Sir der alten Schule, gab dem bulligen Robert Dienst, dessen Spitzname *„der Blade"* war, den Vorzug. Dienst hatte am Wochenende gegen Oberlaa ein Tor erzielt und eine starke Leistung gezeigt, während Wagner torlos geblieben war. So nahm Wagner beim Anpfiff auf der Bank Platz, anstatt auf der Mittelauflage zu stehen. Zur Pause stand es 2:2, und Robert Dienst hatte bereits nach sieben Minuten das 1:0 erzielt. Dennoch entschied sich Nausch, von der vereinbarten Möglichkeit Gebrauch zu machen, einen Spielerwechsel vorzunehmen. Er nahm Dienst vom Platz und schickte Wagner aufs Feld. Österreich gewann das Spiel 5:3, auch weil Wagner seine Mitspieler, allen voran den flinken Melchior, perfekt einzubinden vermochte. Der „Wiener Kurier“ adelte Wagner:

> *„(...) Wagner führt sich mit einem seidenweichen Pass zu Habitzl glänzend ein. Der ‚Bruader‘ gibt sofort zu dem freistehenden Aurednik, der kaltblütig an dem herauslaufenden Henni zum 3:2 einschießt. So geschehen in der 47. Minute. Dann kommt Puskás an Ocwirk vorbei, spielt ideal zum langen Szilaghyi – und die Partie steht nach dessen Flachschuss 3:3 (62. Minute). Jetzt aber gehen die Österreicher zum Generalangriff über, wobei Wagner mit Geschick das Quintett dirigiert. Wagner fälscht in der 67. Minute einen Kopfball zu Decker, und der Vienna-Mann lenkt das Leder kaltblütig an Henni vorbei zum 4:3 ein (...)“*[38]

Turl Wagner hatte sich zu diesem Zeitpunkt, trotz seines jungen Alters von 23 Jahren, zu einer fixen Größe in Österreichs Fußballlandschaft entwickelt. Seine Art zu spielen war speziell. Kein Geringerer als Starstürmer Anton Polster weiß aus den Erzählungen seines Vaters die Charakteristik des Wagnerschen Spielstils zu verdeutlichen:

38 Wiener Kurier, 15. Mai 1950, https://anno.onb.ac.at/cgi-content/anno?aid=wku&datum=19500515&seite =5&zoom=33

> *„Der Turl ist gegangen wie ein Turniertänzer. Er hatte einen Körper, wie ihn sonst meistens die dunkelhäutigen Spieler haben. Eine unglaubliche Eleganz, fast schwebend. Das hat man schon gesehen, wenn er nur gegangen ist, das habe ich heute noch im Kopf, das hat sich eingebrannt. Großgewachsene Spieler wirken oft unbeweglich oder gar steif. Aber der Turl war wie Gummi."*

Auch Turl Wagner war sich seiner Stärken durchaus bewusst und beschrieb seine fußballerischen Fähigkeiten wie folgt:

> *„Bis auf den linken Fuß habe ich alles gekonnt im Fußball. Das habe ich auf der Gasse gelernt, auch weil ich da immer gegen deutlich ältere Burschen gespielt habe. Da lernt man, sich durchzusetzen. Ich habe mich schon als Kind für die Stürmer interessiert und nicht für die Verteidiger und mir im Stadion immer die Spieler angeschaut, die auf meiner Position gespielt haben."*

Die galante Erscheinung mutet umso bemerkenswerter an, da die Ausrüstung zur damaligen Zeit alles andere als geeignet für geschmeidige Bewegungen war. Die Trikots bestanden im Sommer aus einem schweren Stoff, der sich bei Regen vollsog und sich dann wie ein Rucksack anfühlte. Die Winterdressen fühlten sich an wie Strickware. In beiden Varianten schwitzten die Spieler. Die Schienbeinschützer waren anfänglich sehr schwer, da sie mit Knochen gefüllt waren, was später durch das leichtere Plastik ersetzt wurde. Die schweren Lederschuhe, teils mit Stahlkappen und Ledersohle, ähnelten eher Wanderschuhen und erschwerten Leichtfüßigkeit, umso mehr, wenn es regnete und das Leder das Wasser aufgesogen hatte

– dann entstand das Gefühl, einen Gipsfuß zu haben. Dazu kamen die Bälle, die aus massivem Leder und verschnürt waren. Wenn eine Schnürung aufgegangen war und die Schnur heraushing, erzeugte das ein charakteristisches Pfeifen, während der Ball durch die Luft flog. Traf ein Spieler bei einem Kopfball die Verschnürung, vor allem wenn es nass und der Ball schwer war, kam es nicht selten zu Platzwunden.

Auch Rapid-Spieler Rudolf Flögel erinnert sich an die mühsamen Spielgeräte:

> *„Der Ball war extrem schwer. Da hast eine halbe Gehirnerschütterung gehabt, wenn du auf einen Kopfball gegangen bist. Wenn du die Verschnürung getroffen hast beim Kopfball, hat man geblutet. Ich kann mich erinnern, beim Training, wenn es geregnet hat, hat der Platzwart die nassen Bälle in den Ofen gelegt zum Trocknen. Und die, die bereits trocken waren, hat er wieder rausgebracht. Ich war gut, wenn die Bälle volley gekommen sind, weil ich das früher immer mit dem Tennisball geübt habe, habe ich alle getroffen. Aber wenn der Ball nass war, hat man ihn kaum dazaht.“*

Durch die Schnürung war der Ball auch nie zu 100 Prozent rund, sondern glich in der Form eher einem Ei. Das machte die Berechnung der Flugkurven durchaus zur Herausforderung. Wagners elegante Erscheinung auf dem Spielfeld ist angesichts dieser Voraussetzungen umso höher zu bewerten.

Auch auf dem Gebiet der Trainingsmethoden war man weit von heutigen Standards entfernt. Viele Spieler gingen arbeiten, so wurde meistens nur drei- oder gar zweimal die Woche am späten Nachmittag trainiert. *„Die meisten sind so gegen 16 Uhr zum Training gekommen. Diejenigen, die nicht gearbeitet haben, so wie ich und der Turl, haben schon etwas früher angefangen“*, wusste Ernst Kozlicek zu berichten, *„dann sind wir ein paar Runden gelaufen und haben etwas für die Kraft gemacht. Mit dem Ball war es nicht so viel Training.“*

Ein weiterer Skandal

Kurz nach dem Ende der Meisterschaft im Sommer 1950 geriet die Wacker erneut in die Schlagzeilen. Jungstar Gerhard Hanappi, zur damaligen Zeit bereits regelmäßig als das größte Talent in Wien bezeichnet, verlautbarte, dass er sich von seinem Stammverein abzumelden und zu Rapid zu wechseln gedenke. Die Aufregung war groß, und das Thema füllte wochenlang die Zeitungen. Rapid, in Person von Sektionsleiter Franz Binder, so wurde berichtet, habe Hanappi mit einem lukrativen Angebot abgeworben. Wacker weigerte sich, Hanappi freizugeben. Hanappi war es weiters untersagt, bei Rapid mitzutrainieren, bis der Rechtsstreit beigelegt wäre, so hielt er sich selbst fit. Teamchef Nausch berief den zwischen den Fronten Gestrandeten, dem eine bis zu 18-monatige Sperre drohte, weiter ins Nationalteam ein. Es dauerte bis in den Winter des Jahres 1950, bis sich die Vereine endgültig einigen konnten. Der Vorfall besiegelte aufseiten der Wacker-Fans eine erbitterte Feindschaft mit den Grün-Weißen. Turl Wagner, dem Gerechtigkeit ein extrem hohes Gut war, war in dieser Causa durchaus gespalten. Einerseits verstand er die Position seines Vereins und war über die *„Kaperei“* der Rapidler erbost, andererseits kannte er Gerhard Hanappi, als dessen Förderer er ja bereits 1946 bei der Reise nach Ungarn aufgetreten war, persönlich sehr gut.

> *„Ich habe die persönlichen Verhältnisse gekannt. Seine Mutter ist zeitig an Drüsenkrebs gestorben. Das Gleiche hat später der Hanappi gekriegt. Wenn man die Breitenfurter Straße runterfährt, ist ein hohes Haus auf der linken Seite, bevor man zur Autobahn runterfährt, dort war ein großer Bauplatz, wo er gewohnt hat. Sein Vater war ein fleißiger Arbeiter, ein Malermeister, und der hat sich nach dem Tod der Mutter eine junge Partnerin gesucht. Das hat aber nicht gepasst, da hat's Reibereien gegeben in der Familie. Ein Onkel vom Hanappi hat ein Geflügelgeschäft auf der Breitenfurter Straße, und der war bis in die Ohrenspitzen Rapid-Anhänger und wollte schon damals unbedingt, dass er zu Rapid geht. Der Vater war streng, und der Gerhard hat sich nicht getraut zu sagen, was er wirklich will, und wie das angefangen hat mit dem Abgang von der Wacker haben sie ihn dann versteckt, damit er nicht von wem umgestimmt werden kann. Wir haben ja immer in der Nationalmannschaft zusammengespielt, auch wie er dann schon bei Rapid war, und mir ist immer vorgekommen, dass er die Geborgenheit gesucht hat, ein wenig wie ein Kind, das die Eltern sucht. Wir waren immer sehr gut befreundet.“*

Obwohl die Situation für Wagner alles andere als einfach war, gelang es ihm, beiden Seiten treu zu bleiben. Ein Kunststück, das nicht alle schafften. Zahlreiche Aussprachen begleiteten die gemeinsamen Einsätze manch anderer Wacker-Wegbegleiter mit Hanappi.

Zum Auftakt der neuen Meisterschaftssaison spielte Wacker am 27. August 1950 in Steyr gegen Vorwärts. Unerwartet fand Wacker nicht gut ins Spiel, und nach 32 Minuten lagen die Gastgeber mit 2:0 in Führung. Nach der Pause erhitzten sich die Gemüter, Wacker machte Druck, aber die Vorwärts-Abwehr stand sicher. Die „Arbeiter-Zeitung" berichtete am 29. August darüber: *„(...) Bei Wacker fanden lediglich Pelikan, Pawusa, Zwazl und Brinek ihre Normalform. Nach der Pause gab es zwischen den Spielern Reibereien. Reindl, Hilber (Vorwärts) und Wagner wurden ausgeschlossen."*[39] Zum ersten Mal war der Vorzeigestürmer vom Platz geschickt worden.

Das erste Aufeinandertreffen mit Rapid nach den sommerlichen Streitigkeiten fand am 21. Oktober 1950 im Wiener Praterstadion vor 35.000 Zuschauern statt. Der „Wiener Kurier" sprach in seiner Ausgabe vom 23. Oktober von einer *„Hanappi-Atmosphäre"* und erwähnte *„auf beiden Seiten, gelinde gesagt, gehässige Derbheiten (...)"*. Rapid gewann 4:3.[40]

Erst Ende November wurde der Streit um Hanappi endgültig beigelegt. Die Zeitung „Die Weltpresse" vermeldete in ihrer Ausgabe vom 30. November 1950 die Details zur Einigung:

39 Arbeiter-Zeitung, 29. August 1950, https://anno.onb.ac.at/cgi-content/anno?aid=aze&datum=19500829&seite=8&zoom=65
40 Wiener Kurier, 23. Oktober 1950, https://anno.onb.ac.at/cgi-content/anno?aid=wku&datum=19501023&seite=5&zoom=33

> *„Rapid verpflichtet sich, an Wacker eine ‚Entschädigung' – von dem Wort ‚Ablöse' will man in Meidling absolut nichts hören – von 70.000 Schilling zu bezahlen und außerdem muss Rapid den Meidlingern für die Jänner und Februar die in Aussicht genommene Südamerikatournee vermitteln (sic!). Sollten die Hütteldorfer nicht in der Lage sein, diese Reise abzuschließen, dann muss als Ersatz eine andere lohnende Tournee geboten werden. Weiters wird sich Rapid bereit erklären, für längere Zeit sämtliche internationalen Begegnungen auf österreichischem Boden mit Wacker zu veranstalten. Auch für den Meisterschaftsbetrieb der Frühjahrssaison sind zahlreiche Kopplungen zwischen den beiden Vertragspartnern vorgesehen."*[41]

Das erste Spiel für Rapid bestritt Hanappi schließlich am 25. Februar 1951 gegen den LASK.

Bereits als sich abzeichnete, dass Hanappi nicht zu halten sein wird, suchte Wacker einen Ersatz. Man entschied sich, dem hochtalentierten Dribblanski Ernst Kozlicek eine Chance zu geben, die Lücke zu füllen. Kozlicek war bereits 1948, als die Wacker das damals berühmteste Jugendturnier – den Walther-Bensemann-Pokal – ausgerichtet hatte, aufgefallen und war maßgeblich daran beteiligt, dass seinem Team die Titelverteidigung gelang. Kozlicek hatte außerdem unter Trainer Edi Frühwirth 1949 bereits einmal Ligaluft geschnuppert. Er selbst erinnerte sich an seine erste Zeit in der Wacker-Kampfmannschaft:

41 Die Weltpresse, 30. November 1950, https://anno.onb.ac.at/cgi-content/anno?aid=dwp&datum=19501130&query=%22hanappi%22&ref=anno-search&seite=5

> *„Ich war sehr verspielt mit dem Ball. Einmal habe ich alle Verteidiger überspielt und dann auch noch den Tormann und habe mich darüber gefreut, dass ich vergessen habe, ins Tor zu schießen. Der Turl hat sehr auf die jungen Spieler geschaut, und er hat nie geschimpft, auch wenn man sich noch so blöd angestellt hat. Er war zwar grantig, aber dann hat er gesagt, dass da noch zehn andere am Feld stehen. Das war das Strengste, das man von ihm gehört hat."*

Kozlicek musste auf seinen Durchbruch noch warten, erst ein paar Monate später, mit dem Beginn der Saison 1951/52, wurde er zum Stammspieler.

Wagner als Stütze des Nationalteams

Am 20. September 1950 gelang Wagner sein zweiter Hattrick , und zwar gegen den Florisdorfer AC. Die Zeitung „Neues Österreich" berichtete am nächsten Tag: *„Der Schwerpunkt des Wacker-Angriffes lag am rechten Flügel. Bokon und Wagner fanden bei Franek keinen nennenswerten Widerstand vor, auch Ryba konnte die Aktionen der beiden gefinkelten Meidlinger kaum stören (...)"*[42]

42 Neues Österreich, 21. September 1950, https://anno.onb.ac.at/cgi-content/anno?aid=nos&datum=19500921&seite=5&zoom=33

Bereits zehn Tage später folgte der nächste Triple-Pack, den Wagner erzielte. Beim 6:0 gegen den LASK gelangen ihm innerhalb von 30 Spielminuten drei Treffer.[43]

Am 5. November 1950 schaffte Turl Wagner nun auch seinen ersten Hattrick im Teamdress, als er beim 5:1 Sieg in Wien über Dänemark in den Minuten 19, 21 und 44 die Treffer zum 2:1, 3:1 und 4:1 erzielte. Auch in der Erinnerung des Stürmers hatte sich das Spiel eingebrannt:

> *„Ich habe Center-Stürmer gespielt, das war nicht immer der Fall. Ich hatte zwei erfahrene Verbinder. Einer war der Decker. Ich war ja noch ein recht junger Spieler, da war es wichtig, dass die Routinierten dabei waren. Die Dänen waren damals relativ stark und sind mit einem großen Siegeswillen gekommen – die waren schon ein wenig eingebildet, fast schon hochnäsig. Das hat uns aufgestachelt. Da hat jeder gesagt, ‚Sind wir zweitklassig oder was?‘. Damals habe ich drei Tore gemacht, die waren super von den Verbindern aufgelegt. Das waren schon großartige Spieler.“*

Wagner ist mittlerweile ebenfalls ein großer Spieler. Beim 1:0 legte er das Tor mustergültig auf, wie der „Wiener Kurier“ vom 6. November enthusiastisch berichtete:

> *„Die Dänen stoßen an, wir aber stoßen sofort vor. Aurednik spielt zu Wagner, der nur knapp verschießt. In der vierten Minute folgt eine blendende Aktion des Zenterstürmers. ‚Turl‘ überspielt im Solo drei Gegner und serviert Melchior. Der Flü-*

43 Neues Österreich, 1. Oktober 1950, https://anno.onb.ac.at/cgi-content/anno?aid=nos&datum=19501001&seite=7&zoom=33

gel schießt mit unheimlicher ‚Fett'n'. Tormann Elting lässt sich täuschen. Das 1:0 ist fertig. (...) In der 19. Minute verwandelt Wagner einen flachen Paßball Aurედniks zum 2:1. Das Spiel hat kaum begonnen, da ‚läutet' es schon wieder. In der 21. Minute tauscht Decker mit Melchior Platz, der Vienna-Mann passt Wagner von der Cornerlinie auf den Fuß, dieser schießt wieder unhaltbar zum 3:1. (...) Bis schließlich in der 44. Minute eine prächtige Kombination das 4:1 einbringt. Gernhardt und Stojaspal spielen sich nach vorne, der Ball kommt über Aurednik und Melchior zu Wagner, der unhaltbar einsendet. Das ist das dritte Tor von Wagner, also der Hattrick! (...) Pechvogel Nr. 1 ist Stojaspal. Dreimal serviert ihm Wagner, ebenso oft verfehlt ‚Stoissi' nur knapp das Ziel (...) Im österreichischen Angriff war Mittelstürmer Wagner der Beste. Er zeichnete sich sowohl bei der Vorbereitung der Angriffsaktionen, als auch bei deren Abschluss besonders aus (...)"[44]

Am 13. Dezember 1950 trat Österreich in Glasgow gegen Schottland an. In der Vorbesprechung erklärte Teamchef Nausch dem Stürmer Wagner, wer sein Gegenspieler sein werde. Es handelte sich dabei um Alexander Forbes von Arsenal.

„Wir haben den einmal beim Verein spielen gesehen, der ist reingegangen, dass es nur so gekracht hat. Ich habe mir nicht gedacht, dass der gerade mein Gegenspieler sein wird. Natürlich habe ich mich konzentriert auf ihn, aber ich habe gesagt, in die Zweikämpfe gehe ich nicht, der bricht

44 Wiener Kurier, 6. November 1950, https://anno.onb.ac.at/cgi-content/anno?aid=wku&datum=19501106&seite=5&zoom=36

mich ja ab. Der Hanappi hat sich etwas zurückgezogen und uns Stürmer eingesetzt. Der Forbes hat immer gesagt ‚Come on‘, und ich habe nicht gewusst, was das heißt, und habe meine Mitspieler gefragt, und die haben mir gesagt, dass er kämpfen will. Na, bin ich deppert, darauf habe ich mich nicht eingelassen. Beim Rausgehen hat er mir auf die Schulter geklopft, da habe ich geglaubt, der bricht mir die Schulter.“

Österreich gewann überraschend 1:0, das Goldtor erzielte Ernst Melchior, an den Turl Wagner sich sehr gut erinnerte:

> *„Zu dem haben wir Gscherter gesagt, der war ein Kärntner. Sein Bruder war Verteidiger und er war Stürmer. Die haben, wenn sie gemeinsam gespielt haben, immer gestritten während dem Match. Der Ernst war der Ältere, und wenn der andere einen Fehler gemacht hat, hat er ihn Kuh genannt, und der andere hat zurückgekeppelt. Ich habe gern mit dem Ernst gespielt, weil man da kaum einen Fehlpass gehabt hat. Der war so schnell, dass er jedes Zuspiel erwischt hat. Bei dem Spiel in Schottland habe ich ihm das Zuspiel gegeben. Wir haben selten gemeinsam gespielt, nur bei den Länderspielen. Er hat immer Dudl zu mir gesagt. Turl heiß ich, habe ich gesagt, und er: Ja, Dudl. Seine große Stärke war, dass er nie einen Ball aufgegeben hat, und er konnte wunderbare Flanken schlagen.“*

Mit diesem Sieg verewigte sich die Mannschaft in den Fußball-Geschichtsbüchern. Als erstem kontinentaleuropäischem Team war es Österreich gelungen, die Schotten auf eigenem Boden zu besiegen.

Das ewige Duell mit Rapid

In der Meisterschaft brachte die Saison wieder einmal einen zweiten Platz in der Tabelle. Turl Wagner steuerte 14 Treffer bei, so viele wie noch nie zuvor, und mit seinen 24 Einsätzen stellte er ebenfalls einen neuen persönlichen Rekord auf.

Am 15. April 1951 trafen Rapid und Wacker erstmals nach der „Affäre Hanappi“ aufeinander. Das Spiel markierte auch das erste Duell der beiden Vereine, in dem Hanappi gegen seine ehemaligen Vereinskollegen spielte. Turl Wagner erinnerte sich:

> *„Wir haben uns vor dem Spiel kurz unterhalten, er hat sich natürlich erinnern können an die schöne Zeit, die wir hatten. Ich habe damals eine Form gehabt, das war ein Wahnsinn. Die Leute haben mir direkt applaudiert. Da ist der Hanappi ein paarmal heiß geworden, richtig zornig. Ich habe dann zu ihm gesagt ‚Gschropp, nur ruhig bleiben, nicht über die Füße hauen‘. ‚Nein‘, sagt er darauf, ‚aber ich kann mir heut nicht anders helfen, ich pass eh auf.‘ Der konnte schon hart spielen auch. Aber es ist alles friedlich verlaufen.“*

Das Spiel endete 3:3, wobei Turl Wagner das 3:2 erzielte, das von Probst zwei Minuten später egalisiert wurde.

Die Verbindung mit Hanappi blieb bestehen, auch aufgrund der Tatsache, dass der *„Gschropp“*, wie ihn alle nannten, im Gegensatz zu den meisten Fußballern dieser Zeit bereits ein Auto besaß. Rapid konnte hier mit seinen Verbindungen etwas nachhelfen, und so fuhr

Hanappi einen Opel Kapitän, mit dem er einige ausgewählte Spielerkollegen aus dem Nationalteam, darunter Wagner, abholte und zum Stadion führte. Davor hatte der Weg immer mit der Straßenbahn bewältigt werden müssen, ein zeitaufwendiges Unterfangen.

Auch nach der Karriere blieben Hanappi und Wagner befreundet. Öfters besuchte Hanappi seinen ehemaligen Förderer und Nationalteamkollegen in dessen Schuhgeschäft. Eines Tages kam seine Frau ins Geschäft und kaufte Schuhe, während Hanappi im Auto wartete. Wagner fragte, wieso er nicht hereinkäme, worauf ihm Hanappis Gattin erklärte, dass er sich geniere, wegen seinem Gesicht. *„Er hatte Lymphdrüsenkrebs und eine schwere Operation hinter sich. Der Turl ist dann rausgegangen und hat ihn begrüßt und ihm gesagt, dass er sich nicht genieren muss. Sein Gesicht hat furchtbar ausgesehen, das war ganz verzogen“*, weiß Schwester Stefanie zu erzählen.

Wacker stand am 3. Juli 1951 vor einem wichtigen Spiel. Der Mitropapokal fand erstmals seit 1940 wieder statt – unter dem Namen Zentropacup. Ins Leben gerufen von Hugo Meisl, dem berühmten österreichischen Teamchef, der auch beim legendären Wunderteam Regie geführt hatte, war der Bewerb zwischen 1927 und 1940 das Treffen der Crème de la Crème des europäischen Klubfußballs. Der Vorläufer der heute bekannten Europapokalbewerbe erfreute sich großer Beliebtheit, und ein Sieg war mit großem Renommee verbunden. Achtmal stand ein Wiener Team im Finale. Viermal wanderte der Pokal auch in die österreichische Hauptstadt. Rapid gewann 1930, Vienna 1931 in einem rein österreichischen Finale gegen den WAC, die Austria 1933 und 1936. In dem Bewerb traten Mannschaften aus Österreich, Ungarn, Italien, Jugoslawien sowie der Tschechoslowakei und später der Schweiz und Rumänien an.

Nach dem Krieg wurde eine erneute Austragung angestrebt, doch die Verhandlungen gestalteten sich schwierig. Die Copa Rio, ein Bewerb in Brasilien, zu dem hochrangige Vereine wie Roter Stern Belgrad, Austria Wien, Juventus Turin, Sporting Lissabon oder Olympique Nizza eingeladen waren, machte dem Mitropapokal Konkurrenz. So war es schwierig, namhafte Teilnehmer zu finden. Auch fehlte ein Teilnehmer aus Ungarn, wodurch Österreich zwei Vereine ins Starterfeld schickte: Meister Rapid und erstmals Wacker Wien. So ritterten neben den beiden österreichischen Vertretern Dinamo Zagreb und Lazio Rom in einem geänderten Modus, es gab keine Hin- und Rückspiele mehr, sondern nur mehr ein Spiel, außerdem wurden alle Partien in Wien zwischen dem 3. und 5. Juli ausgetragen.

Rapid und Wacker qualifizierten sich mit klaren Siegen, Rapid gewann 5:0 gegen Lazio Rom, Wacker 4:1 gegen Zagreb. Das Zuschauerinteresse sank während des Blitzturniers zusehends. Während am Eröffnungstag noch 26.000 Zuschauer ins Praterоval gepilgert waren, besuchten nur 9000 das rein österreichische Finale. Und wieder standen sich die erbitterten Kontrahenten gegenüber.

Es war ein sehr knappes Spiel, wie die „Arbeiter-Zeitung" in ihrer Ausgabe vom 6. Juli vermeldete: *„Der Sieger hätte ebenso Wacker heißen können."*[45] Turl Wagner war einer der Hauptakteure des dramatischen Finales:

45 Arbeiter-Zeitung, 6. Juli 1951, https://anno.onb.ac.at/cgi-content/anno?aid=aze&datum=19510706&seite=8&zoom=36

> *„Das erste Tor erzielt Wacker durch Wagner, der trotz Bedrängung durch Happel an Musil vorbeischießt. Acht Minuten später gleicht Rapid aus. (...) Wacker erreicht in der zweiten Hälfte die Führung. Wagner spielt zu Hahnemann, der zu Foreth verlängert. Foreth feuert den Ball aus fünf Schritten Entfernung in die Kreuzecke. Wacker ist dem Sieg nahe. Wagner schießt am leeren Tor vorbei. Müller rettet auf der Linie. Wagner köpft an die Latte. In der 58. Minute gleicht Rapid aus. (...) In der letzten Minute fällt die Entscheidung. Prack begeht ein Hands im Strafraum. Den Elfmeter verwandelt Happel sicher."*[46]

Dazu Turl Wagner: *„Das Ganze war eigentlich nur eine Probe und hatte nicht den Stellenwert wie früher. Wir haben im Finale gegen Rapid gespielt und 2:3 verloren."*

Der Schrebergarten

Erholung fand die Familie, wie schon in Turl Wagners Kindheit, im Schrebergarten auf der anderen Seite der Wienerbergstraße, der nun auch für die beiden Geschwister zahlreiche schöne Kindheitserinnerungen bereithielt, wie Stefanie Dolezal schildert:

> *„Der Garten war sehr groß mit einem riesigen Kirschenbaum. Das waren wunderschöne Herzkirschen, und der Baum hat sich*

46 Arbeiter-Zeitung, 6. Juli 1951, https://anno.onb.ac.at/cgi-content/anno?aid=aze&datum=19510706&seite=8&zoom=36

verzweigt, und wir Kinder sind darauf herumgekraxelt und haben uns wie Tarzan von einem Ast zum nächsten geschwungen. Im Garten gab es Gemüse aller Art und Ribiseln. Außerdem hatten wir einen Zwetschgenbaum, aber die Zwetschgen hatten immer Würmer. Kriecherln, Birnen und Äpfel hat es auch im Garten gegeben. Aber meine Lieblinge waren immer die Kirschen. Die haben der Fredi und ich gepflückt, und dann bei der Kapsch an die Arbeiter verkauft. Wir hatten auch einen großen Hühnerstall. Da hatten wir drei Hühner drinnen. Für jedes Kind eines. Ich bin immer nach hinten gegangen und habe die Eier geholt. Die Hühner sind ganz alt geworden, weil keiner seines zum Schlachter geben wollte, und wie wir sie dann nach einigen Jahren schlachten haben lassen, waren sie so zäh, dass man nur mehr Faschiertes machen konnte. Hinter den Hühnern hatten wir einen Hasenstall mit zwei Abteilen, eines oben und eines unten, vorne war ein kleines Gitter drauf. Aber jedes Mal, wenn ich reingeschaut habe, ist ein Hase tot gewesen. Dem haben die Ratten die Kehle durchgebissen. Neben dem Haus gab es ein Plumpsklo, da hat man, wenn man aufs Klo gegangen ist, unten die Ratten gehört. Der Turli hat ein Flobert-Gewehr gehabt, da hat man so silberne Kugeln reingegeben, und damit hat er sich einmal in den Stall gesetzt und gewartet, bis die Ratten kommen. Stundenlang ist er dort gesessen und hat gewartet. Wir haben ihm schon gesagt, er soll es sein lassen, da kommt sicher kein Ratz, während er dort sitzt. Aber er hat nicht aufgegeben, und dann hat auf einmal eine Ratte den Kopf aus dem Loch gestreckt. Und der Turli hat sie nicht erschossen. ‚Die hat so ein liebes Gsichterl gehabt, ich konnte sie nicht erschießen‘, hat er gesagt. Einmal hat er mit dem Gewehr herumgeschossen, in den Kriecherlbaum hinein. Auf einmal ist ein Spatz auf den Boden gefallen, den hat er getroffen. Da war der Turli am Boden zerstört und einige Tage fix und fertig. So war er, er konnte keinem Lebewesen auch nur ein Haar krümmen.“

Aber für einen Schmäh war Turl immer zu haben:

„In unserem Gartenhaus war vom Krieg ein riesiges Loch durch einen Bombeneinschlag. Aus irgendeinem Grund ist das nicht repariert worden. Daneben war die Tür. Da hat der Turli ‚Villa Wienerberg‘ draufgeschrieben. Jedes Mal, wenn wir wieder heimgegangen sind, hat der Turli gesagt, ich muss unbedingt die Tür zusperren, damit keiner reinkommt. Das habe ich auch immer gemacht, aber eigentlich war das total unnötig, weil ja gleich daneben das große Loch war, wo man einfach ins Haus gehen konnte. Ich war mir nie sicher, ob er mich da auf den Arm nimmt oder nicht.“

Auch beim Fußballverein spielt Wagner seinen Kollegen gelegentlich Streiche. Ein Torhüter eines Vereins aus der Gegend kam regelmäßig zum Aufwärmen der Wacker-Mannschaft und häkerlte die Wacker-Spieler. All ihre Schüsse würde er mit dem Bauch abwehren, posaunte er jedes Mal. Turl Wagner heckte einen Plan aus, wie er dem von sich allzu sehr überzeugten Goalie eine Lektion zu erteilen vermochte. Nach dem Training ging er zu dem Trainingsgast und lud ihn ein, sich zuerst in der Kabine zu duschen und sich dann vom Vereinsmasseur eine wohltuende Massage zu gönnen. Doch Masseur Frana war eingeweiht und schmierte zum Ende der Massage das Hinterteil des Torhüters mit Finalgon ein, einer besonders scharfen Wärmesalbe. Die Wirkung setzte erst etwas später ein, und als er seine Sachen wieder anzog, begann es bereits, etwas zu brennen. Am Heimweg entledigte er sich dann seiner Hose, um etwas Wind auf die brennende Stelle zu bekommen. Bis zum nächsten Morgen ließ die Wirkung nur zaghaft nach.

Die Saison 1951/52 brachte eine Neuerung: Ernst Kozlicek gehörte nun zum Stammpersonal. Doch seine Ballverliebtheit und seine Verspieltheit auf dem Platz ließen seinen Förderer, Trainer Frühwirth, zu einer ungewöhnlichen Maßnahme greifen. Er machte Kozlicek zu einem Defensivspieler und stellte ihn damit auf jene Position auf dem Platz, die nötig war, um sein Talent zu 100 Prozent in den Dienst der Mannschaft zu stellen. Das Experiment gelang, und Kozlicek schaffte es auf seiner neuen Position später sogar zum Nationalspieler und sollte auch an der Weltmeisterschaft 1958 teilnehmen.

Die Wacker-Mannschaft startete gut in die Meisterschaft und lag zur Winterpause ex-aequo mit Rapid auf Platz zwei hinter der Austria, die allerdings bereits fünf Punkte Vorsprung hatte. Wagner gelangen bis zum Winter sechs Treffer.

Am 11. November kam es zu einer seltenen Begebenheit in Wagners Karriere. Er wurde vom Platz gestellt:

„Wir haben gegen Rapid im Stadion geführt. Damals hat der Kozlicek zum ersten Mal als rechter Aufbauläufer gespielt, und er war in einer super Form. Und der Mopsi (Anm. Probst) hat das nicht so gemocht, wenn einer um ihn herum war. Wir haben in der zweiten Halbzeit auf die Uhr hingespielt, und er ist den Kozlicek einmal härter angegangen. Ich bin hin und habe ihn gefragt, warum er den Buam haut und dass der Ernst heute halt besser ist als er. Der Mopsi hat keinen Pecker gemacht und nicht ein einziges Mal aufs Tor geschossen. Der spielt unfair, hat der Mopsi gesagt. Ich habe geantwortet, dass er selber unfair spielt und dem Ernst vorher schon zweimal auf den Knöchel gestiegen ist. Kurz darauf gibt's ein Laufduell, und der Kozi war schneller und hat ihm den Ball weggegrapscht und zwischen die Füße durchgeschoben. Da hat der Mopsi nachgetreten, und ich bin hin und habe ihn zu Boden gestoßen. Der Schiedsrichter, Steiner hat der geheißen, ist gleich hergekommen und hat gesagt, beide raus. Ich habe gesagt, dass sich der Probst eh nicht wehgetan hat, und der Probst hat auch gesagt, er spürt gar nichts. Aber der Schiedsrichter hat uns beide vom Platz geschickt, weil er keine Unruhe auf dem Platz wollte. Na gut. Ich habe links rausgehen müssen und der Mopsi rechts. Aber die Kabinen waren jeweils auf der anderen Seite, und in der Mitte haben wir uns getroffen, und ich bin nachgelaufen und er hat sich am Häusl eingesperrt und geschrien: ‚Der Wagner lässt mich nicht heraus, der haut mich.‘ Wir haben uns aber sonst immer gut verstanden und vor allem bei der Weltmeisterschaft dann wirklich gut kennengelernt, der war ein klasser Bursch. Der hat geschossen wie

eine Haubitze, und mit dem Kopf hat er schärfer geschossen als die meisten mit dem Fuß. Und wenn er ein Tor gemacht hat, ist er vier Runden beim Jubel gelaufen, der war das Vorbild vom Krankl beim Jubeln.“

Wenn einer eine Reise macht …

Die Tourneen waren ein wenig wie das Salz in der Suppe im Fußballerleben. Fremde Länder, gute Gagen und viel Freizeit zwischen den Spielen. Allerdings waren nicht alle Reisen ein Vergnügen. Wie erwähnt, hatten die Meidlinger bereits 1949 mit der „Feuerzeug-Affäre“ die Erfahrung gemacht, dass die „Betriebsausflüge“ durchaus auch einen schalen Beigeschmack haben können. 1952 brach man zu einer Reise nach Ägypten auf. Ausgerechnet zu jener Zeit, in der die Wacker in Kairo weilte, regte sich in der Bevölkerung Unmut gegen König Faruq. Am 24. Jänner 1952 waren 50 ägyptische Polizisten von britischen Truppen getötet worden, was zu heftigen Protesten in Kairo führte. Der Manager von Wacker Wien wurde vom Hotelmanager angewiesen, die Straßen während der Demonstrationen zu meiden, um von der aufgebrachten Menge nicht für Briten gehalten zu werden. Turl Wagner erinnerte sich, wie die zuerst weitgehend friedlichen Kundgebungen aus dem Ruder liefen:

„Vis-à-vis von unserem Hotel war eine britische Kaserne, wohin britische Staatsbürger und deren Familien zum Schutz gebracht wurden. Die Menge wurde immer wilder, und dann haben sie das Gebäude gestürmt. Auf einmal haben wir gesehen, wie einige Kinder aus den Fenstern im dritten Stock gestoßen wurden und in den Hof gestürzt sind. Das war das Schlimmste, das ich jemals in meinem Leben gesehen habe. Dann haben die Demonstranten begonnen alles anzuzünden. Ein paar Tage zuvor waren wir in einem britischen Kino, das haben sie auch niedergebrannt. Auch die Gasthäuser und Likörstuben hat man abgefackelt. Dann ist der Mob schon bei unserem Hotel vorbeigezogen, und der Hönig hat sich unten mit der Wacker-Fahne hingesetzt, da hat man uns in Ruhe gelassen. Als sie aber zurückgekommen sind, hat man auch bei unserem Hotel Feuer gelegt. Der Eingangsbereich hat gebrannt, und wir mussten in den zweiten Stock flüchten. Dort hat man lange Bretter von einem Fenster unseres Hotels zu einem Fenster der Nachbarhotels gelegt, die waren nur ein paar Meter voneinander entfernt. Wir sind dann über die Bretter geklettert. Einer von uns ist ausgerutscht und wäre fast runtergefallen. Damals haben wir wirklich Glück gehabt, dass es uns da nicht an den Kragen gegangen ist.“

König Faruq wurde im Juli 1952 durch einen Militärputsch gestürzt und ins Exil nach Italien verbannt.

Nachdem die Mannschaft Ägypten fluchtartig verlassen hatte, reiste die Wacker weiter in die Türkei. Dort bestritt man innerhalb von acht Tagen vier Spiele. Im dritten Spiel hieß der Gegner Ankara Demirspor. Wagner erzielte beim 2:5 vier Treffer und damit auch seinen fünften Hattrick. Nach der Rückkehr nach Wien verlief die Meisterschaft in der Frühjahrssaison nicht nach Wunsch, und Wacker fiel am Ende auf Rang vier zurück. Wagner gelangen weitere fünf Tore.

Die Saison 1952/53 stellte für Wagner eine ganz besondere dar. Mit 20 Meisterschaftstreffern in 24 Spielen markierte er seine Ligabestleistung und steuerte damit fast ein Fünftel aller Wacker-Tore (insgesamt waren es in dieser Saison 101) bei. In sechs der 24 Spiele traf er zweimal.

Kurz vor Weihnachten reiste die Wacker nach Gibraltar, wo man zwei Spiele absolvierte und jeweils hoch gewann. Am Neujahrstag stand Wacker Wien in Lissabon gegen Benfica auf dem Platz, wo man sich mit 2:2 trennte. Zwei Tage später folgte ein 1:1 gegen Belenenses, ehe man am 4. Jänner gegen Sporting Lissabon mit 2:3 unterlag. Dieses Spiel brachte ein unerfreuliches Ereignis für Turl Wagner mit sich. Die „Arbeiter-Zeitung" berichtete am 6. Jänner für die Leser:

> *„Wacker unterlag Sporting-Lissabon 2:3 (1:2). Die Meidlinger hatten das Pech, dreimal an die Stange zu schießen. Die Mannschaft hatte außerdem am Ende der ersten und am Beginn der zweiten Hälfte eine Schwächeperiode. Der dritte Treffer der Portugiesen war umstritten. Sabeditsch beging im Strafraum ein Hands, der Schiedsrichter pfiff, ließ aber dann doch weiterspielen und erkannte auf Tor, als der Rechtsverbinder Vasquez einschoss. Wagner protestierte und wurde ausgeschlossen."*[47]

47 Arbeiter-Zeitung, 6. Jänner 1953, https://anno.onb.ac.at/cgi-content/anno?aid=aze&datum=19530106&seite=12&zoom=33

Im Rahmen der Februar-Tournee traf Wacker in Genf auf Servette Genf und konnte 6:0 gewinnen. Wagner erzielte am 8. Februar 1953 seinen sechsten und schnellsten Hattrick. Nur sechs Minuten benötigte er, um die Treffer zum 3:0, 4:0 und 5:0 zu erzielen.

Am 1. März duellierte sich Wacker auf dem Wacker-Platz vor 14.000 Zuschauern mit dem Floridsdorfer AC. Der FAC war einer der Lieblingsgegner der Meidlinger in der Nachkriegszeit. So auch an diesem Sonntag im März. Wacker gewann klar mit 4:0 und erzielte alle vier Treffer zwischen der 20. und der 31. Minute. Wagner traf zum 4:0 Endstand. Doch für Wagner sollte das Spiel einen bitteren Beigeschmack bereithalten. Die „Arbeiter-Zeitung“ kritisierte in ihrer Ausgabe vom 3. März:

> *„Ein schwerer Makel haftet dem glänzenden Sieg Wackers allerdings an. Den Tritt, den Wagner Gonano versetzte, als dieser ihn gefoult hatte, den Tritt hat Wagner dem Ansehen seines Klubs versetzt. Wagner wurde ausgeschlossen (…)“*[48]

Zwei Ausschlüsse innerhalb kurzer Zeit zeugen von einer Anspannung, die nicht zuletzt auf die Tatsache zurückzuführen ist, dass Wacker seit dem Meistertitel 1947 unter den Erwartungen blieb. Wagner und die anderen Führungsspieler versuchten, das Glück zu erzwingen, und schlugen dabei manchmal über die Stränge.

Das Finale der Meisterschaft entwickelte sich zum Krimi. Wacker führte drei Runden vor Schluss mit einem Punkt vor der Austria.

48 Arbeiter-Zeitung, 3. März 1953, https://anno.onb.ac.at/cgi-content/anno?aid=aze&datum=19530303&seite=8&zoom=33

Dann kam es zum direkten Duell. Wacker gelang am Sonntag, dem 7. Juni, im Praterstadion vor 45.000 Zuschauern in der 20. Minute durch Kaubek die Führung, aber bereits vier Minuten später glich Ernst Melchior zum 1:1-Endstand aus. In der vorletzten Runde traf die Austria auf Simmering und gewann 4:2, während Wacker sich im Wiener Stadion zu einem 3:3 gegen Rapid mühte. Nach einer 1:0-Führung lagen die Meidlinger bereits 3:1 zurück, konnten aber noch das Unentschieden erobern. In der letzten Runde blieben beide Konkurrenten siegreich, und die Austria kürte sich zum Meister.

Die Saison 1953/54 verlief ebenfalls nicht nach Wunsch. Ein dritter Tabellenplatz schaute am Ende für die Meidlinger heraus, der Abstand zu Meister Rapid war mit zehn Punkten aber hoch. Turl Wagner gelangen 15 Treffer in 25 Meisterschaftspartien. Doch brachte diese Spielzeit durchaus auch Erfreuliches.

Besonders hervorzuheben ist hier die Zeit im späten Herbst. Am 31. Oktober traf Wacker auf der Pfarrwiese auf Rapid. Obwohl beide Teams ebenbürtig waren und es Chancen auf beiden Seiten gab, führte Rapid nach 52 Minuten mit 2:0. Angeführt von Wagner glichen die Meidlinger aus und hatten in den Schlussminuten sogar die Chance auf den Siegtreffer, doch Rapids Riegler rettete auf der Linie.[49]

Die gute Leistung Wagners verhalf ihm zu einer ganz speziellen Erfahrung. Rapid reiste am 3. November ins englische Sunderland, um dort ein Freundschaftsspiel auszutragen. Da einige Spieler nicht ein-

49 Arbeiter-Zeitung, 1. November 1953, https://anno.onb.ac.at/cgi-content/anno?aid=aze&datum=19531101&seite=20&zoom=33

satzbereit waren, fragten die Hütteldorfer bei Wacker an, ob man zwei Gastspieler mitnehmen dürfe. Turl Wagner und sein Mannschaftskollege Ernst Bokon begleiteten Rapid somit nach England. In der „Arbeiter-Zeitung" konnte man am 4. November darüber lesen:

> *„Rapid trägt heute Mittwoch in Sunderland gegen den dortigen Ligaklub ein Nachtspiel aus. Die Begegnung gilt als Revanchetreffen für das Spiel, das Rapid vor zwei Jahren in Wien 5:1 gewann. Diesmal treten allerdings beide Mannschaften mit Ersatz an. Bei Rapid fehlen Dienst, Probst und Golobic, für die die Wackerspieler Wagner und Bokon mitgenommen wurden, bei Sunderland die Internationalen Ford und Daniel, die in Glasgow in dem Qualifikationsspiel für die Weltmeisterschaft Wales-Schottland mitwirken."*[50]

Turl Wagner schlug sich hervorragend. Die Gastgeber gingen mit einem Doppelschlag in der 50. und 55. Minute mit 2:0 in Führung. Aber Rapid drehte die Partie, und es war Turl Wagner, der in der 75. Minute den Siegtreffer zum 3:2 erzielte.[51]

Wenige Tage später, am 8. November 1953 im Spiel gegen den Floridsdorfer AC, steuerte Wagner beim 10:1 Sieg auf dem Wacker-Platz drei Treffer bei, wodurch er seinen siebenten Hattrick markierte. Die Wacker lag zu diesem Zeitpunkt nach 13 Runden vier Punkte hinter Leader Austria.

---

50 Arbeiter-Zeitung, 4. November 1953, https://anno.onb.ac.at/cgi-content/anno?aid=aze&datum=19531104&seite=8&zoom=33
51 http://www.austriasoccer.at/data/spiele/1953/19531104sundrapi1.htm

Turl Wagner (Zweiter von links sitzend) im Rapid-Trainingsanzug.

Ebenfalls 1953 führte eine ausgedehnte Tournee die Wacker erstmals nach Südamerika. Am 12. Dezember 1953 besiegten die Meidlinger noch den Linzer ASK auf dem Wacker-Platz mit 3:2. Bereits vier Tage später, kurz vor dem langen Flug über den Atlantik, duellierten sie sich in Amsterdam mit einer Auswahl von Spielern aus diversen holländischen Vereinen. Auch hier gewann die Wacker mit 3:2. Am 22. und am 26. Dezember trat man in Curaçao gegen Atletico Nacional Medellin aus Kolumbien (2:0 Sieg) und eine Auswahl aus Curaçao (10:1 Sieg) an. Es folgten zwei 1:1 gegen Mannschaften in San José, der Hauptstadt von Costa Rica, ehe die Reise nach Kolumbien führte. Die Meidlinger pendelten zwischen Cali und Medellin und absolvierten insgesamt fünf Testspiele (drei Unentschieden, ein Sieg, eine Niederlage). Man fuhr weiter nach Peru und bestritt in der Hauptstadt Lima insgesamt vier Partien (drei Niederlagen, ein Sieg). Über Aruba und Haiti ging es schließlich nach New York, wo die Wacker am Valentinstag 1954 gegen ein Auswahlteam mit 2:1 gewinnen konnte.

Nicht nur weil Wagner den zwischenzeitlichen Ausgleich erzielt hatte, dachte er gerne an New York zurück:

> *„Wer hätte gerechnet, dass ich jemals nach New York komme. Wir waren im Winter dort, im Februar, wenn ich mich richtig erinnere. Ich habe dort den Satchmo gesehen, den Louis Armstrong. Wir haben Rollerhockey gesehen und waren bei einem Hallenfußballturnier eingeladen, aber die hatten statt einem Netz ein Blech im Tor, da ist man wahnsinnig geworden mit dem Wirbel. Aber am meisten hat mich die Glenn Miller Story begeistert. Die haben in einem großen Kino gespielt. Von außen haben wir geglaubt, das ist ein Hochhaus, und wir sind mit dem Aufzug raufgefahren. Da war dann eine riesige Bühne, und das Programm hat mehrere Stunden gedauert. Da war zuerst ein großes Jazz-Orchester, und dann zum Schluss ist die Glenn Miller Story gekommen, und da waren die Eintrittsflächen frei, und bei der Musik hat das ganze Kino Boogie-Woogie getanzt. Das war mein größtes Erlebnis.“*

Aber auch Südamerika hatte prägende Erinnerungen bei Turl Wagner hinterlassen:

> *„Wir haben dort Kopfgeldjäger live erlebt. Da war ein Simmeringer, der war mit einer Stammeskönigin dort verheiratet. Er ist immer in den Urwald zu ihrem Stamm gefahren und hat*

ihnen Waren aus Städten gebracht. Sie selbst durften nicht in die Städte kommen, da wären sie sofort verhaftet oder erschossen worden. Er war schon seit ein paar Jahren drüben, und wie wir hingekommen sind, hat er mir Geld für seine Mutter, die in Simmering gewohnt hat, mitgegeben und uns gebeten, ihr zu sagen, dass es ihm gut geht. Wie ich ihr das dann gebracht habe, hat sie mich abgebusselt und war sehr froh, weil sie schon lange nichts mehr von ihm gehört hatte. Einmal hat man uns zu einem Dorf von Eingeborenen geführt, das angeblich schon etwas zivilisierter war. Wir sind am Berg gestanden und haben mit dem Fernglas runtergeschaut, weil direkt ins Dorf haben wir nicht gehen dürfen. Unten wurde getanzt, da war eine Feierlichkeit. Aber die haben sich dann betrunken, und dann ist die Stimmung gekippt, und die haben angefangen zu raufen. Wir sind zum Glück rechtzeitig zum Bus zurückgelaufen, weil die haben mit den Buschmessern zu kämpfen begonnen und sich gegenseitig die Hände abgehackt. Die haben dann Militär reingeschickt, da gab es ein paar Tote. Generell haben die Spiele in Südamerika länger gedauert. Da ist es nie ohne Rauferei gegangen. Wir haben manchmal um 20:00 Uhr begonnen, und um 23:00 waren wir dann fertig wegen der Unterbrechungen. Einmal, das war in Cali, ist uns am Flughafen ein Einheimischer mit einem Affen entgegengekommen, den er an einer Schnur geführt hat. Der Hönig, unser Sektionsleiter, hat eine Tochter gehabt, und die war ganz narrisch auf Affen. In Schönbrunn ist sie immer nur zu den Affenkäfigen gegangen. Und wie der Hönig den Mann mit dem Affen sieht, hat er den Gold Maxl (Anm. Maximilian Gold) gebeten, er soll fragen, was der Affe kostet. Zehn Dollar war die Antwort, und der Hönig hat den Affen gekauft. Ich habe mein Zimmer mit dem Franz Pelikan geteilt, und im Nebenzimmer hat der Hönig geschlafen. Er hat extra einen Käfig für den Affen gekauft, ist mit ihm spazieren gegangen, und in der Nacht hat er eine Decke über den Käfig gegeben, damit der Affe es dunkel hat. Der Hönig war ein guter Koch, und immer wenn wir in eine Stadt gekommen sind, haben ihn die Leute vom Konsulat eingeladen, dass er für sie kocht. Die wollten ein Gulasch oder einen Schweinsbraten, das hat es dort nicht gegeben in den Lokalen. Und auch dieses Mal ist er angerufen worden, dass er vorbeikommen soll, und bevor er gegangen ist, ist er zu uns rübergekommen und hat uns angeschafft, dass wir auf seinen Affen aufpassen, während er nicht da ist. Na, was soll ich sagen, nach einiger Zeit hat der Affe angefangen, laut zu schreien. Ganz ein hohes Geschrei war das, und da ist auch gleich der Portier gekommen und hat gefragt, wo der Hönig ist. Wir haben ihm gesagt, dass der kochen ist, und der Portier hat gesagt, dass sich bereits Gäste beschweren wegen dem Wirbel und das aufhören muss. Der Franz und ich haben uns überlegt, was wir machen sollen. So sind wir zu unserem Masseur gegangen und haben ihn gefragt, ob er uns einen Schnaps geben kann. Dann haben wir ein Glas Milch genommen und den Schnaps dazugemischt und das dem Affen hingestellt. Akkurat hat der Affe das getrunken. Offensichtlich war es dem Affen zu heiß. Kurz darauf war es ruhig, also sind wir rüber und haben die Decke vom Käfig genommen. Das hat ihm aber nicht gefallen, und er hat gleich wieder zu schreien angefangen, also haben wir die Decke wieder raufgegeben und haben ihn in Ruhe gelassen. Dann sind wir wieder rüber und haben unter die Decke geschaut. Da haben wir schon gesehen, dass der Affe komplett betrunken war. Der ist dauernd vom Sprießl gefallen und dann am Rücken gelegen und hat sich nicht mehr bewegt. Jetzt haben wir Panik bekommen, dass wir den Affen umgebracht haben und sind in unser Zimmer und haben uns schlafen gestellt. Auf einmal hat es schon geklopft. Der Hönig war wieder da und hat uns gefragt, was wir mit seinem Affen gemacht haben. Wir haben ihm gesagt, dass wir gar nichts gemacht haben und geschaut haben und der Affe ganz ruhig war. Der Hönig hat uns dann in sein Zimmer mitgenommen, und wie uns der Affe gesehen hat, hat er hysterisch zu schreien begonnen, der hat ganz genau gewusst, dass wir das gewesen sind. Uns ist er nicht mehr zugegangen von dem Moment an. Am Flughafen bei der Rückreise hat der Hönig den Affen in Quarantäne geben müssen, und nach ungefähr drei bis vier Wochen ist der dann nach Wien überstellt worden. Den haben's dann daheim gehabt, und der Affe hat vom Zuschauen gelernt, wie man das Telefon bedient, und hat auf dem Drehrad gedreht."

Im Folgejahr las sich die Reisechronik ähnlich. Guatemala, Costa Rica, Curaçao, Kolumbien, Venezuela, Ecuador und erneut New York hießen die Stationen auf der zwei Monate dauernden Reise. In Cali ließ man sogar Wacker-Fahnen und -Abzeichen herstellen und verkaufte diese im Vorfeld der Spiele. Die Wiener waren dort bereits populär und hatten dadurch eine kleine Fangemeinde.

Nach der Rückkehr setzte Wacker die Meisterschaft ebenso inkonstant fort wie zu Beginn der Saison. Zehn Punkte Rückstand auf Meister Austria waren das Ergebnis. Daran konnte auch Wagners gute Form nichts ändern. Am 24. März gewann Wacker auf dem Wacker-Platz gegen den Wiener AC mit 5:0, und Turl Wagner erzielte dabei vier Treffer und somit seinen achten Hattrick. Die „Arbeiter-Zeitung" würdigte Wagners Leistung in höchsten Tönen:

> *„Mit einem unerhört scharfen Schuss erzielt Wagner in der 6. Minute das erste Tor für Wacker. In der 14. Minute passt Haummer flach zu Wagner, der ebenso flach zum 2:0 einschießt. Man sieht schon, mit Wagner ist der Angriff Wackers um eine Klasse besser. (...) Das schönste Tor des Tages erzielt aber Wagner in der 36. Minute. Es war ein Bombenschuss aus 25 Meter Entfernung, der im Kreuzeck landete. Solche Schüsse sieht man heutzutage nur selten auf Wiener Fußballplätzen. (...) Hervorstechender Spieler Wackers war der vierfache Torschütze Wagner, der ohne Zweifel derzeit der beste österreichische Stürmer ist."*[52]

52 Arbeiter-Zeitung, 25. März 1954, S. 8.

Alles steuerte auf das große Highlight des Jahres 1954 zu. Die Weltmeisterschaft in der Schweiz. Turl Wagner war im Kader und als Stürmer gesetzt. Die Fußballweltmeisterschaft 1954 war ein Ereignis von unermesslicher Strahlkraft. Durch die Kriegsjahre lag das letzte Turnier in Europa bereits 16 Jahre zurück. 1938 hatten die Nationen ihre Kräfte in Frankreich gemessen. Österreich war damals bereits nicht mehr als eigenes Team, sondern in einer kombinierten Mannschaft mit Deutschland angetreten. 20 Jahre lag somit der letzte Auftritt einer österreichischen Auswahl zurück. 1950 war zwar die erste Weltmeisterschaft nach dem Krieg ausgetragen worden, doch durch die Tatsache, dass das Turnier in Brasilien ausgetragen wurde und Österreich auf eine Teilnahme verzichtet hatte, verblasste der Glanz ebenso wie durch den durchaus harten Nachkriegsalltag und die noch immer im Gang befindlichen Wiederaufbauaktivitäten. 1954 hatte sich die Situation bereits stark verbessert. Die Lage in Österreich war einigermaßen stabilisiert. Der Marshall-Plan, der 1952 ausgelaufen war, hatte Wirkung gezeigt. Die Infrastruktur wie Bahngleise, Fabriken, Wohnhäuser und Straßen waren weitgehend wieder aufgebaut. In allen Zweigen der Wirtschaft regte sich der Aufschwung, damit verbunden gab es mehr Arbeitsplätze, und das Rad in Richtung kleiner Wohlstand begann sich langsam zu drehen. Dazu schlug das Herz des Weltfußballs diesmal in der Schweiz und somit vor der Haustür.

Die Weltmeisterschaft 1954

Österreich wurde im Rahmen der Auslosung der Qualifikation für die Endrunde in Gruppe 5 zusammen mit Portugal gelost. Das Hinspiel fand am 27. September 1953, einem Sonntag, in Wien im Praterstadion statt. 60.000 Zuschauer sahen einen furiosen Auftritt der Österreicher, die mit 9:1 gewannen. Held des Tages war Erich Probst, der fünf Treffer erzielte. Auch Turl Wagner trug sich in die Schützenliste ein, indem er das 8:1 in der 83. Minute beisteuerte. Das Rückspiel am 29. November endete 0:0, womit Österreich für die WM qualifiziert war. Wagner über den beeindruckenden Heimsieg:

> *„Die Portugiesen waren damals gut. Im Vorfeld hat man gesagt, dass wir keine Chance haben. Der Aguas war Center-Stürmer, der hat gesagt, dass sie uns Österreicher wegschießen werden. Aber in dem Moment, wo du die Österreicher häkelst, werden sie gefährlich. Wenn du den Österreichern schmeichelst, dann wollen sie dir nicht wehtun. Außerdem haben wir eine super Form gehabt. Der Probst hat Bälle getroffen, die er normal nicht getroffen hat. Da hat alles zusammengepasst.“*

Die Auslosung hatte Österreich mit Uruguay, Schottland und der Tschechoslowakei durchaus kein einfaches Los beschert. Der Austragungsmodus war neu. So wurden alle 16 Teilnehmer in Vierergruppen eingeteilt, von denen zwei Teams gesetzt wurden. Diese beiden spielten nicht gegeneinander. Im Falle Österreichs waren dies Österreich selbst und Uruguay, womit man sich das Duell gegen den amtierenden Weltmeister, der neben Ungarn als großer Favorit auf den Titel gehandelt wurde, ersparte.

Teamchef war seit 1948 Walter Nausch, der als ehemaliger Wunderteam-Spieler großes Ansehen in Österreich und unter den Spielern, so auch bei Turl Wagner, genoss. Wagner sah in Nausch eine väterliche Figur und attestierte ihm neben fachlicher auch hohe emotionale Kompetenz. Neben Nausch waren noch Eduard Frühwirth als Co-Trainer, Hans Pesser als sogenannter Selektionär und Josef Molzer als Assistenztrainer in der Schweiz mit an Bord – eine ungeheure Konzentration an Fußball-Know-how. Frühwirth war selbst 1948 für fünf Spiele Teamchef gewesen und sollte zwischen 1965 und 1966 eine zweite Amtsperiode einlegen. Pesser war mit Rapid sowohl als Spieler als auch als Trainer mehrfach Meister geworden. In späteren Jahren sollte ihm dieses Kunststück auch mit dem Wiener Sportclub und der Admira gelingen.

Am 17. Mai begann das Trainingslager in Obertraun, wo man den Kader auf das Großereignis einschwor. Im Rahmen der Vorbereitung spielte Österreich ein Testspiel gegen den AC Milan. Dabei verletzte sich Turl Wagner bereits nach acht Minuten und musste ausgetauscht werden. Es handelte sich zum Glück nur um eine kleine Blessur, und er musste nur ein Testspiel aussetzen.

Am 9. Juni reiste man in die Schweiz, wo das Teamquartier in Baden im Kanton Aargau aufgeschlagen wurde. Österreichs Mannschaft war gut, was man vor allem im Nachhinein unbestritten behaupten kann. Als das Team jedoch von Wien aufbrach, rechnete man sich keine allzu hohe Chancen aus. Es herrschte weitgehend Skepsis, ob die Nationalelf überhaupt die erste Runde überstehen würde.

> *„Wir sind weggefahren, und eigentlich hat keiner geglaubt, dass wir weiterkommen. Wir waren damals so vom Altersschnitt her um die 25 oder 26 Jahre alt. Da ist in einigen Zeitungen gestanden, dass man keine so alten Spieler sehen will. Der Verband hat uns bei der Verabschiedung gesagt, dass sie froh wären, wenn wir die erste Runde überstehen würden."*

Eines der letzten Vorbereitungsspiele absolvierte man am 11. Juni gegen den FC Baden, bei dem Österreich mit 14:0 gewann und für den Fall probte, wie mit einer Verletzung eines Torhüters umzugehen sei. Ein Wechsel war damals noch nicht erlaubt. Robert Körner war dafür vorgesehen, in einer derartigen Situation das Tor zu hüten, und so übernahm Körner I, wie der Ältere der beiden Körner-Brüder genannt wurde, in der zweiten Halbzeit gegen den FC Baden diese Position, um sie in einer Matchsituation zu erproben.

Bereits am nächsten Tag trat das österreichische Team in Bregenz gegen eine Vorarlberger Auswahl an. Zwar konnte die Nationalmannschaft klar mit 11:0 gewinnen, doch forderte die harte Gangart der Vorarlberger einen Tribut. Wagner musste nach 37 Minuten mit einer Muskelverletzung vom Feld, und auch der zweite Wiedergenesene, Erich Probst, musste erneut auf die Verletztenliste gesetzt werden, da er nach einem Zusammenstoß mit einer Knöchelverletzung ausfiel.[53]

---

53 Kurt Palm: Die Hitzeschlacht von Lausanne, St. Pölten/Salzburg 2008, S. 47f.

Österreich traf im ersten Spiel auf Schottland, gegen das man die letzten beiden Partien (1950 und 1951) gewonnen hatte. Wagner laborierte immer noch an der Verletzung aus dem Spiel gegen die Vorarlberg-Auswahl und war nicht einsatzbereit, wodurch Dienst auf die Position des Mittelstürmers berufen wurde. Die Betreuer entschieden sich außerdem dafür, Walter Schleger statt Stojaspal aufzustellen. Teamchef Nausch war nicht im Stadion. Aufgrund seiner schweren Herzerkrankung durfte er das Teamquartier das gesamte Turnier über nicht verlassen, weshalb Frühwirth und Pesser die Mannschaft im Stadion betreuten.

Die „Arbeiter-Zeitung" bot ihren Lesern in ihrer Ausgabe vom 16. Juni einen ausführlichen Bericht über das Spiel im Züricher Hardturm-Stadion:

> *„Die Mannschaften laufen anders auf das Spielfeld als sonst. Ernster, nervöser. Die Brüder Körner stehen bei der Begrüßung ein wenig krumm da, als drückte sie die Verantwortung schwer. Die Schotten scheinen ruhiger. Die Nationalhymnen werden gespielt. Die Schotten sind kleiner als die Österreicher, das sieht man deutlich, wenn alle in einer Reihe stehen wie die Orgelpfeifen. Nach den Hymnen rennen die Schotten auf ein Tor, um noch ein paar Mal zu schießen. Die Österreicher stellen sich erst zum Gruß auf, der erste Beifall gilt dieser Geste. Der Regen hat aufgehört. Der Boden ist nass. Der Ersatzmann Stojaspal mit einer der Weltmeisterschaftsmützen, unter der er hervorschaut wie eine Maus unter einem Laib Brot, steht am Rand des Spielfeldes und erklärt: Guter Boden, nass, glatt, hervorragend für Techni-*

ker. Das Spiel beginnt. Sofort greift Schottland an. Die Schotten überspielen die österreichische Verteidigung. Angriff auf Angriff. Kurzpassspiel der Schotten. Hanappi, Happel, Ocwirk laufen herum wie die Hühner, wenn der Habicht kreist. Einmal ballt Happel die Faust zu einem seiner Mitspieler, der einen der fünfhundert Fehler gemacht hat, die in den ersten Minuten geschahen. Ocwirk redet und redet, mit sich und mit anderen. Die Nervosität ist grenzenlos.

8. Minute: Ormond flankt, Brown köpft unmittelbar vor dem Tor knapp über die Stange. Schmied war steif im Tor geblieben. Happel hatte nicht gedeckt, Ocwirk war nicht da. Wieviel Fehler kann man noch machen? Nur die Schotten spielen. Ein Schuss von Fernie geht knapp neben das Tor. An diesem Schuss sieht man, wie gefährlich der Rasen ist: Der Ball gleitet auf der Nässe wie ein flacher Kiesel auf dem Wasser. Er flitzt, wird er flach geschossen, viele Male auf und nieder.

12. Minute: Noch immer spielen die Schotten. Hanappi begeht Fehler, die unbegreiflich sind. Einmal steht er, inmitten des Angriffswirbels der Schotten wie geistesabwesend da. Das sind die Nerven. Vereinzelte Vorstöße der Österreicher bringen keine Entlastung. Die Verteidigung der Schotten ist hart und schnell. Der nasse Boden macht ihnen weniger Schwierigkeiten.

18. Minute: Der erste Schuss der Österreicher auf das Tor. Der österreichische Sturm spielt, als hätte er den Text vergessen. Die Schotten sind hart. Sie wissen, dass Härte ein gutes Mittel ist.

Sie sind immer am Ball. Eine bezeichnende Episode: Körner 1 und Docherty kämpfen um den Ball. Docherty stürzt, aber noch im Stürzen schlägt er den Ball aus der Gefahrenzone. Körner 1 steht in vorsichtiger Distanz.

23. Minute: Endlich ein schöner Angriff der Österreicher. Körner 1 passt. Dienst spielt den Ball mit der Ferse weiter zur Mitte. Aber ein Schotte fängt den Ball ab. Eine feine und kluge Aktion, aber sie war nur der Ansatz. Der einzige Trost: Die Schotten greifen an, die österreichische Abwehr wankt, aber trotzdem fallen keine Tore. Die Schotten schießen selten.

29. Minute: Mochan bricht durch, überspielt Happel, läuft zum Tor. Da holt ihn Barschandt ein und nimmt ihm den Ball weg. Wenige Sekunden später macht Happel Foul. Freistoß. Ormond verschießt. Wieder dreißig Sekunden später hebt Mochan den Ball über das Tor. Kein Lichtblick im österreichischen Team. Die Schlachtenbummler aus allen Teilen Österreichs hört man kaum. Was sollen sie auch tun? Und wieder dreißig Sekunden später, gegen alle Vernunft und alles, was dem Spielverlauf bisher entspricht, fällt der österreichische Treffer. Ocwirk passt zu Körner 2. Der Weg des Balles: Probst, Körner 2, Probst.

Ein einfaches Tor, das die Österreicher erzielten, als wäre kein Gegner da. So logisch als hätten sie auf einmal entdeckt, wie man Fußball spielt. Begreiflich, dass die Österreicher nun ruhiger werden. Wieder ein Angriff. Dienst hebt den Ball über das

Tor. Ocwirk stößt Ormond mit beiden Händen weg. Ormond stößt zurück. Schon ist der belgische Schiedsrichter da, rot im Gesicht vom Laufen und vor Zorn und schimpft mit beiden. Jeder zeigt auf den anderen. Ocwirk auf Ormond und Ormond auf Ocwirk. Wie zwei Lausbuben. (…)

(…) Was immer während der Pause in der Kabine geschah, ob Frühwirth den Spielern Witze erzählt hat oder ob Pesser taktische Ratschläge gab – nach der Pause beginnt das Spiel besser. Österreich greift an. In der 50. Minute verschießt Schleger knapp, in der 52. Minute verschießt er zum zweiten Male. Jetzt läuft der Angriff. Die gleichen Spieler, der gleiche Rasen, der gleiche Gegner, und auf einmal geht es. Da sieht man, dass auch im Fußball Unwägbarkeiten ausschlaggebend sind, die in keiner Papierform zu berechnen sind. Fast sind die Rollen vertauscht. Österreich greift an, die Schotten wehren die Angriffe mit Gegenstößen ab. Die Österreicher erzielen vier Corner hintereinander. Aber merkwürdig, wie wenig gefährliche Situationen aus diesen Cornern entstehen, die österreichischen Stürmer verfolgen den Flug des Balles, der Gegner köpft ihn weg. Kein Österreicher greift ein. Respekt vor dem Gegner? Wahrscheinlich, denn gegen diese Schotten fällt selbst Dienst um, wenn ihn ein Cunningham oder Docherty anfährt. Dienst gehen die Nerven durch, als er gefoult wird, boxt er einem Gegner auf das Bein. Der Gegner jammert, als hätte ihn Dienst mit einem Hammer geschlagen.

Die Phase der österreichischen Überlegenheit ist nur kurz, sie dauert etwa eine Viertelstunde, dann kommen die Schotten wie-

der auf. Der beste Mann in der Deckung ist Koller. Er allein ist so schnell wie die Schotten. Und manchmal fallen die Österreicher in die Resignation der ersten Hälfte zurück. Ocwirk wird überspielt und läuft nicht nach, er schaut traurig dem Ball nach. Greift der Sturm an, rücken die Aufbauläufer zu wenig nach. Im Mittelfeld stehen die schottischen Stürmer und kommen so leicht zum Ball. Happel dirigiert den Schiedsrichter, er signalisiert souverän abseits, der Schiedsrichter pfeift, er signalisiert Hands, der Schiedsrichter pfeift. Happel ist in seinem Element.

Zwischenbilanz in der 75. Minute: das Spiel ist schneller geworden, ausgeglichen und härter. Die Schotten überschreiten oft die Grenzen der Härte. Dienst revanchiert sich auf dumme Weise. Er tritt nach dem gegnerischen Tormann. Ein Reflex, wie beim Wirtshausduell, wenn das Bierkrügel fliegt.

76. Minute: ein Freistoß der Schotten kommt vor das Tor. Mochan köpft darüber, Mochan war ungedeckt und niemand störte ihn. Bei den Angriffen der Österreicher wehren die Schotten mit allen Mitteln ab. Jetzt werden sie nervös. Die Zeit verrinnt. Noch führt Österreich 1:0 und wie es aussieht, sind die Österreicher einem 2:0 näher als die Schotten einem 1:1.

80. Minute: Probst rollte den Ball zum Tor. Der Tormann hatte den Schuss falsch berechnet und sprang nach der anderen Seite. Die Verteidiger standen in zu großer Entfernung. Der Ball rollt aufs Tor. Niemand kann seinen Lauf aufhalten oder ändern. Er rollt wie eine Kugel im Roulette. Er rollte knapp neben das Tor.

Das Spiel artet in kleine Plänkeleien aus. Die Schotten foulen im Kampf um den Ball. Verwerflich. Die Österreicher revanchieren sich, wenn der Ball längst weg ist und schlagen zurück. Verwerflich und unklug.

87. Minute: Ein Angriff der Schotten, Brown schießt.

88. Minute: Ormond schießt. Einmal geht der Ball über das Tor, einmal fängt Schmied.

89. Minute: Mochan allein vor dem Tor. Schmied fängt aus drei Metern Entfernung. Zehn Sekunden später Schlusspfiff.“[54]

Nach dem durchaus überraschenden und glücklichen 1:0-Sieg wartete mit der Tschechoslowakei ein schwer auszurechnender Gegner. Die Österreicher, bei denen Wagner und Stojaspal wieder in die Startelf rückten, agierten jedoch in Bestform und dominierten das Spiel von Beginn an. Zur Pause stand es bereits 4:0, am Ende gewann Österreich mit 5:0.

Damit war Österreich aufgestiegen, und man traf im Viertelfinale auf das Heimteam, die Schweiz. Hatte man die ersten beiden Spiele in Zürich bestritten, übersiedelte man nun nach Lausanne. Die „Arbeiter-Zeitung“ informierte am 27. Juni, dem Tag nach dem Spiel, detailliert:

„Nach dem Spielen der Nationalhymnen gehen die Schweizer langsam in ihre Hälfte. So geht, wer unangenehme Nachricht erwartet und wer wünscht, er hätte den Gang hinter sich. Die

54 Arbeiter-Zeitung, 17. Juni 1954, S. 12.

Österreicher rennen in ihre Hälfte, als gäbe es nichts, was sie im Augenblick lieber täten als Fußball zu spielen.

Dabei haben sie erst am Vormittag, kurze Zeit vor Beginn des Matches, stundenlang Fußball gespielt. In einem Spielsalon hatten die Österreicher ein Geschicklichkeitsspiel entdeckt. Eine Fußballmannschaft aus Puppen in einem Glaskäfig. Wirft man zehn Rappen ein, fällt eine Kugel auf das winzige Spielfeld. Die Figuren sind von außen mit Hebeln zu bewegen, sie schwingen die Beinchen und der Tormann fährt hin und her wie der Kasperl, wenn er den Teufel erschlagen will. Und jetzt geht es los. Die Stürmer schießen, der Tormann fängt oder auch nicht. Fällt die Kugel ins Tor, muss sie wieder mit zehn Rappen ins Spielfeld gelockt werden, und so ist der Sieger nur der Mann, dem der Käfig gehört. Hanappi schlug Zeman, Schmied war ein besserer Schütze als Dienst, und so spielten die Österreicher ihre Privatmeisterschaft von Lausanne. Und als sie unmittelbar vor dem großen Match aufs Tor schossen, sahen sie so vergnügt aus, als setzten sie das Spiel vom Vormittag fort.

Österreich spielt mit der Sonne im Rücken. Merkwürdig die Nervosität der Österreicher in den ersten Minuten. Vonlanthen köpft nach einem schönen Angriff auf das österreichische Tor. Stojaspal schießt im Gegenangriff. Aber das sind nur Geplänkel zu Beginn, ein erstes Abtasten. Nach fünf Minuten hat sich das Verhältnis geklärt. Österreich greift an und ist überlegen, die Schweiz wehrt ab und stößt aus der Defensive vor. Und da sieht man schon, wie unangenehm diese Schweizer Taktik ist.

Sie spiegelt eine Überlegenheit der Österreicher vor, weil ihnen die Schweizer das Mittelfeld überlassen und sie verführt die österreichische Verteidigung dazu weit aufzurücken. In diese aufgelöste Verteidigung stoßen die Schweizer immer wieder vor.

10. Minute: einer der großen Augenblicke Happels, als Huegi durchgebrochen ist und Happel den Ball mit dem Kopf abwehrt. Hinter Huegi jagt schon Kernen daher, um den Kopfball abzufangen. Da nickt Happel nur und köpft den Ball zurück zum Tormann und die zwei Schweizer stehen verblüfft da.

14. Minute: ein scharfer Schuss Huegis. Schmied fängt den Ball, lässt ihn fallen, zum Glück ist kein Schweizer da. Wieder ein Durchbruch der Schweizer aus der Defensive. Die österreichische Verteidigung hat das gemächliche Tempo des Sturmes angenommen. Ball hin, Ball her. Ball auf, Ball nieder. Und da kommt Ballamann daher, fährt zwischen die Verteidiger und nimmt ihnen den Ball weg, geht durch und schießt zum 1:0 ein. Was jetzt weiter geschieht, gehört zum traurigsten Kapitel in der Geschichte des österreichischen Fußballs. Noch war die Erregung da, noch schaut ein Österreicher vorwurfsvoll zum anderen, da erzielt Huegi aus einem Verteidigerfehler den zweiten Treffer der Schweizer. Was für ein Verteidigerfehler? Zu langsam, zu leichtsinnig, die Schweiz führt 2:0. Und wieder zwei Minuten später erhöht Huegi auf 3:0. Wieder nach einem Fehler der gesamten Verteidigung. Wieder war sie langsam und leichtsinnig gewesen. 3:0 in der 10. Minute, drei Tore innerhalb von vier Minuten im Viertelfinale der Fußballweltmeisterschaft und diese Tore erhielt die ausgeruhte Mannschaft und die sie schoss, hatte drei Tage vorher einen Ausscheidungskampf gegen die Italiener ausgetragen, bei dem die Spieler vor Ermattung fast umgefallen waren. Die Schweizer rüsten zum Sieg. 3:0, wer soll das aufholen?

Da fällt in der 25. Minute durch Wagner der erste österreichische Treffer. Wagner schoss überraschend nach einem Pass von Stojaspal, die Schweiz führt nur noch 3:1. Und eine Minute später spielt sich Probst durch die gegnerische Verteidigung, passt zu Körner 2, der volley einschießt. Die Schweiz führt nur noch 3:2. Und wieder eine Minute darauf täuscht Stojaspal drei Gegner, spielt den Ball zu Wagner – es steht 3:3. Was jetzt geschehen war, gehört zum ruhmreichsten Kapitel des österreichischen Fußballs. Die Schweizer hatten drei Tore in vier Minuten geschossen, die Österreicher haben sie innerhalb von drei Minuten aufgeholt.

31. Minute: Österreich führt 4:3. Körner 1 zu Körner 2, Pass zu Ocwirk, Schuss, Tor. Und so einfach, wie man es liest und schreibt, so einfach waren Pass und Schuss. Und in der 32. Minute flankt Körner 1 zu Körner 2 und es heißt 5:3 für Österreich. War das ein Lärm im Stadion! Die Schweizer aus Lausanne und Genf feuerten ihre Mannschaft auf Französisch an, die Schweizer aus dem Tessin auf Italienisch und die Schweizer aus Bern und Zürich auf Deutsch. Das dreifarbige Geschrei klang wie eine Feuerwehrhupe mit drei Tönen. Jetzt greifen die Österreicher an, jetzt kombinieren sie schnell, jetzt spielen sie so, wie sie hätten gleich spielen sollen. Allerdings schienen die Schweizer deprimiert 3:0 zu führen, 3:5 (sic!), ehe sie sich recht umschauen konnten, und wie das Spiel lief, schienen die Österreicher einem hohen Sieg entgegen zu gehen. Aber da kommt wieder dieser Leichtsinn über die Verteidiger. Hanappi bricht bis zum gegnerischen Tor durch. Happel und Barschandt sind weit aufgerückt. Und da stoßen die Schweizer vor, mit einem klugen weiten Pass reißt Vonlanthen die österreichische Verteidigung auf und Ballamann hebt den Ball über Schmied zum 4:5. Die Schweiz hat in der 36. Minute ein Tor aufgeholt. Drunter und drüber geht es mit Angriff, Gegenangriff, Treffer und Gegentreffer. Bocquet foult Stojaspal, Elfmeter, Körner 1, der sicherste Elfmeterschütze verschießt. Beide Mannschaften sind nervös, Fehler reiht sich an Fehler und dann unvermittelt Glanzleistung an Glanzleistung. Körner 1 wird gefoult, liegt am Spielfeldrand, Pausenpfiff.

Als die Mannschaften in die Kabinen gehen, muss Schmied gestützt werden. Er wankt, Sonne, Hitze, Aufregung haben ihm so mitgespielt. Der Blick ist glasig, er sieht aus wie der Boxer unmittelbar vor dem K. o., und der Ringrichter hebt schon die Hand zum ‚9 und aus‘.

(…) Die zweite Hälfte beginnt. Innerhalb von zwei Minuten zwei Corner für die Schweiz. In der 50. Minute schießt Wagner nach einem längeren Geplänkel des Sturmes den sechsten Treffer der Österreicher. 6:4. Es dauert eine Weile, ehe es zum Anstoß kommt. Die Schweizer reklamieren Abseits, der Tormann Parlier legt den Ball zum Auskick hin und gibt ihn nicht zur Mitte. Da stehen nun zweiundzwanzig Spieler und warten und der Schiedsrichter wartet und die Zuschauer warten. Eben noch tob-

te das Stadion, jetzt steht alles still, als wäre der Film gerissen und das letzte Bild ist auf der Leinwand fixiert. Da läuft Ocwirk über das ganze Feld zum Schweizer Tor, holt den Ball mit einer selbstverständlichen Geste, als wäre es sein Ball, sein eigener, und legt ihn in der Mitte auf. Und dann läuft der Film weiter.

59. Minute: Hanappi kämpft erst mit Fatton dann mit Ballamann und bringt den Ball nicht weg. Ein Pass zu Huegi, ein Schuss und die Schweiz hat wieder ein Tor aufgeholt. 6:5 für Österreich. Ein Freistoß für Österreich. Happel belehrt den schottischen Schiedsrichter, wie weit sich die Mauer vom Schützen entfernen müsse. Gemeinsam messen sie ab. Gerade nur, dass sich Mr. Faultes nicht bei Happel bedankt. Der österreichische Sturm ist zu langsam, immer wieder passen statt schießen und wenn geschossen wird, dann zu oft behäbiges Zurechtrichten des Balles. Genau das lieben die Schweizer, denn da können sie immer wieder dazwischenfahren.

In der 75. Minute passt Ocwirk in den freien Raum, tief vor das gegnerische Tor. Das war einer jener Passes, mit denen Ocwirk jede Verteidigung zur Verzweiflung bringt. Probst braucht nur den Fuß zu heben und abzuschließen. Österreich führt 7:5. Der Zwei-Tore-Vorsprung ist ungemein wichtig, denn die Schweiz ist weiter gefährlich. Probst wird verletzt. Der österreichische Mannschaftsarzt führt ihn aus dem Feld. Der Arzt hat eine Flasche mit Sodawasser in der Hand. Der Schweizer Bocquet blickt sehnsüchtig auf die Flasche. Da spritzt ihn der Österreicher an. Das Publikum hat diese kleine Geste beobachtet und dankt mit

> *Beifall. Zwei Minuten später ist Probst wieder fit. Das Spiel wird langsamer. Die Hitze fordert ihre Opfer. Kein Spieler läuft, wenn er nicht laufen muss. Wenn der Ball im Out ist, atmen die Spieler auf. Eine Pause, einmal stehen dürfen, einmal ruhen dürfen. Trotzdem gibt es noch aufregende Szenen vor beiden Toren.*
>
> *Der Schlusspfiff. Die Spieler gehen vom Feld wie eine geschlagene Armee, die Sieger wie die Besiegten. Geschlagen von der Hitze. Österreichische Schlachtenbummler tragen einige Spieler vom Feld. (...)*
>
> *Erst nach dem Spiel erfährt man, dass Schmied schon am Vormittag über Kopfschmerzen geklagt hat und Pulver nehmen muss. Ein leichter Fall von Sonnenstich, soll der Arzt diagnostiziert haben. Schwerer erkrankt ist Walter Nausch, der nicht im Stadion war und voraussichtlich nach Wien zurückkehren muss.“*[55]

Dieses Spiel, das in späterer Folge als *„die Hitzeschlacht von Lausanne“* bezeichnet werden wird, machte Turl Wagner endgültig zu einer Ikone im österreichischen Fußballsport. Mit dem 1:3 schaffte er das erste Lebenszeichen der Mannschaft, den wichtige Treffer zum 3:3 und dann das vorentscheidende 6:4 – Wagners Tore stellten den roten Faden der Dramaturgie dieses Spiels dar und verbinden ihn in der Erinnerung der Leute ganz besonders mit diesem historischen Ergebnis, das bis heute das trefferreichste Weltmeisterschaftsspiel aller Zeiten markiert. Wagners Sicht auf das Spiel, in dem ihm der neunte Hattrick seiner Karriere gelang:

55 Arbeiter-Zeitung, 27. Juni 1954, S. 16.

„Wir sind innerhalb von wenigen Minuten abgeschossen worden, und es ist auf einmal 3:0 gestanden. Im Stadion hatte es 37 Grad im Schatten, und es ist kein Wind gegangen, da hat's reingeheizt. Der Schmied Kurtl ist nur an der Torstange gelehnt, und hinter ihm sind die Masseure gestanden und haben ihm zugerufen, er soll sich wieder in die Mitte stellen, weil die Schweizer wieder kommen. Gott sei Dank hat man in diesem Spiel gesehen, was für ein Granat der Happel hinten war. Der hat in der Halbzeit gesagt, dass die Schweizer keinen Angriff mehr abschließen dürfen, weil der Schmied nicht mehr kann. Und es ist auch kaum mehr ein Ball durchgekommen. So habe ich den noch nie Kopfballspielen gesehen wie an diesem Tag, er hat traumhaft gespielt hinten. Sonst hat er den Kopf oft eingezogen. Und dazu kommt eine Situation beim Stand von 6:5. Der Tormann der Schweizer, der Parlier, hat hoch ausgeschossen, über das Mittelfeld zum Fatton, der vorne gewartet hat. Und was macht der Happel? Nicht dass er den Ball wegschießt, sondern er hat den Fatton vorbeilaufen lassen und sich den Ball mit dem Hintern gestoppt. Kannst dir das vorstellen? Da wars im Stadion still wie zu Weihnachten, sogar die Schweizer haben das nicht begriffen, wie er das gemacht hat. Der ‚Lange', der Ocwirk, ist dann zu ihm hin und hat ihn gefragt, ob er wahnsinnig ist. Darauf hat der Happel gesagt: ‚Was willst, ist eh nichts passiert.' Die Leute im Stadion haben dem Happel dafür Szenenapplaus gegeben. Das Match hat uns aber unheimlich viel Kraft gekostet."

Bereits vier Tage später stand Österreich in Basel den Deutschen gegenüber. Deutschland hatte Jugoslawien mit 2:0 besiegt und sicher im Vergleich zu Österreich Kräfte gespart, dafür jedoch einen Tag weniger Zeit zur Regeneration gehabt.

Nicht zuletzt aufgrund der anstrengenden Schweiz-Partie kam es zu einigen Umstellungen. Darunter eine unübliche. Schleger ersetzte Barschandt in der Verteidigung, und das, obwohl Schleger normalerweise Stürmer spielte. Erwartungsgemäß wurde Schmied ersetzt, doch auch hier ist die Tatsache, dass die Wahl auf Zeman fiel, eher überraschend, hatten doch alle mit dem jüngeren Pelikan gerechnet. Die „Arbeiter-Zeitung“ vom 1. Juli berichtete:

> *„Dreißig Kilometer tief war die aus Deutschland kommende Autokolonne, die von zwei Seiten nach Basel kam, zweimal dreißig Kilometer Auto an Auto, und in jedem saßen Schlachtenbummler und mit ihnen als Fracht Hoffnung und Zuversicht auf einen Sieg der Deutschen. Die wenigen Österreicher hätte man in drei Lastwagen verstauen können. Als die Aufstellung der Teams im Lautsprecher bekannt gegeben wird, erkannte man, die Deutschen spielen zu Hause. Jeder Name war von einem Beifallssturm begleitet, gerade nur, dass Herberger nicht vor den Vorhang treten und sich verbeugen musste wie im Theater der Regisseur. Der Boden ist nass, es regnet stark. Ein trüber Sommerabend. Die beiden Mannschaften schießen sich ein. Die Deutschen schießen scharf ein. Sie schauen scharf um sich, Turek springt scharf nach dem Ball, alles ist scharf. Die Deutschen sind gesammelt wie vor dem letzten Gericht, und gleich*

werden die Posaunen blasen. Da sieht man schon, dass es ein Kampf zweier Fußballwelten wird: die Härte der Deutschen gegen den Einfall der Österreicher. Eine der beiden Welten wird einstürzen. Der erste scharfe Schuss in der 2. Minute geht auf das österreichische Tor. Zeman faustet den Ball heraus, den Nachschuss fängt er. Schon in den ersten Minuten erkennt man die Spielanlage der Deutschen: weite Vorlagen an die Flügel, laufen und flanken, und in der Mitte lauern die Innenstürmer. Nervöses Spiel auf beiden Seiten, viele Fehlpasses. Bei den Deutschen ragt ein Mann hervor: der Stopper Liebrich. Deckung und Verteidigung werden auf beiden Seiten betont.

In der 12. Minute ein Angriff der Deutschen, ein Schuss Fritz Walters, Zeman will ihn mit der Faust abwehren, verfehlt jedoch den Ball. Das hätte ein Tor sein können, eines von der Sorte, wo nachher jeder den Kopf schüttelt und fragt: Wie ist so etwas möglich? Unmittelbar darauf erhält Stojaspal einen Pass Wagners. Stojaspal steht allein im Strafraum, er hat Zeit, er kann sich den Ball vom schlechten auf den guten Fuß richten, kann den Tormann fixieren und so tun, als wird er nach links schießen und dabei ins rechte Eck knallen. Alles das könnte er. Aber blindlings schießt er drauflos, und wahrscheinlich hat er sogar die Augen zugemacht. Die erste wirklich große Chance war vorbei. Einige gefährliche Augenblicke vor dem österreichischen Tor. Schleger hält den Ball zu lange. Einmal stehen einander Rahn und Happel gegenüber, Rahn nimmt Happel den Ball weg und läuft ihm davon. Happel holt ihn wieder ein, Rahn täuscht wieder, läuft wieder davon, Happel holt ihn wieder ein. Rahn täuscht wieder. Drei Tricks hintereinander, jeder anders, und Happel fiel darauf herein. Also ganz stimmt das nicht mit den deutschen Angreifern, die angeblich nichts anders können als laufen und manchmal schießen.

28. Minute: Ein Schuss von Körner 1 unvermittelt aus dem Hinterhalt, der Ball springt auf dem nassen Boden wie ein flacher Kiesel über das Wasser. Turek fängt ihn, der Ball springt von der Brust – kein Österreicher steht in Schussposition.

30. Minute: Der deutsche Angriff ist durchgebrochen. Gedränge im österreichischen Strafraum, ein Schuss prallt von einem Verteidiger ab, ein zweiter von einem Deutschen, ein dritter von Koller. Ein paar Sekunden später hebt Eckel einen Freistoß über die österreichische Mauer. Zeman läuft heraus, verfehlt den Ball, der knapp neben die Stange geht. Auch das hätte ein Tor sein können, das man mit Kopfschütteln quittiert. Wie ist das möglich? Wie so etwas möglich ist, sah man in der 34. Minute. Otmar Walter flankt in die Mitte, Schäfer schießt. Der Ball ist nicht scharf, Zeman wirft sich ihm entgegen, aber er verfehlt ihn. In der 34. Minute führt Deutschland 1:0. Diese 1:0 Führung ist verdient. Die Überlegenheit der Deutschen liegt im Angriff. Die Österreicher werden glänzend gedeckt. Da steht jeder Deutsche bei seinem Mann, und die Spieler ziehen oft paarweise übers Feld, gerade nur, dass die Deutschen die Österreicher nicht ans Halsband legen.

38. Minute: Ein überraschender Schuss von Körner 1. Ein überhasteter Schuss von Probst, ein paar Zickzackangriffe der Österreicher, die übers Feld passen, hin und her und nicht vom Fleck kommen – das war die ganze Ausbeute bis zur Pause.

Die Bilanz der ersten Hälfte: Die Deutschen spielen einfacher und gefährlicher, sie sind härter, wenn es sein muss, hart bis zur Rücksichtslosigkeit. Die 1:0 Führung entspricht dem Spielverlauf.

Zwei Minuten nach Wiederbeginn erzielt das deutsche Team einen Corner. Einer jener Deckungsfehler, die hundertmal zu nichts führen und einmal zur Entscheidung, war diesem Corner vorausgegangen. Hanappi hatte seinen Flügel nicht gedeckt, Happel konnte nur zum Corner abwehren. Es war einer jener Corner, die hundertmal zu nichts führen. Fritz Walter flankt zu Morlock, dieser köpft – es war der hundertundeinste Corner. Der Ball ist im Tor, Deutschland führt 2:0. Das Tor pulvert zunächst die Österreicher auf. Sie spielen, als hätten sie ein frisches Bad genommen. Ein Angriff in der 51. Minute, Wagner schießt, der Ball springt von des Torhüters Brust, Probst schießt, Österreich hat ein Tor aufgeholt. 2:1. Sollte das Spiel von Lausanne seine Wiederholung finden? Der Gegner führt, Österreich holt auf und siegt? Solche Wunder wiederholen sich nicht. Die Deutschen greifen an. Ein Fehlpass Kollers, Happel foult den durchgebrochenen Schäfer. Elfmeter. Fritz Walter erhöht auf 3:1. Jetzt spielen die Deutschen, als hätten sie erfrischende Bäder mit Fichtennadelzusatz genommen. Und jetzt wankt die österreichische Verteidigung. Was fällt Happel ein, im

Strafraum zu spielen, als stünde er in Hütteldorf, der Gegner ist Oberlaa und Rapid führt 10:0? Was fällt Zeman ein, einen Outball ungeschickt mit dem Fuß zu berühren und zu einem Corner abzuwehren, mit dem die Österreicher schon einmal so schlechte Erfahrung gemacht haben? Wieder schießt Fritz Walter, wieder köpft ein Deutscher ein, diesmal Otmar Walter. Deutschland führt 4:1. Ein Angriff der Deutschen. Rahn läuft zum Strafraum. Zeman läuft ihm entgegen und wirft sich vor seine Füße. Ein Sprung Rahns, Zeman hält ihn mit beiden Händen, Rahn stürzt. Wieder Elfmeter. Fritz Walter erhöht zum 5:1 in der 64. Minute. Mit einer wütenden Geste holt Zeman den Ball aus dem Netz. Wütend auf wen? Nur auf sich. Dass Rahn so durchbrechen konnte, war allerdings schon vorher ein Fehler der Verteidigung gewesen. Missverständnisse, fünf und sechs Österreicher auf einem Haufen, Wirbel, tausend Ängste – und dabei ist gar kein Deutscher in der Nähe, das sind Auflösungserscheinungen. Die Österreicher fangen an Gespenster zu sehen, die Deutschen marschieren ins österreichische Tor ein. Otmar Walter täuscht Happel, Zeman läuft heraus – eine Minute nach dem 5:1, so geht es zu – Morlock spielt den Ball am Fuß vorbei, als wäre Happel blind. Der Ball geht ins Out. Die Deutschen sind klar überlegen. Und hat Österreich schon einmal eine Chance wie Probst in der 74. Minute, dann steht er wie angewurzelt. Ehe er sich zum Start entschließt und dem Ball entgegenläuft, hat ihn eines der tausend Beine der deutschen Verteidigung weggekickt.

81. Minute: Stojaspal umspielt drei Deutsche und schießt –

knapp neben die Stange. Ein Blick auf die Uhr, nun weiß man es: Die Niederlage ist nicht mehr abzuwenden, die Deutschen sind keine Schweizer, sie verstärken die Abwehr, ohne den Sturm zu schwächen. Wie sie das machen, ist ihre Sache. Aber die Deutschen demonstrieren, dass man da und dort sein kann, vorn und hinten, dass man auf und nieder rennen kann, anscheinend ohne zu ermüden, und dass man tun kann, was niemand für möglich hielt: die Österreicher 6:1 zu schlagen. Ja 6:1 zwei Minuten vor Schluss. Inmitten der aufgelösten Verteidigung spielt der deutsche Sturm, wie er will. Schäfer flankt, Otmar Walter köpft ein. Schlusspfiff. Elf Österreicher gehen langsam vom Feld, einzeln ohne Gruß, sie schauen nicht in die Tribünen. Elf Deutsche sind nicht vom Spielfeld zu bringen. Sie möchten am liebsten weiterspielen, das Finale, gleich jetzt."[56]

Turl Wagner über die Niederlage und ihre Hintergründe:

„Der Nausch hat im Teamcamp immer stärkere Herzbeschwerden bekommen, und der Jelinek, unser Teamarzt, hat zu ihm gesagt, dass er nach Hause fahren muss, weil sein Gesundheitszustand sich verschlechtert hat. Und wie der Nausch gefahren ist, hat das alles begonnen. Du musst rechnen, da war eine Mannschaft, die zusammengeschweißt war, wie ein Uhrwerk, und wenn du da ein Rad herausnimmst und ein anderes reingibst, läuft es nicht mehr so wie vorher. Beim Spiel selbst hat es geschüttet wie mit Schaffeln, das kann man sich nicht vorstellen.

56 Arbeiter-Zeitung, 1. Juli 1954, S. 8.

Eine Stunde vor Spielbeginn sind wir auf den Platz gegangen, da war überall Wasser. Das ist zwar über die Drainage abgesickert, aber rutschig war der Platz. Der Adidas ist damals das erste Mal mit der Nationalmannschaft mitgefahren und hat die Schuhe mit den Schraubstollen gemacht. Damit konnten sie abhängig vom Wetter unterschiedliche Stollen verwenden. Die sind rausgegangen und haben probiert, welche Stollenlänge am besten passt. Die haben damit einen großartigen Halt gehabt auf dem Boden. Wir haben die brasilianischen Schuhe gehabt mit einem halben Zentimeter langen Stollen, und wir hatten kein zweites Paar Schuhe. Dazu kommt, dass wir vom Schweiz-Match noch völlig überladen waren. Der Happel hat gesagt, dass es ihn in der Leiste gezwickt hat, aber dem hat man nichts glauben können. Der hat öfter gesagt, dass er nicht fit ist und hat eine Weltpartie gespielt. Und der Zeman war auch nicht ganz fit, hat aber nichts gesagt, weil er spielen wollte. Der war eigentlich der dritte Tormann hinter dem Schmied und dem Pelikan. Der Schmied war außer Gefecht, und der Pesser hat gesagt, er nimmt den Zeman, weil der Pelikan in den Länderspielen immer wieder gepatzt hat, und der Zeman hatte einen großen Namen. Aber er war bereits vor der WM leicht verletzt und hat es aber keinem gesagt, weil er Angst hatte, nicht dabei zu sein. Die haben da hinten Tore bekommen, so etwas habe ich noch nie vorher gesehen. Nach der Niederlage sind wir ins Quartier gekommen. Da war alles finster. Die Betreuer sind alle schlafen gegangen, und wir Spieler sind allein unten gesessen und haben gesagt: ‚Das haben wir jetzt notwendig gehabt.‘ Da waren keine Betreuer, die uns auf-

gerichtet haben. Am nächsten Tag hat es geheißen, die ganze Mannschaft wird ausgetauscht. Bis auf Koller und Wagner. Die anderen haben sich gefreut, die sind ja bisher nur am Bankl gesessen. Dann war aber Spielerversammlung, und dann haben aber eh wieder die alten gespielt. Der Körner hat nicht gespielt, der hatte sich ja verletzt, den hatte der Liebrich bedient. Daher haben wir auch die meiste Zeit quasi in Unterzahl gespielt. Der Fredl konnte am Flügel sein Spiel nicht aufziehen, sondern nur schauen, dass er den Gegner ein bissi abdrängen konnte, aber mehr ist nicht gegangen."

Statt um den Titel spielt Österreich nun um den dritten Platz. Dazu wieder Turl Wagner:

„Im Vorfeld der Partie ist was entstanden bei uns in der Mannschaft. Der Ossi (Anm. Ocwirk) hat gesagt: ‚Buama – zah ma an. Wir hauen alles raus, was wir haben, sonst erschlagen uns die, wenn wir heimkommen.' Der Körner konnte noch nicht spielen, und der Probst hat Linksaußen gespielt, das wollte er zwar nicht gerne spielen, aber er hat sich natürlich nichts sagen getraut. Den Dienst hat man in die Mitte gestellt und ich war Rechtsverbinder."

Die „Arbeiter-Zeitung" kommentierte die Partie Österreich gegen Uruguay aus Zürich:

„Die Uruguayer applaudieren nach jeder Hymne, als wäre sie nur für sie gespielt worden. Die Österreicher stehen in grellem Rot in langer Reihe, sorgfältig gekämmt, die Scheitel sind gera-

de gezogen wie die Mittellinie auf dem Feld. Österreich gewinnt das Los und spielt mit der Sonne im Rücken. Ein Angriff der Österreicher in der 4. Minute. Wie schön sieht das aus, wie herrlich läuft der Ball von Spieler zu Spieler, gerade so als hätte Stojaspal vorher gesagt: So, jetzt passt auf, jetzt zeige ich es euch allen einmal ganz langsam vor, damit ihr alle Schönheit des Fußballs kennenlernt. So schön war es. Ein Schnitzer Kollmanns, er stottert mit den Beinen vor Schreck, als Hohberg vor ihm auftaucht. Hohberg zieht davon, Schmied läuft heraus und wirf sich vor seine Füße.

9. Minute: Ein Schuss Diensts prallt vom Lattenkreuz ab. Er war so scharf, dass er fast gleich scharf wieder zurücksprang. Und schon am Knall hörte man es, diesen Schuss hätte Maspoli nicht abgewehrt.

Das Spiel ist nicht schnell. Uruguay spielt ähnlich wie die Österreicher. Engmaschige Angriffe, die Flügel werden nur selten forciert. Wieder ein Schulangriff – ich zeig es langsam vor – der Österreicher. Stojaspal köpft zu Wagner, der überhastet den Ball über das Tor hebt. Ein langer Pass Ocwirks. Dienst bricht durch, zwei Uruguayer nehmen Dienst in die Mitte und pressen ihn zusammen. In Frankreich nennt man dieses Vergehen bezeichnenderweise ‚Sandwich‘, weil der Spieler, der gefoult wird, zwischen den Gegnern steckt wie der Schinken zwischen dem Brot. Elfmeter, Stojaspal schießt, Österreich führt in der 16. Minute 1:0. Unmittelbar darauf ein österreichischer Angriff, der über nur zwei Mann führte und doch vom eigenen Tor bis zum

Tor des Gegners getragen wurde: Ocwirk passt weit vor, Probst läuft nach, erreicht den Ball und schießt. Maspoli kann nur zum Corner abwehren. Nur zwei österreichische Spieler hatten den Ball berührt: Ocwirk und Probst.

In der 22. Minute erhält Hohberg den Ball, er will durchbrechen. Sieht, dass es nicht geht, und setzt überraschend zum Schuss an. Diesem Schuss war eine Bewegung vorangegangen, die einen Pass nach links andeutete, wo Borges auf den Ball wartet. Hohberg hatte mit der Hand zu Borges gezeigt: Achtung, ich passe. Und dann schoss er. Schmied wurde überrascht. 1:1. Uruguay hat ausgeglichen. Jetzt ist Uruguay überlegen, aber zu begreifen ist es nicht, dass diese Mannschaft die Ungarn an den Rand einer Niederlage bringen konnte. Ihr Spiel ist langsam, allerdings haben sie in allen Kämpfen erst in der zweiten Hälfte mit voller Kraft gespielt. Endlich ist Dienst einmal durchgebrochen, er hat beide Verteidiger überspielt, steht allein vor dem Tormann – da schießt er sich selbst an die Hand. Der Selbstmord des Torschützen. Einen scharfen Schuss von Probst wehrt Maspoli zum Corner ab. Erster Eindruck nach der Pause: Die Österreicher steigern das Tempo. Noch nützt es allerdings nichts, denn vorläufig geht der Ball nur schneller im Kreis herum.

Ein Angriff der Uruguayer in der fünften Minute. Kicken, stochern, schießen, der Ball kommt nicht heraus und nicht hinein. Nach einem Befreiungsstoß wehrt Schmied einen Schuss auf das österreichische Tor ab. Schiaffino stürmt auf den Ball zu. Schmied wirft sich ihm vor die Füße. Das ist ein Mut, der schon manchen Torhüter um die geraden Glieder brachte. Schmied bleibt liegen (...)

Der schönste Angriff des Spieles: Aufbau vom österreichischen Tor, bis in den gegnerischen Strafraum berührt kein Gegner den Ball. Dienst war der letzte, dem er zugepasst wurde. Maspoli wirft sich ihm vor die Füße. Dienst springt über den Torhüter. In der 59. Minute führt Österreich 2:1. Die Österreicher spielen mit dem Ball vor dem gegnerischen Tor, Ziehharmonika: hin und her, auf und nieder. Der Ball kommt zu Körner 1, der aus etwa fünfzehn Meter einschießt. Der Läufer Cruz will mit dem Kopf abwehren und lenkt den Ball ins eigene Tor. Da rollt sich der Unglücksrabe zu einer Kugel und bohrt sich mit dem Kopf in den Rasen, hier will er begraben sein. Jetzt wird das Spiel schneller und härter, erreicht aber nur in seltenen Phasen das Niveau eines Kampfes um den dritten Platz einer Weltmeisterschaft. In der 68. Minute fängt Maspoli einen Schuss von Dienst. Er war wieder angeschossen worden wie schon einige Mal vorher. (...)

Eine leichte Überlegenheit der Österreicher. Bilanz der Corner in der 75. Minute: 11:3 für Österreich. Das Spiel wird wieder langsamer. Das letzte Spiel in einer langen Reihe schwerer Spiele, man merkt es allen an. Aus einer harmlosen Situation entsteht der dritte Treffer. Ocwirk schießt überraschend aus großer Weite. Aus dieser Entfernung pflegt niemand zu schießen. Der Ball fliegt flach neben der Stange ins Tor. Maspoli blickt beruhigt hin. Erst als sich das Netz bauscht, erkennt er zu seinem Schrecken: Tor. Österreich führt in der 78. Minute 3:1. Uruguay hat nicht mehr die Kraft zu einem Finish wie gegen Ungarn. Das ist bezeichnend, dass die Uruguayer ihr Tempo weder nach dem Führungstor der Österreicher noch nach dem 3:1 verschärfen. Der Kampf gegen Ungarn hat ihnen alles genommen, die letzten Kräfte und die letzten Hoffnungen. Die letzte Szene: Abadje bricht auf dem rechten Flügel durch ohne Schuss, ohne Pass. Da liegt der Ball. Da liegt er. Das Ende."[57]

Mit dem dritten Platz war dem Team das gelungen, was dem Wunderteam verwehrt geblieben war – eine Top-3-Platzierung. Das Spiel gegen Deutschland hinterließ dennoch einen schalen Beigeschmack, der sich in die Freude über das Erreichte mischte. Auch beim triumphalen Empfang am Wiener Westbahnhof war diese Gespaltenheit spürbar. Einerseits wurden die Fußballer wie Nationalhelden gefeiert, doch mischten sich unter diese Rufe auch Anfeindungen, vor allem gegen Walter Zeman und Ernst Happel: Sie wären bestochen gewesen und hätten daher das Spiel gegen Deutschland verloren. Die beiden versuchten, am Westbahnhof durch einen Seiteneingang abzutauchen, um dem Missmut zu entgehen, der Versuch blieb jedoch erfolglos. Wie bei vielen anderen Spielern blieb dieser Moment auch bei Turl Wagner sehr präsent:

„Die Ankunft am Westbahnhof war das traurigste Erlebnis. Zwei unserer Freunde, der Zeman und der Happel, das waren Weltburschen und die sind ausgepfiffen und sogar angespuckt worden. Wegen dem 1:6 gegen Deutschland. Die Leute sind am

57 Arbeiter-Zeitung, 4. Juli 1954, S. 16.

> *Bahnsteig auf die beiden losgegangen, und wir anderen haben geweint. Die beiden haben so viel mitgemacht, und dann werden sie auch noch angespuckt. Das war sehr traurig.“*

Weniger traurig war die Prämie, die die Spieler erhielten – 32.000 Schilling bekam jeder Einzelne.[58] Wagner verwendet einen großen Teil dieses Geldes, um sich einen Traum verwirklichen zu können: einen eigenen PKW. Es handelte sich dabei um einen Fiat 500, dessen Spitzname „Topolino“, zu deutsch Mäuschen, war – ein durchaus populärer Wagen, der zwischen 1936 und 1955 in drei verschiedenen Ausführungen produziert wurde. Wagners Topolino war aus der Serie des letzten Modells, dem Fiat 500 C, der 16,5 PS auf die Straße brachte und ab 1949 auf dem Markt war. Der Topolino war eines der erfolgreichsten Automobilmodelle seiner Zeit und wurde in mehreren Ländern, darunter auch in Österreich in den Steyr-Puch Werken, gefertigt.

> *„Die Besatzungsmächte waren noch da, und in der Tivoligasse hatte ich einen Haberer, der eine Werkstatt hatte. Dort hatte auch der Golobic (Anm. Franz Golobic, ein Rapid-Spieler) ein Motorrad eingestellt, das er sich dann hergerichtet hat. Eine Matchless 500. Aber der Golobic war ein recht zarter Kerl, und das Motorrad hat einen Rückschlag gehabt, dass es ihn bei der ersten Ausfahrt durch die Luft geschleudert hat. Seine Frau war auch sehr zart, wenn die beiden ausgefahren sind, sind sie kaum am Sitz gesessen, weil es sie so in die Höhe gehoben hat. Das war ein Spaß. Jedenfalls bin ich einmal zu meinem Freund in*

58 Kurt Palm: Die Hitzeschlacht von Lausanne, St. Pölten/Salzburg 2008, S. 161.

die Werkstatt gekommen und wollte plaudern und sehe dann auf einmal, dass dort ein blauer, fast neuer Topolino gestanden ist. Der hatte nur 50 Kilometer drauf. Mein Freund hat mir gesagt, dass er einem amerikanischen Offizier gehört, der ihn verkaufen möchte, weil er wieder nach Amerika zurückgehen wird. Er hat dann gefragt, was der kostet, und war bereit, den Topolino zu verkaufen. Ich habe das Geld zusammengekratzt, und meine Onkel haben mir etwas dazugegeben. Die Franzi und ich haben dann die Prüfung gemacht, damals war auf den Straßen noch kaum etwas los. Im Lernen war ich nicht so gut, fahren habe ich gut können, aber Theorie – na ja. Jetzt habe ich einen Anschieber gebraucht. Dort gab es genug, die mich gekannt haben, die haben mir dann den Tipp gegeben, wann ich hinkommen soll, weil je später man drangekommen ist, desto weniger ist geprüft worden, weil die Prüfer heim wollten. Einmal sind wir ins Philadelphia-Kino gegangen und haben den Wagen vor dem Kino geparkt. Die Polizisten haben unser Auto gekannt, und die haben niemanden aufgeschrieben. Nach dem Kino sind wir beim Hinterausgang rausgekommen, und wie wir zum Auto kommen, sehen wir dort, wo unser Wagen steht, eine Menschentraube. Die Kinder aus der Umgebung haben unseren Wagen auf den Gehsteig gehievt. Der war ja sehr leicht damals, und die Buben haben ihn so lange gerüttelt, bis er oben gestanden ist. Da ist ein Polizist gekommen. Zum Glück habe ich ihn gekannt, weil er immer am Wacker-Platz Dienst hatte. Er hat gesagt, ich soll schleunigst wegfahren, bevor ein Kollege kommt, der uns dann ein Strafmandat geben würde. Dann hat er den Buben angeschafft, sie sollen das Auto anschieben, und dann sind wir fortgefahren. Oder wenn wir am Donnerstag Spielerversammlung gehabt haben, haben wir gesagt, wir gehen noch auf ein Achterl. Ich war der Einzige, der nichts getrunken hat. In den Topolino sind normal nur zwei reingegangen und zwei zur Reserve, die haben aber quasi stehen müssen. Wir sind zu fünft im Wagen gefahren, ich habe alle heimgeführt. Ich habe ein Dachl gehabt, das konnte ich zurückgeben. Jetzt konnte einer in der Mitte stehen und hat oben rausgeschaut. Das war der Haummer Walter. Jetzt hat uns ein Wachmann aufgehalten und gesagt ‚Jössas Wagner. Was machen S' denn da?' Ich habe ihn gefragt, wie ich dort und dort hinkomme, und er hat mir gesagt, wie ich fahren soll, damit ich nicht in eine Kontrolle komme. Das war schon ein Vorteil, dass mich die Leute gekannt haben.“

Turl Wagner und sein Topolino.

Turl Wagner lag mit dem Autokauf durchaus im Trend. 1946, ein Jahr nach dem Ende des Zweiten Weltkriegs, waren in Wien 4360 Personenkraftwagen registriert. Dieser Bestand stieg bis 1950 auf 19.120 PKW an. Zwischen 1946 und 1953 bewegten sich die Zuwachsraten recht stabil zwischen 2000 und 4000 Autos pro Jahr, von 1953 auf 1954 waren es ungefähr 5000, danach stiegen die Zahlen sprunghaft an. 1955 betrug die Anzahl bereits 49.436, das waren um 16.118 mehr als im Vorjahr. Bereits 1959 hatte sich der Wert mehr als verdoppelt, 1961 schon verdreifacht.[59] Der steigende Individualverkehr spiegelte Mitte der 1950er-Jahre die Situation in Österreich wider. Die Wirtschaft hatte bereits Ende der 1940er-Jahre einen Aufschwung erlebt, vor allem dank der Finanzspritze der Alliierten:

> *„Eine Milliarde Dollar in Form von Krediten und Sachlieferungen erhielt die Republik im Rahmen dieses von US-Außenminister George Marshall initiierten Hilfsprogramms zum Wiederaufbau Europas. Österreich profitierte davon überproportional stark und Politiker betonten mehrfach diese ‚hilfreiche Hand zum Wiederaufstieg' (so Bundeskanzler Julius Raab).“*[60]

Die Stabilisierung trug nach den ersten harten Nachkriegsjahren, die vom in Trümmern liegenden Wien und von Versorgungsengpässen der Bevölkerung geprägt waren, zu einem ersten Wohlstand bei:

> *„Ab 1953 beschleunigte sich der Wirtschaftsaufschwung in geradezu wundersamer Weise, neue verlockende Konsumgüter*

---

59 https://www.wko.at/statistik/extranet/langzeit/blang/blang-pkw.pdf
60 Elke Wikidal: Die Welt zu Gast in Wien (14.5.2020), in: Magazin Wien Museum, https://magazin.wienmuseum.at/aufbruchsstimmung-im-fruehjahr-und-sommer-1955

> *wurden nun für viele erschwinglich. Das galt insbesondere für die ‚modernen Heinzelmännchen und Wundermaschinen', die Elektro- und Haushaltsgeräte, die ein neues Zeitalter des elektrifizierten Haushaltes einleiteten und deren Verkaufszahlen Mitte der 1950er Jahre fast explosionsartig anstiegen."*[61]

Am 15. Mai 1955 konnte nach der Unterzeichnung des Staatsvertrages und der daraus resultierenden Unabhängigkeit Österreich auch der Startschuss für den Tourismus gegeben werden:

> *„Die neue Souveränität Österreichs verändere Wien, so Bürgermeister Franz Jonas in seiner Ansprache zur Bedeutung des Staatsvertrages für die Stadt. Er sei vor allem als Appell an die Freunde in der Welt zu verstehen, wieder als Gäste nach Wien zu kommen. Darüber hinaus plädierte Jonas an die Vereinten Nationen und internationalen Organisationen ihre Einrichtungen nach Wien zu verlegen und Wien zu einer Kongressstadt zu machen. Der internationale Fremdenverkehr vermag über den rein wirtschaftlichen Aspekt hinausgehend eine friedensstiftende Funktion zu erfüllen. Die Wiener Bevölkerung solle sich in den Dienst der internationalen Völkerverständigung stellen, am besten als ‚Fremdenverkehrskavaliere' mit werbewirksamem Wiener Charme. Enthusiastisch berichtete das Amtsblatt der Stadt Wien über neue Rekordzahlen im Tourismus, Ende des Jahres zählte man bereits über eine Million Übernachtungen."*[62]

61 Ebda.
62 Ebda.

Gleichzeitig gewann der Privat-PKW an Bedeutung und stand sinnbildlich für die wiedererlangte Freiheit. Die Mobilität erlaubte es, nun, da sich die Geldbörsen langsam wieder gefüllt hatten, entferntere Ziele anzusteuern, und ebenso trug sie zur Individualisierung bei, sich nicht mehr in der großen Masse bewegen zu müssen, sondern sich mehr und mehr in die Häuslichkeit zurückziehen zu können. Dieser Rückzug, gemeinsam mit dem steigenden Wohlstand, sorgte auch für eine spürbare Veränderung im Gemeinschaftsgefühl. Wagner: *„In den 1950er- und 1960er-Jahren war der Zusammenhalt schon anders. Da war jeder mehr für sich. Die Neureichen waren schwierig und hatten die Nase hoch. Da hat man nicht gewusst, wie man dran ist."*

Neben der Prämie konnte Turl Wagner auch noch ein besonderes Erinnerungsstück von der Weltmeisterschaft mitnehmen. Der Wacker-Experte und enge Freund der Familie, Otto Neu, sollte später in den Besitz des legendären Utensils gelangen.

„Ich war mit ihm im Schuhgeschäft, und er hat mir einen Aufnäher gezeigt. Es handelte sich dabei um das Wappen vom Original-Trikot, mit dem Turl gegen Uruguay gespielt hat. Dafür hatten Wagner einige Interessenten bereits bis zu 1000 Schilling geboten. ‚Das gebe ich nicht her', hat er immer gesagt. Und ein paar Jahre später kommt er zu mir und schenkt mir das Abzeichen. Ich habe ihm gesagt, dass ich das nicht

annehmen kann. Da war er gleich richtig grantig und hat gefragt, ob ich es nicht nehmen will. Das war ein fürstliches Geschenk."

Zurück im Liga-Alltag

In der auf die Weltmeisterschaft folgenden Saison spielte die Wacker wieder vorne mit. Zur Winterpause lag die Mannschaft drei Punkte hinter dem Tabellenführer zurück. Wagner hielt bereits bei neun Treffern. Ebenso viele wird er im Frühjahr erzielen, Wacker kam aber nicht über den vierten Meisterschaftsrang hinaus. In dieser Saison stieß auch Paul Kozlicek, der beste Freund von Turl Wagners Bruder Alfred, in die Kampfmannschaft von Wacker vor. Der junge Stürmer war enorm torgefährlich und sollte in den kommenden Jahren zu einem der verlässlichsten Torschützen werden.

Bei einer Tournee in Belgien im April 1955 legte die Wacker einen Zwischenstopp in Brüssel ein. Die Spieler nutzten dies zu einer Einkaufstour. Ernst Kozlicek:

„Ich weiß noch, damals in Brüssel ist der Zug so lange gestanden, und wir haben gewusst, dass es dort so eine gute Schokolade gibt. Also sind wir ausgestiegen und haben Geschäfte gesucht. Wir waren vier Spieler mit dem Turl, der hat gesagt, noch da um die Ecke, dann sind wir da. Das sind dann aber doch ein paar Ecken mehr geworden. Ich glaube, das Geschäft finde ich heute noch. Es ist dann aber eng geworden, bis wir alle wieder heraußen waren, und wir mussten zum Bahnhof zurückrennen."

In der Meisterschaft steuerte Wagner am 16. April 1955 erneut einen Hattrick bei. Dieses Mal beim 5:0-Sieg über Bregenz auf dem Wacker-Platz. Es war sein zehnter. Wacker wurde am Ende Vierter, fünf Punkte hinter Meister Vienna.

Die Saison 1955/56 begann für Turl Wagner traumhaft. In der ersten Runde gegen den FC Wien gelang ihm am FC Wien-Platz vor 5.000 Zuschauern ein Hattrick, sein elfter, beim 5:3-Sieg. Er erzielte die zwischenzeitliche 2:1-Führung, den Ausgleich zum 3:3 und den letzten Treffer zum 5:3.

In der dritten Runde ging ein Herzenswunsch von Wagner in Erfüllung. Am 11. September 1955 empfing Wacker im Praterstadion Rapid vor 45.000 Zuschauern. Neben Turl stürmte erstmals in einem Meisterschaftsspiel sein Bruder Fredi. Außerdem stand auch Fredis bester Freund, Paul Kozlicek, der bereits seit der vergangenen Saison zum Kader der ersten Mannschaft gehörte, in der Startelf. Das Spiel begann ganz nach dem Geschmack der Brüder. In der 15. Minute gab es Elfmeter für Wacker, und Turl Wagner traf zum 1:0. Doch wie im Saisonfinale 1952/53 drehte Rapid das Spiel und führte nach 57. Minuten bereits 3:1. Aber die Partie hielt noch mehr Dramatik bereit. Im Verlauf des Spiels verletzten sich vier Wacker-Spieler. Wolf (70. Minute) und Steup – kurz darauf – konnten nicht weiterspielen, und so spielten die Meidlinger in den letzten 15 Minuten zu neunt. Auch Alfred Wagner und Paul Kozlicek waren angeschlagen, hielten aber durch. In der 77. Minute verkürzte Turl Wagner durch einen Elfmeter auf 2:3. Drei Minuten vor Schluss traf Alfred Wagner in seinem Debütspiel zum völlig unerwarteten 3:3 Endstand. Die „Arbeiter-Zeitung“ informierte in ihrer Ausgabe vom 13. September 1955:

> *„Wacker spielte, solange die Mannschaft aus elf vollwertigen Spielern bestand, flüssiger als Rapid. Der alte Routinier Wagner 1 hielt seine jungen Nebenleute mit schnellen und genauen Passes dauernd in Bewegung. Als das Team nicht mehr vollzählig war, bot jeder Spieler ein Musterbeispiel an Kampfgeist. Von den verletzten Nachwuchsleuten Kozlicek 2 und Wagner 2 wurde dabei viel zu viel gefordert.“*[63]

Interessant ist die Bezeichnung von Turl Wagner als *„alter Routinier“*. Mit 28 Jahren befand er sich im besten Fußballalter, von alt konnte eigentlich keine Rede sein. Zur damaligen Zeit war das Verständnis aber ein anderes. Spieler über 25 galten als alt, und oftmals wurde in diesem Alter der Ruf nach jüngeren Spielern laut.

Alfred kam in dieser Saison ein weiteres Mal zum Einsatz – wieder stürmte er neben seinem Bruder in der fünften Runde beim Duell gegen ESV Graz. In der 43. Minute verletzte sich Torhüter Pelikan, woraufhin Walter Haummer ins Tor ging und die Wacker die komplette zweite Hälfte in Unterzahl bestreiten musste. Paul Kozlicek erzielte in einer schwachen Partie den einzigen Treffer.

Ein Spieler vom Format Turl Wagners erregte durchaus auch Begehrlichkeiten bei ausländischen Vereinen. Zu einem Wechsel kam es jedoch nicht. Zweimal hat es konkrete Angebote gegeben. Zum Bei-

63 Arbeiter-Zeitung, 13. September 1955, S. 8.

spiel von Marseille 1955: *„Da haben wir oben gespielt in Marseille und haben 3:1 gewonnen, von dem Zeitpunkt waren sie an mir dran."*

Zwei Jahre später meldete sich der AC Mailand:

> *„Der Nordahl ist dort weggegangen, und da haben sie einen Center-Stürmer gesucht. Ich bin zum Walch in den ÖFB gefahren, aber der hat gesagt, dass man erst ab 30 wechseln darf. Kannst dir vorstellen, welches Verbrechen die an uns gemacht haben. Ich war damals 29 Jahre alt, da geht die Karriere schon zu Ende. Aber ich wollte meine Familie auch nicht alleine lassen, also habe ich abgesagt. Da wäre viel Geld drinnen gewesen."*

Wagner entschied sich letztlich für die Familie, ein angesichts seiner Wertvorstellungen durchaus verständlicher Schritt. Darüber hinaus stand er Veränderungen im Allgemeinen eher skeptisch gegenüber. Er liebte seinen geordneten Alltag, die Routine und sein gewohntes Umfeld. Erst diese Umstände ermöglichten es ihm, auch sportlich sein Potenzial auszuschöpfen. Ein Wechsel ins Ausland hätte eine große Umstellung und Unruhe in seinen Tagesablauf und sein Leben gebracht, und man kann davon ausgehen, dass es einige Zeit gedauert hätte, bis Wagner sich wieder voll auf den Sport hätte konzentrieren können. Es dürfte somit gar nicht so unangenehm für ihn gewesen sein, dass der ÖFB mit seinen Statuten ihm in dieser Causa die Entscheidung größtenteils abgenommen hatte.

1955 trat Österreich in Wrexham gegen Wales an. Die als Favorit geltende Nationalelf unter der Führung von Karl Geyer gab von Beginn den Ton an, wie die „Arbeiter-Zeitung" am 24. November 1955 schrieb:

> *„Schon in der 5. Minute heißt es 1:0. Halla passt zu Ocwirk, der einen weiten Pass zur Mitte gibt. Wagner läuft in den leeren Raum und erreicht den Ball. Er zögert eine Sekunde, um den Torhüter Kelsey herauszulocken. Das gelingt, Kelsey stürzt sich auf Wagner. Aber über den Tormann schießt Wagner ins Tor. Den ersten scharfen Schuss hält Engelmeier in der 9. Minute. Da konnte man schon erkennen, dass diese Begegnung noch recht hart werden sollte, denn Ford läuft nach dem Schuss weiter und versucht, Engelmeier ins Tor zu rempeln. In der 18. Minute greift der gesamte österreichische Sturm an, der Angriff geht von der linken Seite aus, wandert hinüber nach rechts und kommt zur Mitte, Hanappi schießt, der Ball landet im Netz, aber Hanappi war in Abseitsposition gestanden. Eine Minute später wiederholt sich der gleiche Angriff, wieder ist Hanappi der Schütze, aber diesmal war es kein Abseits, Österreich führt 2:0. In der 32. Minute wird Wagner verletzt. Der Schlag, den ihm John Charles versetzt, muss außerordentlich hart gewesen sein, denn Wagner bricht bei einem Versuch, sich aufzurichten, sofort zusammen. Im Krankenhaus stellte es sich später heraus, dass Wagner einen Bruch des rechten Wadenbeins erlitten hat."*[64]

Es war die erste schwere Verletzung, die Wagner erlitt. Er wurde vom Feld getragen. Der Wadenbeinbruch bedeutete eine erste längere Pause in seiner Karriere, doch der Zeitpunkt war nahezu ideal – kurz vor der Winterpause. Drei Spiele verpasste er in der Herbstsaison, ehe die Winterpause anstand. Die Familie, allen voran Schwester Stefanie, freute sich, dass Turl über Weihnachten zu Hause war.

64 Arbeiter-Zeitung, 24. November 1955, S. 8.

Im März, etwas mehr als drei Monate nach seinem Beinbruch, war Wagner wieder einsatzbereit. Nach drei Meisterschaftsrunden stand ein Länderspiel gegen Frankreich an. Teamchef Karl Geyer stellte Wagner auf, doch nach 28 Minuten wurde die Verletzung wieder akut, und er musste vom Feld. Für ihn kam der beste Freund seines Bruders Alfred aufs Feld: Paul Kozlicek feierte an diesem Tag sein Teamdebüt. Nach dem Spiel kam zum Glück Entwarnung von den Ärzten, und so konnte Wagner bereits eine Woche später im Meisterschaftsspiel gegen den ESV Graz wieder auflaufen und erzielte seinen ersten Treffer seit dem Spiel in Wrexham.

Turl Wagner wird gegen Wales verletzt vom Platz getragen.

Turl Wagner bei der Ankunft am Wiener Flughafen.

Die Wacker war 1955/56 trotz, oder vielleicht gerade aufgrund der Blutauffrischung im Kader vorne dabei. Vor der letzten Meisterschaftsrunde lagen Wacker und Rapid punktegleich auf Platz eins der Tabelle. Der zweite Meistertitel war zum Greifen nah. Die letzte Runde brachte für die Wacker das Duell mit der Wiener Austria im Praterstadion, während Rapid auf der Pfarrwiese gegen den ESV Graz, der auf dem drittletzten Platz lag, antrat. Rapid spielte am Samstag und erfüllte die Pflicht mit einem 7:0-Sieg. Wacker musste somit gegen die Austria gewinnen, hatte aber den besseren Torquotienten und wäre im Falle eines Sieges Meister gewesen. Paul Kozlicek ließ die Meidlinger Fans hoffen, als er Wacker in der vierten Minute in Führung brachte. Die „Arbeiter-Zeitung" berichtete am nächsten Tag über das Spiel:

> *„Wacker hatte in dem Match gegen die Austria viel Pech. Drei Schüsse landeten an der Torstange, und als Kozlicek 2 (Anm. Paul Kozlicek) beim Stand von 1:0 für Wacker im Strafraum gefoult wurde, drückte Schiedsrichter Campanati, bisher der schwächste italienische Schiedsrichter, beide Augen zu. Ein 0:2 hätte für Austria, die in der ersten Hälfte keineswegs überzeugend wirkte, wahrscheinlich das K. o. bedeutet. Andererseits ließ Wacker aber jene Reife und Geschlossenheit vermissen, die man von einem Meister erwartet. Ob es nun an der besonderen Nervosität der Meidlinger lag oder nicht – Tatsache ist, dass die Mannschaft die gleichen Schwächen wie gegen die Vienna erkennen ließ."*[65]

3:1 gewann die Austria am Ende. Wieder einmal war die Wacker denkbar knapp an einem Meistertitel gescheitert. Turl Wagner gelangen in seinen 23 Ligaeinsätzen 13 Treffer. An der mangelnden Unterstützung konnte es nicht gelegen haben. Die Wacker-Fans galten als leidenschaftlich und laut. Und unter ihnen gab es einen ganz besonderen Fan, der im ganzen Bezirk bekannt war, der sogenannte Wacker-Schani. Sein besonders lautes Organ machte ihn ebenso zur Legende wie sein bereits damals zum Kult gewordener Standardruf: *„Brauchts euch nicht fürchten, der Schani ist da!"*

65 Arbeiter-Zeitung, 12. Juni 1956, S. 8.

Über die Hartnäckigkeit des Schani erzählt der treue Wacker-Anhänger und enge Freund Turl Wagners, Otto Neu:

> *„Der Wacker-Schani war so bekannt wie der Waluliso, und der hat so laut geschrien, den hat man bis zur Wienerbergstraße gehört. Einmal hat er eine besondere Aktion geliefert. Beim Europapokal-Finale von Feyenoord ist er hingefahren und ist zum Stadion gegangen und hat gesagt, er möchte den Happel sprechen. Man hat ihm gesagt, dass das nicht geht, aber er hat gesagt, sie sollen ihm sagen, der Turl Wagner ist hier. Tatsächlich ist der Happel zum Türl gekommen. Der hat ihn auch gekannt, und dem hat die List so gut gefallen, dass er ihm eine Eintrittskarte verschafft hat.“*

Turl Wagner mit dem Wacker-Schani (mit Hut).

Im Sommer 1956 erhielt Turl Wagner den letzten Ritterschlag, der ihm für seine Nationalteamkarriere noch fehlte. Am 17. Juni schickte ihn Teamchef Argauer im Spiel gegen Jugoslawien in Zagreb als Kapitän auf den Platz. Wagner führte die Mannschaft aus der Kabine und vollführte den Wimpeltausch, zum ersten Mal in einem Länderspiel, doch hatte er mit Kapitänswürden bereits Erfahrung – bei Wacker, wo er seit einiger Zeit auch Spielführer war. Doch sein Teamdebüt verlief anders als geplant. In der 23. Minute kam es zu einem Kopfballduell mit Boškov, und Wagner blieb verletzt liegen. Die Diagnose lautete Schlüsselbeinbruch.

Es war die zweite Verletzung innerhalb von sieben Monaten, und nach der Zwangspause zu Weihnachten, die ihm sein Wadenbeinbruch beschert hatte, kam er nun unverhofft zu einer Sommerpause, die er mit seiner Familie verbringen konnte. Dabei blieb die Regeneration, typisch für ihn, eher zweitrangig. Schwester Stefanie:

> *„Er hat da so etwas wie einen Rucksack gehabt, damit das Schlüsselbein gut zusammenwachsen kann. Wir waren in Italien auf Urlaub, und der Turli hat diesen Rucksack immer runtergenommen und ist schwimmen gegangen. Der Turli war da wie unser Papa, der hat sich das auch alles selbst geregelt. Unser Papa hat sich mit der Zange selber die Zähne gerissen."*

Die Verletzungspause dauerte aber nicht lange. Beim ersten Meisterschaftsspiel am 26. August stand Turl Wagner wieder auf dem Platz.

Turl Wagner als Kapitän mit dem ungarischen Schiedsrichter Sandor Harangozo und dem Kapitän der Jugoslawen, Bernard Vukas.

Auch wenn das Karriereende noch fern war, zeichnete sich langsam eine Passion bei Turl Wagner ab, die sich zunächst als eine Art Hobby gut mit dem Fußball vereinbaren ließ: Schuhe.

„Ich habe immer ein unglaublich gutes Gefühl für schöne Schuhe gehabt. Damenschuhe und Herrenschuhe. Mir haben die italienischen Modelle immer am besten gefallen, und weil wir früher oft unten waren, habe ich immer welche mitgebracht von unseren Reisen. Ich habe der Franziska immer die schönsten Schuhe gekauft. Und am Sonntag beim Match sind den anderen Frauen die Kipfler rausgefallen, und sie haben die Franzi gefragt, woher sie die schönen Schuhe hat. Von da an sind immer, wenn wir ins Ausland gefahren sind, vorher die Spielerfrauen zu mir gekommen und haben mir ihre Größen aufgeschrieben und welche Stöckelhöhen sie möchten, und ich habe ihnen dann Schuhe mitgebracht. Und im Spaß haben sie dann gesagt, ich soll einmal ein Schuhgeschäft aufmachen."

Die Ungarn in Wien

Wacker startete gut in die Meisterschaft 1956/57, und nach acht Runden lagen die Meidlinger ex aequo mit der Vienna auf Platz eins, ehe Fußball für einige Wochen zumindest medial in den Hintergrund trat. Im Oktober 1956 kam es in Ungarn, wie danach in vielen anderen Ländern des Warschauer Pakts, zu einem kollektiven Aufbegehren gegen die sowjetischen Besatzer, die zu jener Zeit derartige Unmutsäußerungen mit Waffen- beziehungsweise Panzergewalt niederwarfen. Eine Folge davon war eine große Fluchtwelle aus dem Land ins benachbarte Österreich. Im Zeitraum von Oktober 1956 bis Juni 1957 gab es fast 179.000 Grenzübertritte. Österreich leistete

Hilfe, auch wenn viele der Ungarn, die nach Österreich geflüchtet waren, in andere Länder weiterreisten. Der Fußball spiegelte die Gesamtsituation ebenso wider.[66]

„Ferenc Puskas ist gefallen" – mit dieser Schlagzeile schockierte der „Wiener Kurier" am 29. Oktober 1956 seine Leser. Auch einen Nachruf druckte man dazu ab, verwies aber auf eine nicht ganz gesicherte Faktenlage. Man berief sich auf zwei geflohene Freiheitskämpfer, die im Gefecht verletzt worden waren und berichteten, dass sich der Fußballstar dem Aufstand angeschlossen und in einem Gefecht mit sowjetischen Truppen zu Tode gekommen sei. Bereits einen Tag später durfte der „Kurier" Entwarnung geben.[67] Puskás war am Leben und sollte bereits vier Tage später, wie die „Arbeiter-Zeitung" vermeldete, in Wien eintreffen.

Von den Stars der Weltmeisterschaft 1954 verblieb nur Bozsik in Budapest. Hidegkuti, Kocsis, Czibor, Sandor, Grosics oder eben Puskás waren nach Wien geflohen. Die Mannschaft von Honvéd entschied sich, nicht nach Budapest zurückzukehren, und startete eine Tournee nach Deutschland und Frankreich, bestritt am 22. November das Hinspiel-Duell der ersten Runde des Europapokals der Landesmeister gegen Athletic Bilbao, das mit 2:3 verloren ging, und reiste dann nach Italien weiter. Das Rückspiel konnte nicht in Budapest ausgetragen werden, und so standen sich am 20. Dezember die beiden Teams in Brüssel im Heysel-Stadion gegenüber. Mit einem 2:2 schied Honvéd aus dem Bewerb aus und brach dann zu einer Südamerika-Tournee

---

66 https://www.geschichtewiki.wien.gv.at/Ungarn-Fl%C3%BCchtlinge_1956#cite_note-3
67 Wiener Kurier, 29. und 30. Oktober 1956.

auf, die bereits vor dem Aufstand vereinbart worden war. Die FIFA verhängte in der Zwischenzeit Sperren über Verein und Spieler, die ihrem Land den Rücken gekehrt hatten. Man verbot Honvéd auch, in Testspielen anzutreten, und so löste sich die Mannschaft langsam, aber sicher auf. Einige Spieler blieben in Caracas, andere reisten unter der Leitung des ungarischen Spielevermittlers Emil Östreicher nach Wien, wo dieser Testspiele für die im Wiener Jargon bald als „Ungarn-Elf" bezeichnete Rumpfmannschaft der ehemaligen Honvéd-Startruppe organisierte. Aufgrund der FIFA-Sperre durfte diese nur inoffizielle Freundschaftsspiele bestreiten, lief unter anderem unter dem Namen Espresso Goal auf und spielte gegen Teams wie Café Weidinger oder Auswahlen der Länderbank oder des E-Werks.

Die geballte Präsenz der ungarischen Spitzenspieler erzeugte Begehrlichkeiten bei zahlreichen Klubs aus ganz Europa, vor allem aber bei den Wiener Vereinen, die hofften, einige unter Vertrag nehmen zu können. Und anfänglich schienen die Hoffnungen durchaus berechtigt. Die Zeitungen vermeldeten Verhandlungen zwischen der Wiener Austria und Grosics, die jedoch ergebnislos blieben. Am 24. Oktober wurde bekannt, dass Ferenc Puskás einen Vorvertrag beim Wiener Sportclub unterschrieben hatte. Puskás übernahm bei der Wintertournee der Dornbacher den Trainerposten von Pesser, der aus beruflichen Gründen nicht mitfahren konnte. Und obwohl Puskás nie für den Sportclub spielte, profitierte der Verein, da er Trainingsgast war und als Offensivcoach den Sportclub-Stürmern Tipps gab.

Emil Östreicher heuerte danach bei Real Madrid an, und als die FIFA im Februar 1958 die Sperre von Puskás bis Ende Juli ansetzte, holte Östreicher ihn zu den Königlichen. Ironischerweise traf er bereits im März 1959 beim Duell mit dem Sportclub auf seine ehemaligen Teamkollegen und wurde nach einem Fußtritt gegen den Kopf von Barschandt mit Rot vom Platz gestellt.

Den vielleicht größten Coup landete aber Wacker Wien. Jenö Kalmár, der legendäre Trainer der Honvéd-Mannschaft, heuerte im März 1957 bei Wacker an und trainierte die Meidlinger bis zum Frühjahr 1958, ehe er nach Spanien ging, wo viele seiner ehemaligen Honvéd-Spieler untergekommen waren. Kalmár war ein großer Name. Honvéd galt damals als einer der besten Klubs in Europa und versammelte zahlreiche Nationalspieler der goldenen ungarischen Generation. Turl Wagner über den ungarischen Trainer:

> *„Der hatte wirklich eine Wirkung. Einige Zeitungen haben geschrieben, dass wir typisch wie die Honvéd gespielt haben. Wir haben damals viel leichter gespielt, ich habe nie wieder so leicht gespielt wie unter Kalmár. Das kann man nicht wirklich beschreiben, das ist wie bei einem Schriftsteller, der etwas besonders schön schreibt. Er hat dir gezeigt, was deine Fehler sind, das waren Sachen, die hat kein Österreicher gewusst, zum Beispiel Ball früher abgeben. Ein oder zwei Haken ist gut, aber der dritte ist zu viel, das hat er uns dann abgewöhnt. Damit war auch die Konzentration besser, weil wenn man den dritten Gegner überspielt hat, war man schon in einem Strudel drinnen. Der Kalmár hat eine Schusstechnik gehabt. Wenn der den Pelikan eingeschossen hat, der war ein guter Tormann, hat der keinen Ball erwischt. Der Pelikan hat immer gesagt: ‚Trainer, bitte*

nicht einschießen, ich will mich nicht lächerlich machen.' Der hat einen Schuss gehabt wie ein Gott. Das war typisch, der Puskás hat auch so geschossen, der Kalmár war da der Vorreiter. Und wir haben fast nur mit dem Ball trainiert, das war vorher auch nicht so. Der hat uns aufstellen lassen, die gesamte Mannschaft, und hat uns das Spiel spielen lassen, aber im Gehen. Da müssen die Bälle genauer kommen, weil da musst du genau auf den Fuß spielen. Dadurch sind unsere Pässe präziser geworden und weniger oft abgefangen worden. Die österreichischen Trainer haben so etwas nie gemacht. Dadurch waren die Ungarn immer das kleine Etwas besser, weil sie das feiner ausgearbeitet haben. Wir waren die groben Uhrmacher und sie die feinen."

Die ungarischen Spieler stellten die erste größere Legionärsbewegung im österreichischen Fußball dar. Bis dahin gab es seit 1945 nur wenige Spieler aus dem Ausland. Die meisten waren Flüchtlinge. Hervorzuheben waren hier Alfred Balogh, der gebürtige Slowake, und der Ungar Robert Niederkirchner, der bei Sturm Graz begeisterte und später ins Saarland weiterzog, wo er für die Nationalmannschaft des zwischen 1950 und 1956 autonomen Saarlandes auflief. Auch die Jugoslawen Felix Simunovic, Milan Nikolic und Zarko Vincic waren nach einem Gastspiel ihrer Mannschaft in Salzburg in Österreich geblieben und hinterließen einen guten Eindruck bei den Fans.[68] Die Flüchtlingsbewegung aus dem ungarischen Nachbarland brachte für die österreichischen Vereine zahlreiche potenzielle Verstärkungen. Auch wenn die großen Stars der Ungarn nicht in Wien verblieben,

68 Barbara Liegl/Georg Spitaler: Legionäre am Ball, Wien 2008, S. 49ff.

spielten in der Saison 1957/58 bei sieben Vereinen der A-Liga ungarische Fußballer – es war die erste erwähnenswerte Legionärswelle im österreichischen Nachkriegsfußball.

Doch zurück zu Wagner und der Saison 1956/57, von der dem Stürmer ganz besonders ein Spiel in Erinnerung geblieben ist: das Duell zwischen Wacker und Rapid im November 1956:

> *„Wir haben auf dem Wacker-Platz gespielt. Es war eine Bombenpartie mit vielen Chancen. 5:5 oder 6:6 hätte es stehen können, aber es ist 0:0 gestanden, weil beide Torleute, der Pelikan und der Zeman, großartig gehalten haben. Sieben Minuten waren noch zu spielen, und wir haben auf das Tor bei der Uhr gespielt. Das war unser Lieblingstor, da haben wir uns immer eingeschossen, und wir haben in der zweiten Hälfte auf dieses Tor gespielt. Und es hat ein Foul gegeben, ungefähr zwei Meter außerhalb des Strafraums. Ich habe mir den Ball aufgelegt, von dort habe ich jeden Winkel gekannt vom Einschießen. Die Rapidler haben eine Mauer gemacht. Als ich den Ball getroffen habe, habe ich das gespürt bis in die Ohrwascheln, der hat mich gekitzelt auf der Sohle am vollen Rist. Der Ball geht auf den Happel zu. Aber der Ernst hat sich geduckt und hat dem Zeman ‚Tiger‘ zugerufen, das war sein Spitzname. Der war aber in der anderen Ecke, und der Ball hat im Tor eingeschlagen. Der Happel ist zum Zeman hingegangen und hat gesagt: ‚Du bist der Tiger von London und das Orschloch von Meidling.‘ Die Leute, die beim Zaun gestanden sind, haben gebrüllt vor Lachen. So war der Happel. Der hat oft Partien allein gewonnen, der war ein Kapazunder, aber manchmal hat er solche Aktionen geliefert.“*

Die Saison brachte auch eine historische Konstellation mit sich. In der fünften Runde der Meisterschaft gegen Simmering standen mit Turl und Alfred Wagner sowie Ernst und Paul Kozlicek beide befreundeten Brüderpaare gemeinsam auf dem Feld. Dies wiederholte sich über die Saison noch weitere sieben Mal. Trotz dieser erfolgreichen Konstellation und insgesamt 15 Meisterschaftstreffern, darunter sein zwölfter Hattrick, den Turl am 16. Juni auf dem Wacker-Platz gegen den Kremser SC erzielt, kommt Wacker nicht über Platz vier hinaus.

Ein Drama führt zum Bruch mit Österreich

Nachdem die Wintertournee 1956/57 die Wacker nach Malta geführt hatte, kehrte Turl Wagner zwei Monate später erneut auf die Insel zurück, diesmal mit dem Nationalteam, um sich auf das erste Länderspiel des Jahres gegen Deutschland in Wien vorzubereiten:

> *„Wir hatten vor dem Spiel gegen Deutschland keine Vorbereitung, und das Stadion war voll, da ist es um die Marie gegangen, also hat man ein Vorbereitungsspiel in Malta angesetzt. Ich wollte eigentlich nicht fahren, weil meine Frau damals im achten Monat schwanger war, und beim letzten Abschlusstraining bevor wir weggefahren sind, hat sie Schmerzen bekommen, und der Arzt hat mir gesagt, dass er sie während ich weg bin,*

ins Spital, das war im Goldenen Kreuz, nimmt, damit nichts passieren kann. Ich habe Malta schon gekannt, wir waren sechs Wochen vorher mit der Wacker da und haben alles gewonnen. Die haben uns Wacker-Spieler im Nationalteam gekannt und gefeiert. Als ich zurückgekommen bin, wir sind mit dem Zug angekommen in Wien, steht der Schwiegerpapa am Bahnsteig. ‚Du, ich muss dir sagen, die Franzi ist im Spital und das Kind ist gestorben.' Das war im achten Monat, 49 cm groß war's und hat gelebt, aber in dem Spital hat es keinen Brutkasten gegeben. Jetzt ist man mit dem Kind von Spital zu Spital gefahren, um einen freien Brutkasten zu finden. Aber draußen war es kalt, und das Baby hat man nur in Decken eingewickelt, und in vier Spitälern haben sie es nicht aufgenommen. Dann ist das Baby an Unterkühlung gestorben. Meine Frau war so schlecht beieinander, dass nicht klar war, ob sie nicht auch sterben wird. Wir waren beide so traurig, weil wir uns so sehr auf das Baby gefreut haben. Ich bin am Nachmittag dann zum Training gefahren und habe dem Teamchef Argauer alles erzählt und ihm gesagt, dass ich total fertig bin und gegen Deutschland nicht spielen kann. Er hat aber gesagt, dass ich spielen muss, auch weil ich Kapitän bin, und fertig. Also habe ich gespielt, wir haben 2:3 verloren, ich habe auch noch ein Tor geschossen, habe aber schlechte Kritik in der Zeitung bekommen. Da hat man schon die arrivierten Spieler raushaben wollen. Und ich wäre für die Weltmeisterschaft 1958 eingeplant gewesen, aber nach dem Vorfall habe ich meine Teamkarriere beendet."

Wagner als Kapitän von Österreich bei seinem letzten Spiel im Teamdress.

Wagner führte die österreichische Nationalmannschaft gegen Deutschland zum zweiten und letzten Mal als Kapitän aufs Feld. Sein Rücktritt nach diesem Negativerlebnis war endgültig: Wer Wagner kannte, wusste, er würde kein Comeback im Nationalteam geben. Doch gab es einen Grund, für den er seine Prinzipien brechen würde, und genau dieser trat im Oktober 1961 ein. Karl Schlechta, der das österreichische B-Nationalteam als Trainer betreute und der Familie zeitlebens eng verbunden und Fredis Taufpate war, fragte an, ob Turl Wagner beim Duell gegen Ungarn am 7. Oktober 1961 im B-Nationalteam einspringen könnte. Wagner wollte seinem Freund helfen und sagte zu. Sein letzter Auftritt für eine Auswahl des ÖFB endete vorzeitig, nachdem er in der 58. Minute verletzt ausscheiden musste.

Turl Wagner und seine Frau Franziska durften sich ein paar Jahre später erneut über eine Schwangerschaft freuen, doch auch diesmal kam es zu ernsten Komplikationen, wie Schwester Stefanie zu berichten weiß:

> *„Die Franzi hat bei den Untersuchungen immer über Schmerzen geklagt, der Arzt war recht ruppig. Bei der Geburt ist das Baby dann stecken geblieben, und man hat es rausziehen müssen, dabei ist das Baby am Kopf verletzt worden und kurz darauf gestorben. Der Turli und die Franzi waren so traurig, weil sie immer Kinder wollten. Nach dem Tod ihres zweiten Babys haben sie dann keinen weiteren Versuch mehr unternommen. Sie waren aber danach nie verbittert. Im Gegenteil, sie haben immer viel mit den Kindern der Freunde oder vom Fredi gemacht."*

Turl, das Schlitzohr

Eine ausgedehnte Schweden-Tournee stellte den Auftakt der Meisterschaftsvorbereitungen für die Saison 1957/58 dar. Auf der Tournee, die zwischen 22. Juni und 15. Juli 13 Spiele brachte, gelang Wagner sein 13. Hattrick, den er gegen Varbergs BoIS erzielte.

Auch in dieser Saison standen die Brüderpaare Wagner und Kozlicek gemeinsam auf dem Feld. Insgesamt achtmal war dies der Fall, und nur eines dieser Spiele ging verloren. Dennoch hatte die Wacker keine Chance, um den Titel mitzuspielen, und lag am Ende 17 Punkte hinter Meister Sportclub. Das war allerdings keine Schande, die Dornbacher diktierten die Meisterschaft wie selten ein Team zuvor und verloren nur eine einzige Meisterschaftspartie, die Spiele gegen Wacker gingen aber denkbar knapp aus. 1:1 und 3:4 hieß es am Ende. Das erste Duell am 6. November sorgte für eine nachhaltige Verstimmung zwischen den Freunden Turl Wagner und Leopold Barschandt:

> *„Einmal ist er wegen mir ausgeschlossen worden. Wir haben am Wacker-Platz gespielt, und sie waren in Hochform. Da sind damals gerade die Adidas rausgekommen, und sie haben die Stollen ganz spitz zugeschliffen. Als wir rausgegangen sind, hat er zu mir gesagt, ich soll mir seine Stollen anschauen. Ich habe ihm gesagt, dass er mich trotzdem nicht erwischen wird. Wir haben gespielt, er geht mich zweimal an. Er hat eh nichts gemacht, aber ich habe ein bissi ein Theater gemacht. Er hat gesagt: ‚Du Gfrast, ich bin ja gar nicht angekommen.‘ Ich habe gesagt, dass er eh*

recht hat. Nach dem zweiten Mal bin ich beim Schiedsrichter vorbeigegangen und habe ihn gefragt, wie lange er denn noch zuschauen möchte, wie mich der Barschandt abklopft. Dann hat er mich wieder einmal gefoult, und die Zuschauer haben schon zu murren begonnen. Ich bin sitzen geblieben und habe ihn aufgefordert, mir aufzuhelfen. Er hat mir die Hand gegeben, und ich habe ausgelassen und bin wieder zurückgefallen. Ich habe losgelassen, nicht er. Aber der Schiedsrichter hat ihn dann ausgeschlossen. Das hat mir der Poldi lange nicht verziehen."

Wackers Tournee zum Jahreswechsel 1957/58 führte in exotische Länder. Zuerst reiste man nach Indonesien, wo man sechs Spiele bestreiten konnte, ehe man nach Hongkong und Vietnam weiterfuhr. Auf der Rückreise spielte die Wacker noch fünf Matches in Israel und zwei auf Zypern. Zwei Monate später, zu Ostern, begab sich die Wacker erneut ins Ausland, diesmal nach Deutschland und Belgien. In der zweiten Begegnung der Tournee, gegen Royale Union Saint-Gilloise, erzielte Turl Wagner den 14. Hattrick seiner Karriere.

Im April 1958 wurde er ein weiteres Mal in seiner Karriere ausgeschlossen. In einer hochklassigen Partie auf dem Sportclub-Platz kam es zu einer hitzigen Schlussphase. Beim Stand von 3:3, Wagner war Kapitän seiner Mannschaft, kam es zehn Minuten vor Schluss zu folgender Szene:

„Der Hamerl hat einen Pass nach vorne geschlagen, und der Horak Maxl ist reingeschnitten, und der Foreth Ernstl hat ihn gepeckt, aber er hat ihn nicht berührt, und der Maxl hat sich in den

Turl Wagner in Hongkong.

Strafraum fallen lassen. Der Linienrichter hat nichts angezeigt, und der Maxl hat Elfmeter gefordert. Am Sportclub-Platz haben sich immer alle gefürchtet, weil die Fans so nahe gesessen sind, und da haben sie den Linienrichter gleich am Krawattl gehabt, und so hat der Schiedsrichter (Anm. der Schiedsrichter hieß übrigens erneut Steiner) nach Rücksprache mit dem Linienrichter Elfmeter gegeben. Der Hof ist angetreten und hat getroffen. Wir sind alle zur Mittellinie zurückgegangen, und der Barschandt Poldi kommt zu mir, der war ja ein enger Freund von mir und sagt zu mir: ‚Turl, mach dir nix daraus.' Ich habe gesagt, dass er leicht reden hat, sie führen ja. Und ich habe mich geärgert und gesagt, dass der Schiedsrichter die schöne Partie verhaut hat.

Und auf einmal kommt der Schiedsrichter und schickt mich vom Feld. Ich habe mich gar nicht ausgekannt. Der Brousek Wickerl hat einen Gatschknödel gemacht, und ihn dem Schiedsrichter aus zehn Meter Entfernung ins Genick geschossen. Der hat sich umgedreht und hat mich mit dem Barschandt diskutieren gesehen und hat mich ausgeschlossen. Da sind der Barschandt und andere Sportclub-Spieler gekommen und haben gesagt, dass ich das nicht gewesen bin, aber sie haben natürlich auch den Brousek nicht vernadert. Jedenfalls bin ich dann für ein paar Wochen gesperrt worden.“

Wagner spielte zwar die nächste Partie, doch dann wurde die Sperre wirksam, und er kam erst in der letzten Runde der Meisterschaft wieder zum Einsatz.

Der Bruch mit der Wacker

Die Saison 1958/59 sollte eine unerwartete Wendung bringen, denn eineinhalb Jahre nach dem Abschied aus dem Nationalteam zeichnete sich ein weiterer Abschied ab. Nach der achten Meisterschaftsrunde, Turl und Alfred Wagner standen in jeder der Partien in der Startelf, kam es zu einem Streitfall. Wagner war damals Kapitän der Wacker, und als er zum Training kam, war kein Spieler auf dem Platz:

„Komisch, habe ich mir gedacht. Es war Mittwoch, keiner da. Also bin ich in die Kabine gegangen, und da war ein Wirbel. Wir

haben ein paar Tage vorher ein Testspiel gehabt (Anm. gegen eine Niederösterreich-Auswahl).[69] *Die haben uns als Testspielgegner genommen, weil sie ein Turnier gehabt haben. Uns war das sehr recht, weil das Testspiel war statt einem Training, und beim Training haben sie uns eh immer geschliffen. Wir hatten Spieler, bei denen drinnengestanden ist, dass bei Testspielen, bei denen Eintritt verlangt wurde, den Spielern eine Prämie, üblich waren 150 Schilling, auszubezahlen war. Bei mir persönlich ist das nicht drinnengestanden, ich habe mein Fixum gehabt. Bei diesem Testspiel ist Eintritt verlangt worden, aber der Frey, unser Präsident, hat das gestrichen. Die Spieler haben sich gewehrt. Der Frey hat das Geld für die Filme gebraucht, und er war Alleinherrscher im Verein. Ich habe ihn trotzdem gerne gehabt, damals wie mein Papa von der Mama weggegangen ist, war er mein erster Ansprechpartner und war ein wenig wie ein zweiter Vater für mich. Als ich damals in die erste Mannschaft gekommen bin, war ich noch sehr jung, und er hat mich betreut und mich auch finanziell beraten. Na, jedenfalls waren die Spieler sehr aufgebracht, und es ist ein Streik entstanden. Es hat aber niemand offen ausgesprochen. Damals war der Sabeditsch Trainer, und der war ein Sprachrohr vom Frey, und wir haben gewusst, dass das, was wir reden, gleich dem Frey gemeldet werden wird. Manche aus der Mannschaft waren heiß auf den Präsidenten, die haben Kinder gehabt und sonst keine Arbeit oder einen Halbtagsjob, die waren auf das Geld angewiesen. Der Frey wollte damals Präsident vom*

69 Arbeiter-Zeitung, 9. November 1958, S. 28.

ÖFB werden und hat sich weniger um den Verein gekümmert als sonst und hat das Geld statt in die Prämien in seine Gschäftln investiert, um dieses Vorhaben voranzutreiben, und er war schon einige Prämien, allein mir sechs, schuldig. Zu mir hat er immer gesagt, dass meine Frau Lehrerin ist und ich das Geld eh nicht brauche. Ich war damals Kapitän, und der Haummer war Spielervertreter, der hat sich aber nicht mit dem Frey reden getraut, weil er Kinder gehabt hat. Der Frey ist dann raufgekommen und hat gefragt, was da los ist und warum wir nicht trainieren. Ich habe ihm dann gesagt, dass da ein Streik ist, da kann man nichts machen. Früher war das kein Problem, da hat der Frey die Prämien bezahlt, und die Sache war erledigt, aber diesmal ist es anders gelaufen. Der Frey hat sich beeinflussen lassen, hat mit dem Verband gesprochen, und die haben ihm geraten, die Spieler sperren zu lassen. Das waren der Paul Kozlicek, der Hager, der Schrottenbaum, der Fredi und ich, weil wir uns geweigert haben, im nächsten Spiel aufzulaufen. Den Pelikan haben s' gesperrt, weil der ist in die Geschäftsstelle gegangen und hat gefragt, wann er sein Geld bekommt, und da sind die zwei Sekretäre, der Pany und der Stieber, gesessen und haben ihm gesagt, er muss warten, zuerst werden die andern ausbezahlt. Da hat Franz einen der beiden, ich weiß nicht mehr welchen, gewürgt. Drum hat man ihn dann gesperrt."

Pelikan wurde aus dem Verein geworfen. Die anderen zuerst bis Jahresende 1958 gesperrt, einzig Schrottenbaum wurde seitens Wacker begnadigt, ehe der Verband die Sperre für Kozlicek, Turl Wagner und

Pelikan auf vier, für Hager, Schrottenbaum und Alfred Wagner auf drei Monate erhöhte. Auch Ernst Kozlicek erinnerte sich an die Begebenheiten:

> *„Der Chalupetzky hatte einen Würstelstand im 10. Bezirk, und wir sind ins Reden gekommen. Es sind dann viele weggegangen, weil der Frey nicht mehr gezahlt hat. Der Großteil ist nicht arbeiten gegangen und hat damit natürlich finanzielle Probleme bekommen. Der Turl war immer großzügig, er wollte helfen, und dann ist er gesperrt worden."*

Otto Neu weiß ebenso über die Geschehnisse von damals zu berichten:

> *„Bei einem Gespräch mit Chalupetzky hat dieser mir einmal erzählt, dass er damals zum Turl gegangen ist und gesagt hat, dass er kein Geld hat, um Essen für seine zwei kleinen Kinder zu kaufen. Der Turl hat ihm daraufhin Geld gegeben, aber der Chalupetzky hat gesagt, dass er das nicht annehmen kann, weil er es ihm nicht zurückgeben kann. Und der Turl hat darauf gesagt: ‚Von Zurückgeben war keine Rede.' Es ist ihm überhaupt nicht leichtgefallen, von Wacker wegzugehen. Er hat sich für die anderen eingesetzt und ist dann übergeblieben und gesperrt worden. Eigentlich war der Haummer Spielersprecher, aber der war beim Frey angestellt und hat sich nichts sagen getraut. Das waren zwei typische Muster bei ihm. Erstens, dass er immer einen sehr großen Gerechtigkeitssinn gehabt hat und für die anderen eingetreten ist, und zweitens, dass er das Letzte gegeben hat, auch wenn er nichts gehabt hat."*

Der Vorfall ist tatsächlich ein gutes Beispiel für zwei Grundwerte, die sich wie ein roter Faden durch Turl Wagners Leben ziehen – Gerechtigkeitssinn und Courage. Wagner, der von der Prämiendiskussion selbst nur peripher betroffen war und eigentlich gar nicht direkt unter Handlungsdruck stand, trat für seine Kollegen ein und wurde dann zur zentralen Figur der Causa. Auch sein Sarkasmus und der trockene Schmäh, den man sich gut vorstellen kann, als er den Satz *„Da ist ein Streik, da kann man nichts machen“* zu Frey sagte, werden hier zu einer Verschärfung der Situation geführt haben. Darüber hinaus nahm sich der Präsident durch seine Anbiederung an den ÖFB die Flexibilität, in dieser Situation einzulenken, und statuierte ein Exempel an seinem Starspieler, der nicht nur Wacker-Kapitän war, sondern eineinhalb Jahre zuvor auch noch Spielführer der Nationalmannschaft. Die Lage eskalierte und führte zu einem Bruch für immer.

Doch die Situation verschärfte sich noch weiter. Ein anderes zentrales Thema in Turl Wagners Fußballleben flammte ebenfalls auf:

> *„Ich bin am Meidlinger Markt mit meiner Frau einkaufen gegangen wie immer, und da haben mich die Leute angespuckt. Daheim bei unserer Wohnung im Fliederhof hat man uns die Scheiben eingeschlagen. Ich habe mir dann gesagt ich spiele nicht mehr in Wien. Meine Frau war auch mit den Nerven am Ende, dauernd hat es an irgendeinem Fenster gescheppert.“*

Wagners Verhältnis zu den Fans war, ebenso wie jenes zu den Journalisten, von Beginn an ein ambivalentes. Die Tatsache, dass Fußballer bei guten Leistungen hochgelobt und eine Woche später verdammt wurden, hatte ihn schon immer geärgert und gekränkt. Ein ganz besonderer Vorfall hatte sein Misstrauen, ja sogar seine Abneigung gegenüber den Fans begründet. In den frühen Jahren seiner Karriere spielte er gegen eines seiner Jugendidole. Besagter Spieler hatte ernstzunehmende Probleme mit seiner Frau, die ihn regelmäßig betrog. Während des Aufwärmens beim Vorspiel zu einer Doppelveranstaltung stand Wagner im Sekretariat, als das Telefon läutete. Der Sekretär war gerade anderweitig beschäftigt und ersuchte Turl Wagner, das Gespräch entgegenzunehmen. Am anderen Ende meldete sich der Portier des *Hotels Bauer*, einem damals bekannten Stundenhotel, der den genannten Fußballer sprechen wollte. Turl Wagner informierte den Herrn, dass der gewünschte Mann gerade beim Aufwärmen sei. Der Portier urgierte mit dem Hinweis, dass es dringend und familiär sei. Also begab sich Turl auf den Platz, holte den Spieler und begleitete ihn zum Telefon. Während des Gesprächs wurde der Angerufene immer weißer im Gesicht. Turl, der neben ihm stand und alles mithörte, erfuhr, dass der Portier ein Freund des Kickers war und ihn darüber informierte, dass seine Frau gerade mit einem anderen Mann ins Hotel gekommen sei. Der Spieler, der seine Frau abgöttisch liebte, musste in diesem Zustand ein Match bestreiten und brachte verständlicherweise nicht seine Normalleistung. Die Fans kritisierten den Akteur lauthals, und auch die Zeitungen gaben ihm am nächsten Tag eine schlechte Beurteilung: *„Seit dem Tag habe ich das Publikum nicht gemocht."*

Unverständnis der Fans bei einer emotionalen Ausnahmesituation widerfuhr auch Wagner, als er nach dem Verlust seines Kindes gegen Deutschland spielten musste.

Nach dem Bruch mit Wacker fragte Wagner, der nun sowohl gesperrt war als auch keine Mannschaft mehr hatte, beim Wiener AC an, ob er mittrainieren dürfe: Er wollte sich fit halten. Der WAC freute sich über den prominenten Trainingsgast, und die Spieler profitierten von Wagners Erfahrung. Stürmer Norbert Schilling: *„Der Turl hat für ein Jahr bei uns mittrainiert. Dort habe ich ihn kennengelernt, und so hat sich unsere Freundschaft entwickelt.“*

Ein Neubeginn in Linz

Bald regte sich Interesse an dem erfahrenen Stürmer. Sowohl Rapid als auch Austria wollten Wagner verpflichten. Bei den Hütteldorfern setzten sich seine Kollegen vom Nationalteam, Alfred und Robert Körner, für eine Verpflichtung ein, aufseiten der Austria der ehemalige Teamkapitän Ernst Ocwirk. Aber der verweigerte mit dem Hinweis, nicht mehr in Wien spielen zu wollen. Zu tief ging die Vergrämung durch die Fans. Dann erreichte ihn ein Anruf von Reinhold Polster, einem früheren Mannschaftskollegen bei Wacker Wien, inzwischen Trainer beim Zweitligisten SVS Linz. Polster teilte Turl Wagner mit, dass er ihn gerne in seiner Mannschaft hätte. Kurz darauf meldete sich Anton Homola, ehemaliger Vienna-Spieler und damals Sektionsleiter bei SVS Linz, und fragte, ob er vorbeikommen könne. Man bot Wagner einen Vertrag an und wollte ihn als Zugpferd für die aufstrebende Mannschaft verpflichten, mit der man in die Staatsliga aufsteigen wollte. Turl Wagner sagte schließlich zu. Sein

Bruder Alfred wurde ebenfalls verpflichtet. Trainer Reinhold Polster plante, der kampfstarken Mannschaft, die damals berühmt für ihr besonders häufig eingesetztes Stilmittel – das Sliding Tackling – war, eine stärkere technische und spielerische Note zu verleihen, da kamen die beiden Wagner-Brüder gerade recht. Eine Vereinbarung, die Wagner in den Vertrag nahm, war, dass er unter der Woche in Wien trainieren durfte und nur am Wochenende zu den Spielen anreisen sollte. Frey legte Wagner keine Steine in den Weg, im Gegenteil, er schien froh zu sein, den „Unruhestifter" los zu sein.

Wagner schilderte die ersten Eindrücke von seiner neuen Mannschaft:

> *„Das war durchaus eine Aufgabe für mich. Der SVS Linz hat gelebt vom Kohlhauser, der hat fast alle Tore gemacht. In der B-Liga waren sie immer Zweiter oder Dritter. Das erste Mal, wie ich raufgefahren bin, habe ich ihren Direktor getroffen, das war ein hohes Viech, aber er hat keine Ahnung vom Fußball gehabt. Der hat zu mir gesagt: ‚Na, ihr Blasenschupfer.' Ich habe mich gar nicht ausgekannt, was der meint, bis er mir übersetzt hat, dass er damit Fußballer gemeint hat. Dann hat er gesagt, dass hinter dem Verein ein Großkonzern steht (Anm. VÖEST) und er möchte, dass der Verein in die oberste Liga aufsteigen und die Firma dort einen Anklang finden solle."*

Wagner stimmte zu, verlangte aber im Gegenzug ein gewisses Mitspracherecht, vor allem im Hinblick auf neue Spielerverpflichtungen konsultiert zu werden.

Bruder Fredi, der nach dem Streit mit dem Präsidenten nicht länger bei der von Frey geführten Filmverleih-Firma arbeiten konnte, nutzte den Vereinswechsel zum SVS Linz auch zu einem Engagement bei den Stickstoffwerken in der oberösterreichischen Hauptstadt. Sein Dienstort war jedoch Wien, wo er im Magazin arbeitete. Zu den Spielen pendelte er mit seinem Bruder. Nachdem Turl Wagner im Sommer 1962 die Linzer verlassen sollte, blieb Alfred noch bis Winter 1963 beim SVS Linz, ehe er seine Karriere beendete und sich seiner beruflichen Funktion als Lagerleiter für die Stickstoffwerke im Hafen Freudenau widmete.

Alfred und Turl Wagner, 1959.

Das erste Match für den neuen Verein bestritt Turl Wagner am 8. April 1959 im Rahmen des Pokalbewerbs gegen die Austria. Sein Bruder spielte bereits seit ein paar Wochen, doch Turls Sperre war noch nicht abgelaufen gewesen.

> *„Fredi hat die Mannschaft bereits gekannt, der war schon etwas länger oben, aber ich war neu in der Truppe. Ich habe gesagt, ich schaue mir das einmal an, wir hatten noch eine halbe Saison zu spielen. Die ersten Spiele waren fürchterlich. Ich habe geglaubt, ich bin in einem Gefecht mit Kanonen. Die haben immer über mich hinweggeschossen. Ich habe mich freigestellt – bumm –, drüber. Das war ihr System. Der Kohlhauser war unheimlich schnell, darum haben sie nur den Ball über die Verteidigung spielen müssen und von drei- bis viermal hat er einmal getroffen. Ich habe dann bei einem der ersten Spiele in der Halbzeit meine Schuhe ausgezogen. Da ist der Polster gekommen und hat mich gefragt, was los ist, ob mich die Schuhe drücken. Nein, habe ich gesagt, ich geh heim, ich hör auf. Wofür habt ihr mich geholt, da verlern ich ja das Kicken bei den Kühen.“*

Wagner blieb und engagierte sich auch bei der Gestaltung der Mannschaft:

> *„Ich habe dann gemeinsam mit dem Polster das Trainingsprogramm gemacht und dann den Barschandt vom Sportclub geholt. Das war mein bester Freund, und ich habe seine Tochter aus der Taufe gehoben. Der Sportclub wollte ihn schon loshaben, weil er schon alt war. Der Horak Maxl hat sich damals aufge-*

regt, weil der Barschandt als der Vater der Mannschaft gegolten hat. Ich habe den Poldi angerufen und ihm gesagt, dass ich ihn in Linz brauche. Er hat zugesagt, weil sein Vertrag ausgelaufen ist, und so ist er zu uns gekommen."

Später lotste Wagner auch noch den ehemaligen Austria-Verteidiger Oskar Fischer zum Verein. Der Kontakt könnte zustande gekommen sein, als Turl beim Spiel Austria Wien gegen Sampdoria Genua mitwirkte. Die Italiener mit Ernst Ocwirk weilten für ein Testspiel in Wien, und man lud, auf Vermittlung von Ocwirk, Wagner ein, als Gastspieler aufseiten der Austria aufzulaufen. Die Austria gewann 2:1. Wagner spielte zusammen mit Oskar Fischer.

Turl Wagner (Zweiter stehend von links) im Dress der Wiener Austria.

Auch bei der Verpflichtung von Anton Polster hatte Wagner seine Finger im Spiel. Der Linksaußen der Admira passte perfekt in die Mannschaft. Der Maxl, wie er gerufen wurde, war der gleiche Jahrgang wie Turls Bruder Alfred, und rasch entwickelte sich eine enge Freundschaft zwischen Turl Wagner und Anton Polster, der bereits nach einem Jahr in Linz zu Rapid wechselte, wo er jedoch nie zum Stammspieler avancieren konnte.

Für Anton „Toni" Polster, den berühmten Sohn von Maxl Polster, war Turl Wagner in seiner frühen Kindheit allgegenwärtig:

> *„Für meinen Vater war der Turl ein großes Vorbild. Er hat mir immer von der gemeinsamen Zeit in Linz erzählt. Da waren ein paar Spieler aus Wien, die in Wien trainiert haben und dann am Freitag nach Linz zum Abschlusstraining gefahren sind und am Samstag das Match gespielt haben. Der Turl hat in Wien das Training geleitet am Wienerberg. Wenn ich mit meinem Vater Tipp-Kick gespielt habe als kleiner Bub, war er immer der Turl Wagner."*

Toni Polster im Alter von neun Jahren mit seinen ersten Fußballschuhen aus Turl Wagners Schuhgeschäft.

Wagner wird auch ein „Wegbereiter“ für die erfolgreiche Karriere des jungen Toni Polster:

> *„Irgendwann habe ich angefangen, Fußball zu spielen, und wollte zum Verein gehen. Mein Vater ist mit mir zu Turl Wagner ins Schuhgeschäft gefahren, und der Turl hat mir dort meine ersten Fußballschuhe geschenkt. Da war ich neun Jahre alt. Ich habe 1973 begonnen, bei der Austria zu spielen.“*

Turl Wagner sollte die Karriere des jungen Polster intensiv verfolgen.

Die Mannschaft in Linz entwickelte sich gut, die Zuschauerzahlen stiegen, und die Leistungen stimmten.

Am 8. April 1961 zerriss eine traurige Meldung die Familienidylle im Hause Wagner. Die Oma väterlicherseits war verstorben. Für Turl Wagner und seine Geschwister ein schwerer Verlust, war die Oma doch eine zentrale Figur ihrer Kindheit gewesen. Die Trauerarbeit sollte lange dauern, und der Verlust der geliebten Oma blieb für immer schmerzvoll. Schwester Stefanie: *„Wir haben alle einen sehr engen Bezug gehabt zur Omi, weil wir sehr viel Zeit mit ihr verbracht haben. Der Turl war ein sehr feinfühliger Mensch, und der Tod der Omi ist ihm tief ins Herz gegangen.“*

Gleichzeitig rief die Pflicht, und es galt, weiterzumachen, und das bereits am Tag nach ihrem Tod. Turl Wagner und sein Bruder Alfred hatten ein Meisterschaftsspiel in Wien gegen den WAC zu bestreiten. Beide Brüder stimmten dem Einsatz zu. SVS Linz verlor 0:3, und die Mannschaft erhielt keine guten Kritiken.

Nur wenig später ging auch der geliebte Schrebergarten verloren. Das Unternehmen Kapsch, das seine Betriebsgründe neben der Kleingartenanlage hatte, wollte sich vergrößern und plante, alle Gärten, die direkt an das Firmengelände grenzten, aufzukaufen.

Schwester Stefanie denkt mit Wehmut daran zurück:

> *„Vor dem Krieg haben meine Eltern mit einem Bekannten vom Verein gesprochen und er hätte zugestimmt, dass wir den Grund kaufen und es damit kein Pacht-, sondern ein Eigengrund gewesen wäre. Aber der Bekannte ist im Krieg gefallen, und so ist es nie dazu gekommen. Als die Kapsch dann angefragt hat beim Verein, hatte man kein Mitspracherecht, weil es ja ein Pachtgrund gewesen war. So haben wir den Garten dann verloren. Das war sehr traurig. Aber wir waren auch irgendwie ganz froh, dass die Oma das nicht mehr erleben musste, der Garten war für sie so wichtig."*

Als Wagner seine zweite Saison in Linz spielte, stieg die Wacker ab. Der Aderlass an guten Spielern hatte einen zu hohen Tribut gefordert, und das Team konnte nicht mehr mithalten. Nach dem Abstieg kursierten in den Zeitungen Gerüchte, die Wacker wolle Turl und seinen Bruder Alfred zurückkaufen. Wagner fand sich bei Leopold Resch, einer Vereinslegende, der zwischen 1917 und 1929 für die Wacker gespielt hatte und den er aus seiner Zeit in der Jugendmannschaft kannte, ein. Resch hatte damals ein Restaurant und lud die Nachwuchsspieler regelmäßig zum Essen ein. Er engagierte sich nach dem Abstieg im Verein als Sektionsleiter und ließ Turl Wagner ausrichten, er möchte unbedingt mit ihm sprechen. So kam es zu einem Treffen im 10. Bezirk. Er wolle ihn verpflichten, dann würde es wieder bergauf gehen, versicherte ihm Resch.

> *„Zusätzlich hat er gesagt, er möchte mir aber gleich sagen, wenn ich zur Wacker komme, muss ich selbstverständlich zuerst in der Reserve spielen. Also mir hätten sie einen Fuß abbinden können, hätte ich besser gespielt als der Rest der Mannschaft. Ich habe ihm gesagt: ‚Herr Resch, entschuldigen Sie bitte, Sie sind immer ein Vorbild für mich gewesen, und ich will Sie nicht beleidigen, aber das Gespräch ist jetzt beendet‘, und ich bin gegangen. Ich war schockiert, wie ich da eingeschätzt wurde, da brauchen's mich ja nicht holen, wenn man mich dann in der Reserve einsetzt.“*

Doch auch in Linz entwickelten sich die Dinge nicht ideal:

> *„Leider gibt es im Fußball immer wieder Leute, die glauben, wenn sie einen Schilling oder Dollar hergeben, können sie bestimmen, und da war es genau dasselbe. Wir sind auf dem vierten Platz gelegen, und mein Vertrag ist ausgelaufen, und man wollte nicht verlängern. Ich wollte noch ein Jahr spielen und dann mein Geschäft eröffnen. Also bin ich dann mit Beginn der Saison 1962/63 nach Innsbruck gegangen.“*

Der Ausflug nach Tirol verlief aber nicht nach Wunsch:

> *„Ich war noch ein halbes Jahr in Innsbruck, dann habe ich mein Geschäft aufmachen müssen. Eventuell hätte ich noch ein Jahr bei Wacker Innsbruck angehängt, wenn es mir dort gefallen*

hätte, aber da kann ich Geschichten erzählen, da habe ich mich überhaupt nicht wohlgefühlt. Mit mir war noch der Sohn vom Schramseis, sein Vater war Wunderteam-Spieler, wir sind immer allein am Tisch gesessen, weil sich keiner der Tiroler zu uns dazugesetzt hat. Ein Rechtsverbinder war noch, der war aus Berlin, der ist auch bei uns gesessen, der Linser (Anm. Willy Linser), der hat zwei Autofirmen gehabt, hat eine Mannschaft zusammengestoppelt. Beim ersten Training sind wir nur zu viert gewesen. Die anderen haben in der Autofirma gearbeitet und haben fürs Match nur ganz wenig Geld bekommen, weil sie eh das Gehalt gehabt haben. Beim Training war ich oft nur mit drei oder vier anderen dort, die anderen sind gar nicht gekommen. Die haben dem Trainer gesagt, dass sie zwar gerne zum Training kommen würden, aber nicht können, weil sie sonst zu viel Geld verlieren. Der eine war zum Beispiel Altwagenverkäufer. Nach einem halben Jahr bin ich dann weggegangen, weil mir wurde versprochen, dass dort eine Profimannschaft aufgebaut werden sollte, aber das ist nicht eingehalten worden."

Nach diesem letzten Versuch, Profifußball zu spielen, beendete Turl Wagner seine Karriere endgültig.

TEIL 3
1963–2020
Turl Wagner als Unternehmer und Privatmann

Das Schuhgeschäft

1963 hatte sich nicht nur in Turl Wagners Leben vieles verändert. Seit den Ereignissen des Ungarnaufstandes hatte sich der Legionärsanteil im österreichischen Fußball auf fünf Prozent erhöht. 1963 hatte der Österreichische Fußball-Bund die Entlohnungsoptionen für ausländische Spieler stark verbessert, was zu einem schnellen Anstieg der Legionärsquote führte. Auch wurde der österreichische Fußballmarkt damit für Spieler aus anderen Nationen attraktiv. Bis dahin war das Gros der Spieler aus den Nachbarländern gekommen, danach heuerten nun auch vermehrt Südamerikaner, wie der berühmte Jacaré bei Austria Wien, in Österreich an.[70] Der Fußball spiegelte hier einen politischen Trend wider. Der Wirtschaftsaufschwung im Land offenbarte bald einen Mangel an Arbeitskräften, vor allem im Niedriglohnsegment. Das erste Abkommen mit Spanien zeigte keinen Effekt, und so wurden weitere Abkommen mit der Türkei (1964) und Jugoslawien (1966) abgeschlossen.

Nach dem Ende seiner sportlichen Karriere änderte sich für Turl Wagner vor allem die Strukturierung seines Jahresablaufs. Nicht mehr Saisonvorbereitungen, Tourneen oder Pflichtspieltermine bestimmten den Rhythmus, und Turl dachte nicht mehr in Spielsaisonen, die von August bis Juni gingen, sondern, nicht zuletzt aufgrund seiner Tätigkeit als Unternehmer, pro Kalenderjahr. Sein Leben nach dem Fußball bestimmten vier große Bereiche: das Schuhgeschäft, die Alten Internationalen, die Wacker Wien und – am wichtigsten – die Familie.

70 Barbara Liegl/Georg Spitaler: Legionäre am Ball, Wien 2008, S. 56ff.

Die anfänglich im Spaß geäußerten Aussagen der Spielerfrauen in Bezug auf sein Faible für schöne Schuhe waren auf fruchtbaren Boden gefallen, und im Lauf der Jahre reifte der Entschluss in Turl Wagner, aus der Berufung tatsächlich einen Beruf zu machen. Das Geschäft hatte er bereits in jener Zeit, als er noch bei Wacker Wien als Spieler aktiv war, eröffnet. Nach der Rückkehr aus Innsbruck übernahm er sein bislang verpachtetes Schuhgeschäft nun selbst.

> *„Ich habe über die Wacker meinen Wunsch geäußert, dass ich, wenn es eine Möglichkeit gäbe, interessiert wäre an einem Geschäftslokal. Und als unten auf der Meidlinger Hauptstraße gebaut wurde, hat mich der Bezirksvorsteher informiert. Ich hätte nur eine Bewilligung gebraucht. Also bin ich ins Rathaus gegangen, aber da hat sich nicht viel getan, und ich war dann einige Male erfolglos dort, bis ich einmal wieder dort gesessen bin und gewartet habe, und da ist einer vorbeigegangen, und auf einmal dreht er sich zu mir um und es hat ihn gerissen. ‚Sind Sie nicht der Herr Wagner?', hat er mich gefragt, der muss ein hohes Viech gewesen sein. Ich habe ihm gesagt, dass ich auf die Bewilligung warte und ihm die ganze Geschichte erzählt. Dann ist er kurz in sein Büro gegangen, und fünf Minuten später war alles geregelt. Ohne ihn hätte ich das Geschäft wahrscheinlich nicht gekriegt. Der war eigentlich Rapid-Anhänger, aber er hat mich vom Fußball gekannt und hat mir geholfen. Damals ist mein Vertrag bei Wacker ausgelaufen, und die Wacker hat mir gesagt, wenn ich meinen Vertrag verlängere, dann richten sie mir das Geschäft ein. Wir hatten damals einen Holztandler, Weiss hat*

der geheißen, auf der Breitenfurter Straße. Der hat alle Holzarten gehabt, alles was man für eine Inneneinrichtung gebraucht hat. Das wird alles von der Wacker übernommen, wenn ich einen neuen Zweijahresvertrag unterschreibe, hat man mir gesagt. Also habe ich zugesagt und unterschrieben. Als das Geschäft dann fertig war, hat die Firma das gemacht, aber wie die Rechnung gekommen ist, hat die Wacker nichts gezahlt. Ich habe sie aufmerksam gemacht, dass das unsere Vereinbarung war und ich den Vertrag ja schon unterschrieben hatte, und ich habe auf die Zusage vertraut. Ich habe ja nichts Schriftliches gehabt, und sie haben dann nicht gezahlt.“

Die Eröffnung eines Schuhgeschäfts war Anfang der 1960er-Jahre ein durchaus gewagtes Unterfangen. Nachdem sich während der Finanzkrise 1929 etliche Arbeitslose als Kleinhändler verdingt hatten, um über die Runden zu kommen, wurden einige Beschränkungen eingeführt, um derlei Praktiken vorzubeugen. Die „Gewerbesperre“, das „Untersagungsgesetz“ und das „gebundene Gewerbe“, mit dem ein Befähigungsnachweis für die meisten Handelsbranchen erlassen wurde, sorgten für starke Einschränkungen. Als die Wirtschaft sich langsam erholte, wurden diese, mit Ausnahme des „gebundenen Gewerbes“, zwar wieder aufgehoben, für die Klein- und Mittelbetriebe im Handel brachen aber dennoch schwere Zeiten an. Die rasant ansteigende industrielle Produktion, die vor allem den Massenkonsum bediente, begünstigte die Großhändler wie Kaufhäuser und Filialketten und gruben den kleinen Händlern das Wasser ab.[71]

71 https://www.geschichtewiki.wien.gv.at/Handel

Die Schuhbranche war permanent rückläufig, wie die Ausgaben des „Jahrbuchs der Stadt Wien“ zeigen.[72] So wird dort die Anzahl der Kleinhändler mit Schuhen 1963 mit 646 angeben. Zehn Jahre spä-

Turl und Alfred besichtigen das zukünftige Geschäftslokal.

Die Brüder beim Einrichten.

72 https://www.digital.wienbibliothek.at/periodical/pageview/2147943; https://www.digital.wienbibliothek.at/periodical/pageview/2148640; https://www.digital.wienbibliothek.at/periodical/pageview/2150102; https://digital.wienbibliothek.at/periodical/pageview/2071679?query=Kleinhandel%20mit%20Schuhen; https://www.digital.wienbibliothek.at/wbrobv/periodical/search/2078912?query=Kleinhandel+mit+Schuhen

Eine Vitrine mit Erinnerungsstücken im Geschäft.

Turl und Schwester Stefanie.

Das Schuhgeschäft in den 1990er-Jahren.

ter, im Jahr 1973, lag der Bestand nur mehr bei 499, was einer Verringerung um 22,76 Prozent entspricht. Wagners Geschäft lief trotzdem den Umständen entsprechend gut. Grund war sicherlich nicht zuletzt sein Name und seine hohe Popularität im Bezirk.

Wagner war bei der Geschäftseröffnung noch als Fußballspieler aktiv gewesen, und so hatte er damals einen Pächter oder eine Pächterin gesucht, die er schließlich in Frau Nassler fand. Schwester Stefanie begann bei eben dieser eine Lehre und schloss ihre Berufsausbildung ebenfalls dort ab. „Rekord 12" lautete der Name des Geschäfts an der Ecke Meidlinger Hauptstraße und Theresienbadgasse, und der Schriftzug „Schuhe Turl Wagner" schmückte das Lokal. Während Wagners Engagement in Innsbruck lief die Pacht aus, und da er nach Wien zurückkehren wollte, verlängerte er den Vertrag mit Frau Nassler nicht, sondern übernahm die Leitung des Geschäfts selbst. Schwester Stefanie arbeitete bei ihrem großen Bruder weiter und erinnert sich heute noch gut an die Anfänge:

> *„Der Turl und die Franzi haben Kontakt nach Italien gehabt, die Franzi konnte auch sehr gut Italienisch, zu einem gewissen Bundschuh, der für sie die Einkäufe organisiert hat. Da sind sie selber mit einem alten LKW nach Italien gefahren und haben die Schuhe geholt. Dann haben sie den Bundschuh rausgeworfen und haben zwei Italiener gehabt als Kontakte."*

Auch hier halfen Turl Wagner sein Name und seine Vergangenheit als Fußballstar, um ihm die richtigen Türen zu öffnen:

„Mir haben die Vertreter gefehlt, aber eines Tages meldet sich ein gewisser Alois Schmid bei mir und hat gefragt, ob er vorbeikommen darf. Er hat mir dann erzählt, dass seine Eltern Italiener sind und er nach Wien geheiratet hat und er Vertreter war für eine Firma in Neapel. Nachdem er mit seinem Chef gesprochen hatte, ist er zurückgekommen und hat mir gesagt, dass sein Chef mich eh kennt, weil der damals im Stadion in Mailand gewesen ist, wie ich dort gespielt habe, und er ganz begeistert gewesen ist von mir. Damit habe ich den Deal gehabt. Das waren zwei Brüder (Anm. Alois und Franz Schmid), die mit mir die Geschäfte gemacht haben."

Schwester Stefanie arbeitete ihr gesamtes Berufsleben hindurch im Schuhgeschäft, in dem die reine Verkaufstätigkeit jedoch oftmals zur Nebensache wurde:

„Wir haben in der Schlussphase jedes Jahr gesagt, dass wir zusperren wollen und ein Plakat ‚Wir verabschieden uns' aufgehängt. Aber die Leute haben dann immer gesagt, wir sollen noch nicht, und so haben wir immer noch ein Jahr drangehängt. In den letzten Jahren haben wir schon kaum mehr Schuhe im Geschäft gehabt, das war mehr wie ein Kaffeehaus. Am Samstagvormittag hat es Wein und Bier gegeben. Das Geschäft ist viele Jahre super gegangen, erst später ist es etwas schwieriger geworden, da hat es mehr Konkurrenz gegeben. Die Franzi hat auch mitgearbeitet, und die Frau vom Barschandt und die Hilde, das war die Hausbesorgerin von dem Haus, mit der haben wir uns angefreundet. Manchmal hat uns die Hummi Tante (Anm.

Schwiegermutter) am Samstag ein Essen gebracht. Schweinsbraten oder faschierten Braten mit Waldviertlerknödel."

Eine spezielle Eigenheit Turl Wagners war seine Kälteempfindlichkeit. Deshalb heizte er immer, wenn es möglich war, überdurchschnittlich stark ein, wie sich seine Schwester erinnert:

„In seiner Wohnung im Fliederhof war es zu Weihnachten so warm, dass, wenn der Turl den Christbaum aufgestellt hat, am nächsten Tag die Kerzen runtergehängt sind, weil es so warm war. Auch im Schuhgeschäft musste es immer warm sein. Dort war es schwer zu heizen. Damals waren die Winter sehr kalt, und wir mussten sogar Ventilatoren aufstellen, damit uns die Fens-

Besuch im Geschäft – ganz rechts Leopold Barschandt.

ter nicht angelaufen sind. Wir hatten einen Ölofen, der ist oben gestanden im Kammerl, wo der Turli immer gesessen ist. Vorne haben wir gefroren, und der Turl hat hinten eingeheizt wie in der Sauna und ist nicht rausgegangen, weil ihm sonst kalt war."

Turl Wagner und die Wacker Wien

So emotional der Abschied von der Wacker auch war und so tief die Enttäuschung über nicht eingehaltene Versprechen oder ungerechte Behandlungen saß, die Loyalität zum Verein war immer noch gegeben, sobald dieser um Hilfe ansuchte. Genau das passierte im Jahr 1964. Leopold Barschandt, Turl Wagners engster Freund, war Trainer bei der Wacker geworden und trat an Turl heran, ob er ihn als Sektionsleiter unterstützen würde. Die Wacker war in die Staatsliga aufgestiegen und kämpfte um den Klassenerhalt. Turl stimmte zu und sprang als Sektionsleiter ein. Das Unterfangen Klassenerhalt scheiterte jedoch, und die Wacker stieg gleich im ersten Jahr wieder ab.

In der Saison 1970/71 kam es zu einem weiteren Intermezzo von Wagner bei Wacker Wien:

„Man hatte damals zwei Trainer, den Hruska (Anm. Bohumil Hruska) und den Ullram (Anm. Leopold Ullram). Die haben aber beide keine Lizenz gehabt, aber ich hatte eine. Damals

hat der Teamchef Stastny aber eingeführt, dass er alle Trainer kontrolliert hat, ob die eh eine Lizenz haben. Da gab es 30.000 Schilling Strafe, wenn du keine Lizenz hattest. Die zwei haben sich nicht zur Prüfung getraut. Also ist der Sponar, der damalige Präsident, zu mir gekommen und hat mich ersucht, ich soll aushelfen und quasi offiziell als Trainer fungieren, bis die Prüfung wieder vorbei ist. Man hat ja nicht genau gewusst, wann der Stastny kommt, nur einen ungefähren Zeitraum von ein bis zwei Wochen. Jetzt habe ich das übernommen. Meine Schwester und die Franzi haben im Geschäft ausgeholfen. Ich habe also das Training geleitet. Damals haben der Wirtl, der Tutschek oder der Seitl gespielt, lauter ausrangierte Spieler. Ich habe mir die jungen Spieler genommen und mit denen speziell trainiert. Da war auch der Dokupil dabei, der wollte überhaupt nur mit mir trainieren. Ich habe ihn gefragt, warum er nicht mit den anderen trainieren will, da hat er gesagt, dass die so viele Fehlpässe machen. Na, jedenfalls ist dann der Stastny gekommen, ich habe ihn beim Platz reinkommen gesehen, er ist bei der Tribüne vorbeigegangen und hat sich bei den Bäumen bei der Uhr hingestellt und zugeschaut. Ich habe beim Training immer Schusstraining und Flanken-Köpfeln gemacht. Dann hat er mir gedeutet. ‚Herr Wagner‘, hat er gesagt, ‚ich kenne Sie als Spieler. Ich habe Ihr Training gesehen. Einmalig – so etwas Großartiges habe ich schon lange nicht mehr gesehen.‘“

Herr Theodor WAGNER
geb. 6.8.27 in Wien
Österr. Staatsbürger
wohnhaft in 1100 Wien
Fliederhof Stiege 4

hat die staatliche Fußballtrainer-Ausbildung absolviert und erhielt gemäß dem Ergebnis der Fachprüfung vom Juli 1961 die

LEHRBEFÄHIGUNG
für
FUSSBALL
zuerkannt.

Auf Grund der bestehenden Bestimmungen wird ihm die

FUSSBALLTRAINER-LIZENZ

der Stufe A erteilt.
Wien, Nov. 1961

Turl Wagners Trainerlizenz aus dem Jahr 1961.

Obwohl Wagner damit von höchster Stelle geadelt wurde, reichte es auch diesmal nicht, Wacker wurde wieder nur Vorletzter und stieg ab. Das letzte Spiel der Saison – eine 2:4-Niederlage gegen Wacker Innsbruck vor 7000 Zuschauern am Wacker-Platz war gleichzeitig auch das letzte Spiel der Wacker Wien.

Das ewige Auf und Ab der Wacker und die damit verbundenen finanziellen Einbußen ließen den Verein langsam ausbluten. Nachdem bereits in der zweiten Hälfte der 1960er-Jahre erste Fusions- bzw. Übernahmegerüchte laut geworden waren, kam die Vereinsführung 1970/71 zum Schluss, den Verein nicht mehr weiterführen zu können, und strebte eine Fusion mit der finanzstarken Admira an, die schließlich auch vollzogen wurde. Turl Wagners Schwester erinnert sich:

> *„Wir haben Unterschriften gesammelt und alles versucht, um den Verkauf zu verhindern. Der Turl war dann auf Urlaub, und wie er zurückgekommen ist, war die Wacker verkauft.“*

Admira wurde zu Admira Wacker. Letzter Torschütze der Wacker wurde Ernst Dokupil, der das Tor zum 2:4 gegen Innsbruck in der 89. Minute erzielt hatte. Wacker Innsbruck kürte sich an diesem Tag zum ersten Mal in der Vereinsgeschichte zum österreichischen Meister.

Nach der Fusion spielte Admira Wacker erstklassig, Wacker Admira als zweiter Klub der Fusion, der die Zweitligalizenz von Wacker Wien übernahm, in der zweiten Liga. Zwar schaffte man den Klassenerhalt, ging aber in der Folgesaison im Juli 1972 eine Fusion mit Brunn am Gebirge, genannt Wacker Brunn, ein. Brunn beendete diese Spielgemeinschaft am 13. September 1973. Die Wacker war nun ohne Lizenz und löste sich auf.[73]

Bereits 1972 wurde versucht, die Wacker wieder auf die Fußballlandkarte zurückzubringen. Bei der „Wacker 72“ wurde auch ein junger Mann aus Montenegro eingesetzt, der später den Weg Turl Wagners kreuzen sollte, und das, obwohl Wagner bei Wacker 72 in keinster Weise involviert war. Zoran Lazarevic kam am 1. Jänner 1973 aus Montenegro nach Wien und sollte den Wiener Unterhaus-Fußball der nächsten Jahre mitprägen. Lazarevic: *„Mein Schwager, der bei Wacker 72 gespielt hat, hat mich zum Probetraining mitgenommen, und alle*

73 https://www.rsssf.org/tableso/oost73.html

waren sofort begeistert.“ Wacker 72 war, als Neugründung des Traditionsvereins Wacker Wien, der erste von mehreren Versuchen, die Wacker nicht in Vergessenheit geraten zu lassen. Ebendort lernte Lazarevic auch die Wacker-Legende Turl Wagner kennen, der ihn später auch zu den Alten Internationalen einladen sollte. Der Stürmer traf am Fließband und erregte Aufsehen:

> *„1974 hatte ich ein Probetraining beim Sportclub. Dort hätte ich aber zweimal am Tag trainieren müssen. Das ging wegen der Arbeit nicht. Die Arbeit war sehr wichtig für mich, damals hat es nur ein Jahresvisum gegeben. Ich habe fast 42 Jahre in der gleichen Firma gearbeitet und immer nebenbei gespielt. Mit Herz, aber wenn ich von 7 bis 16 Uhr arbeite, kann ich nicht mehr viel trainieren.“*

Der Fußball in den 1970er-Jahren hatte eine Wandlung erlebt. Während in den 1960er-Jahren das Gros der Spieler „nebenberuflich“ Fußball spielte und der Hauptberuf im Mittelpunkt stand, vollzog sich spätestens in den frühen 1970ern die Wende hin zum Fußballer als Beruf. Man kann nur spekulieren, wie die Karriere von Zoran Lazarevic verlaufen wäre, hätte sie zehn Jahre früher begonnen.

Neben den Spielen bei den Alten Internationalen ist Lazarevic besonders ein Spiel für Wacker in Erinnerung geblieben, bei dem der Wunderteam-Spieler Karl Zischek als Zuschauer auf dem Platz war:

> *„Bei Wacker habe ich nicht trainiert, weil ich arbeiten musste. Das hat der Trainer nicht verstanden und mich auf die Bank gesetzt, weil er gesagt hat, die anderen trainieren immer, und*

> *darum kann er mich nicht einsetzen. Der Gegner hat bereits mit zwei oder drei Toren geführt, da ist der Zischek gekommen und hat dem Trainer mit dem Stock auf den Kopf geklopft und gesagt: ‚Bist du deppert, der beste Spieler sitzt am Bankl.' Ich bin dann eingewechselt worden und habe vier Tore gemacht."*

1996, im Alter von 43 Jahren, spielte Lazarevic schließlich sein letztes Spiel: *„Man hat mich aus der Reserve von Wacker geholt, und ich habe noch einmal in der Ersten gespielt. Schade, dass es den Verein nicht mehr gibt."*

Ergebnis des Spiels Mönchhof gegen Wacker mit den Unterschriften ehemaliger Wacker-Spieler, 1996.

Die Wacker 72 trat jedoch nur in den unteren Klassen des Wiener Fußballs an und ging schließlich im Liesinger ASK auf.

Nachdem der Wacker-Platz bereits einige Zeit ungenutzt war, wurden immer mehr Stimmen laut, das Areal zu verbauen. Turl Wagner setzte sich aktiv dafür ein, um dies zu verhindern. So war er Aushängeschild der Initiative „Rettet den Wacker-Platz", die über 25.000 Unterschriften sammelte, um die Kultstätte zu erhalten. Doch als 1978 die Abrissarbeiten des Dreher-Parks begannen, war auch der Wacker-Platz nicht mehr zu retten. Der Platz verfiel mit jedem Jahr mehr und wurde schließlich 1984 vom Bundesministerium für Unterricht, Kunst und Sport in eine Bundessportanlage umgewandelt, die sich bis heute dort befindet.

1980 folgte der nächste Versuch einer Neugründung der Wacker. Turl Wagner war als Beirat mit seiner Expertise am Rande involviert. Man kämpfte sich durch die diversen Leistungsstufen, ehe man schließlich 1987/88 in der Wiener Liga, die damals die vierte Klasse darstellte, antreten konnte. Um Kräfte zu bündeln, fusionierte man mit Groß Viktoria zu Wacker/Groß Viktoria und schaffte den Aufstieg in die Regionalliga Ost. Kurz vor dem Ende der Saison, auf einem Platz im Tabellenmittelfeld liegend, erklärte Obmann Anton Cupak aufgrund finanzieller Probleme den freiwilligen Abstieg aus der Liga und löste die Kooperation mit Groß Viktoria auf. Zwar hielt sich die Wacker beständig in der Wiener Liga, ehe man schließlich 1999 den Spielbetrieb einstellen musste. Zwischenzeitlich trug der ASK Lichtenwörth einige Spiele als SC Wacker Lichtenwörth aus. Danach verschwand Wacker Wien für einige Jahre von der Bildfläche, ehe Harald Schneider einen weiteren Versuch unternahm, den Traditionsverein in den Fußball zurückzuholen.

Turl Wagner war bei diesem Versuch abermals mit an Bord. *„Es gab auf der Meidlinger Hauptstraße ein Eisgeschäft, dort hat der Harald Schneider gearbeitet"*, erinnert sich Turls Schwester Stefanie. *„Der wollte einen Verein gründen und wollte ihn Wacker nennen."*

Schneider und Wagner hatten sich 2002 im Schuhgeschäft kennengelernt und sich angefreundet.

Zu Turl Wagners 75. Geburtstag überreichte Schneider dem Jubilar eine Eistorte, während deren Verzehrs es zu einer folgenschweren Unterhaltung kam. Schneider erörterte dem ehemaligen Nationalspieler, dass er eine Hobbyfußballmannschaft mit dem Namen „Wacker Hetzendorf" führe. Schneider plante, diese Mannschaft – nicht zuletzt zu Ehren Turl Wagners – zukünftig unter dem Namen „Wacker Wien" eintragen zu lassen, und fragte die Lichtgestalt der

Die Eistorte anlässlich des 75. Geburtstags.

ehemaligen Wacker dazu um Erlaubnis. Turl fühlte sich geehrt und stimmte selbstverständlich zu, doch was er nicht wusste, war, dass der Name „Wacker“ im Verband gesperrt war, was die beiden 2005, als man sich beim Verband registrieren wollte, feststellen mussten.

Turl Wagner nutzte seine Verbindungen, um Harald Schneider zu helfen. Beim Bezirksvorsteher blieb das Ansuchen noch erfolglos, dort verwies man an den Wiener Fußballverband. Präsident Kurt Ehrenberger ermöglichte schließlich die Verwendung des Namens und unterstützte den Verein anfänglich auch bei der Suche nach einem Platz. Sogar Wiens Bürgermeister Häupl half dem Verein mit einer Garnitur Dressen aus. Schneider schickte dem prominenten Sympathisanten einen Brief mit einem beigelegten Foto der Mannschaft in den neuen Dressen.

Autogrammkarte für Harald Schneider.

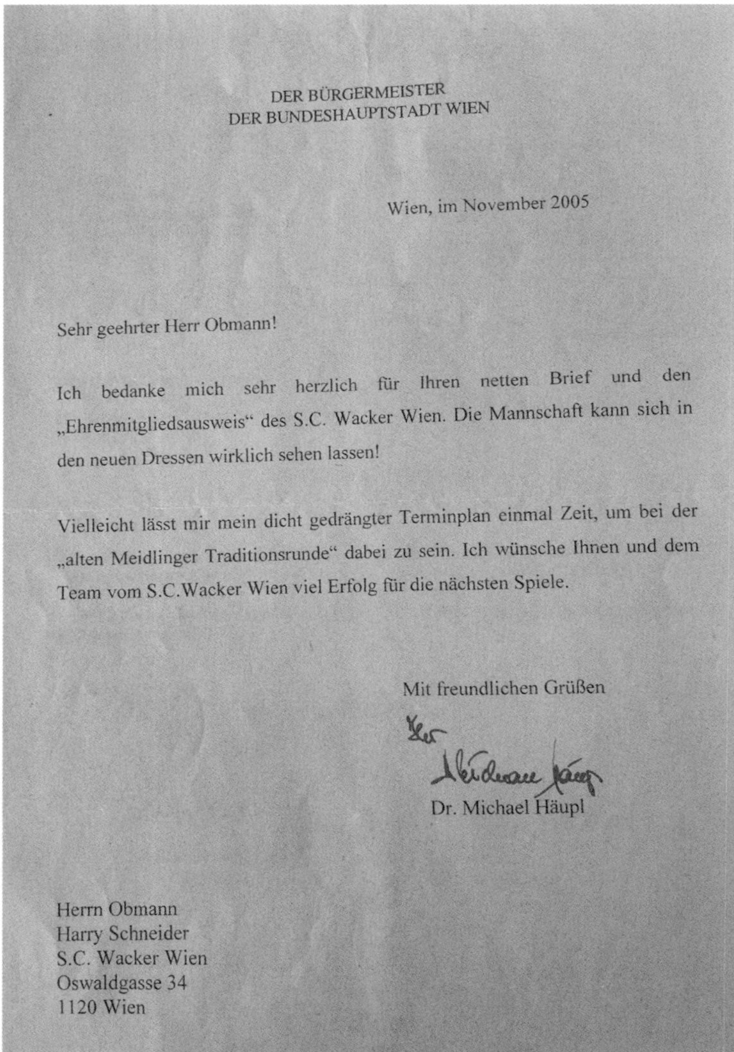

DER BÜRGERMEISTER
DER BUNDESHAUPTSTADT WIEN

Wien, im November 2005

Sehr geehrter Herr Obmann!

Ich bedanke mich sehr herzlich für Ihren netten Brief und den „Ehrenmitgliedsausweis" des S.C. Wacker Wien. Die Mannschaft kann sich in den neuen Dressen wirklich sehen lassen!

Vielleicht lässt mir mein dicht gedrängter Terminplan einmal Zeit, um bei der „alten Meidlinger Traditionsrunde" dabei zu sein. Ich wünsche Ihnen und dem Team vom S.C.Wacker Wien viel Erfolg für die nächsten Spiele.

Mit freundlichen Grüßen

Dr. Michael Häupl

Herrn Obmann
Harry Schneider
S.C. Wacker Wien
Oswaldgasse 34
1120 Wien

Michael Häupls Antwortbrief an Harald Schneider.

Schneider baute aus dem Nichts eine Mannschaft auf, die von Beginn an Erfolg hatte. Turl Wagner fungierte pro forma als Sektionsleiter und Ehrenpräsident. Der Name Wagner zog immer noch, und so erfuhr die neue Wacker viel Unterstützung. Otto Neu war ein großer Förderer der alten und der neuen Wacker Wien. Schneider: *„Man hat uns oft gefragt, wo wir die Mannschaft herhaben, weil die Spieler für die dritte Klasse wirklich sehr stark waren, wir hätten sicher auch in der ersten Klasse oder der Oberliga mitspielen können."*

Der starke Kader rief Fusionsinteressenten auf den Plan, über die Schneider berichtet:

> *„Zuerst hat die Florio angefragt, dann der RSC Vienna. Ich habe dann im Eissalon eine Pressekonferenz gemacht. Da war der Turl dabei und der Jericha, unser Trainer. RSC Vienna war keine Option, die wollten nur die Spieler, da hätten wir keinen Nutzen gehabt, aber Florio war eine Überlegung wert. Wir haben eine Abstimmung gemacht. Ich habe gesagt, ich gebe meine Stimme als Letzter ab, und bin rausgegangen. Wie ich wieder in den Raum gekommen bin, hatten wir drei Stimmen für die Fusion mit Florio und drei Stimmen dagegen. Ich habe nicht gewusst, wer wofür gestimmt hat. Und ich habe mich dann gegen die Fusion entschieden. Der Turl hat geklatscht, weil er gesagt hat, immer wenn die Wacker fusioniert wurde, ist es nicht gut für die Wacker ausgegangen."*

Trainer Jericha holte das Maximum aus der Mannschaft heraus und schaffte gleich im ersten Jahr den Aufstieg.

Die Meistermedaille 2005/06.

Jeden Sonntag berichtete Schneider über die aktuellen Entwicklungen des Vereins, unter anderem über einen Vorfall mit schwerwiegenden Folgen. Nach einem Sieg in einem Testspiel gegen die Wiener Viktoria waren einige Spieler der Wacker noch feiern gegangen:

„In dem Lokal hat uns irgendwer K.-o.-Tropfen ins Getränk gemischt, das hat man später festgestellt. Wir sind dann in der Kundratstraße in einen Baum gekracht. Der Motor ist bei uns im Wageninnenraum gestanden. Ich hatte einen Oberarmtrümmerbruch, ein Schädel-Hirn-Trauma, eine beidseitige Hüftluxation, vierter und fünfter Lendenwirbel angebrochen, beidseitiger Beckenbruch und beidseitiger Beckenriss. Nach zwei Tagen bin ich aufgewacht, und das Erste, was ich gefragt habe, war, wo sind meine Spieler. Wir haben alle nicht gewusst, ob die anderen überhaupt noch leben. Ich war viele Wochen im Spital und habe von dort aus den Verein geleitet. Der Turl und seine Familie waren regelmäßig bei mir. Am Freitag, 6. April 2006, bin ich aus dem Spital gekommen und am nächsten Tag auf den Platz gegangen, damit ich meine Mannschaft sehe. Ich war dann bei Turl zu Hause, und er hat mit mir im Swimmingpool die Reha gemacht und sich wie ein Vater um mich gekümmert. Ich habe ein Dreivierteljahr

bei Turl gewohnt zur Reha. Der Turl hat gesagt, du bleibst bei mir, weil meine Wohnung in Kaisermühlen wäre so weit weg vom Platz gewesen. Einmal sind die Franzi und er auf Urlaub gefahren, und er hat gesagt, ich darf allein im Haus bleiben. Dieses Vertrauen war großartig."

Einen ganz besonderen Moment durfte Turl Wagner 2006 erleben. Harald Schneider hatte sich auf die Suche nach einem Platz begeben, auf dem der Verein einen zusätzlichen Trainingstag abhalten könnte, denn zu diesem Zeitpunkt hatte die Wacker nur einen Trainingstag:

„Ich habe einen älteren Herren im Eissalon gekannt, der hat gesagt, er kennt die Platzwartin des Sportplatzes auf dem Areal des ehemaligen Wacker-Platzes. Und er hat gesagt, ich soll einen Blumenstrauß und eine Bonbonniere kaufen und zu ihr hinfahren. Ich komme hin, er hatte sie schon angerufen, und sie hat gesagt, wir dürfen trainieren. Zwei Stunden haben circa 25 Euro gekostet, und wir haben einen Tag dort trainieren dürfen. Am Sonntag bin ich zum Turl gekommen und habe ihm gesagt, ich habe einen zweiten Trainingstag. Alle haben geglaubt, dass wir den am Viktoria-Platz haben würden. Wir haben uns alle dort getroffen, und dann habe ich gesagt, jetzt fahren wir zum Platz. Der Turl hat gefragt, wo wir hinfahren. Und ich habe ihn gefragt, wo die heilige Stätte von Wacker Wien ist, und er hat gesagt, Tivoligasse – Rosasgasse, und ich habe gesagt, genau dort fahren wir jetzt hin. Wie der Turl den Platz gesehen hat, hatte er Tränen in den Augen."

Schneider, der 2007 den Verein verließ, über Turl Wagner:

> *„Für mich war er nicht nur der Ehrenpräsident und das größte Idol, das je in Meidling einen Fußballplatz betreten und gespielt hat, für mich war er wie ein Vater. Für mich war er alles. Was er alles menschlich für mich gemacht hat, das haben nicht einmal meine Eltern für mich gemacht."*

2012 traten wieder einmal finanzielle Probleme auf, und man entschloss sich für eine Fusion mit Borussia Hetzendorf, durch die Wacker erneut zu existieren aufhörte. Seit 2018 gibt es eine neugegründete Wacker, die sich nach zwei Aufstiegen bis in die Oberliga A hinaufkämpft hat.

Die Alten Internationalen

Nach dem Karriereende blieb der Fußball auch neben der Wacker ein fixer Bestandteil im Leben von Turl Wagner. Rudolf Sverak, der Besitzer des Kaffeehauses im Haus des ÖFB in der Mariahilfer Straße 99, sprach Wagner kurz nach seinem Rücktritt 1963 an, ob er nicht die Leitung der Alten Internationalen übernehmen wolle. Die Alten Internationalen waren eine Truppe aus ehemaligen Profi- und teilweise auch Nationalspielern und immer beliebte Testspielgegner, vor allem für Amateurmannschaften und Unterligavereine.

„Ich habe dann zugesagt, und wir haben sehr schöne Erfolge gehabt. Wir hatten schon einige Spiele im Jahr. Es wären viel mehr gegangen, aber die meisten von uns haben einen Vertrag als Trainer gehabt. Wenn jemand die Alten Internationalen buchen wollte, ist er einfach zum Sverak gegangen, und der hat uns dann vermittelt. Wir sind bei Platzeröffnungen, zu Meisterfeiern, Jubiläumsfeiern oder Abschiedsspielen angefragt worden. Manchmal haben wir gegen die Alten, also nicht gegen die Erste, aber meistens gegen die Kampfmannschaften gespielt. Die waren natürlich viel jünger als wir, aber unsere Routine hat uns geholfen, dass wir das immer gut über die Runden gebracht haben. Wir haben immer viele Zuschauer gehabt. Einmal haben wir in Oberösterreich gespielt, da war der Pepi Hickersberger bei uns dabei, der war gerade Trainer in Deutschland. Da mussten wir jede Halbzeit gegen eine andere Mannschaft von dem Verein spielen, gegen den wir angetreten sind. Einige von uns sind da konditionell eingegangen. Der Wieger von der Vienna zum Beispiel, den haben wir dauernd massieren müssen, weil er einen Krampf gehabt hat. Aber lustig war es, und wir haben alle Matches drübergebracht. Manchmal ist uns schon mulmig geworden, wenn wir zu einem Match gekommen sind. Da haben wir rausgeschaut, und ich habe mir gedacht – das gibt's doch nicht, dass wir gegen die spielen, die sind beim Aufwärmen vorbeigeblitzt. Der Hamerl Pepi, kann ich mich erinnern, hat gesagt, da gehen wir nicht raus, die rennen uns über den Haufen. Ich habe dann gesagt, wir haben einen Vertrag, wir müssen spielen, wir haben ja auch Geld gekriegt. Aber ich muss sagen, dadurch, dass wir

technisch so gut waren, und für den Aufwand, den die anderen laufen mussten, haben wir immer gewonnen. Die meisten haben am Anfang gedacht, dass wir Alten bald eingehen werden. Eine Geschichte ist mir besonders in Erinnerung geblieben. Vor dem Match bin ich aufs Klo gegangen, und da waren zwei, die haben geredet und gesagt: ‚Pass auf, die Alten werden bald k. o. sein.‘ Ich habe durch die Tür geschaut und mir die beiden gemerkt. Nachher haben die acht Tore bekommen, und beim Bankett sind sie gesessen, und ich bin hingegangen und habe gefragt, ob sie sich noch erinnern können, was sie auf dem Klosett gesagt haben. Der andere hat gesagt: „Spione am Werk“, aber die waren sehr freund-

Wagner (Zweiter von links vorne) im Kreise der Alten Internationalen kurz nach seinem Karriereende.

lich und haben gesagt, sie hätten das nie gedacht, weil sie uns nie spielen gesehen haben, und waren begeistert, dass man mit so wenig Laufen so viel erreichen kann. Bei uns war fast jeder Angriff ein Tor. Es ist nicht alles mit der Schnelligkeit zu machen, sonst wäre jeder Sprinter ein guter Fußballer.“

Wagner mit seinem Mentor Hahnemann.

Bei den Alten Internationalen trafen sich zahlreiche ehemalige Weggefährten. Auch Mentor Hahnemann kam immer wieder vorbei.

Die Alten Internationalen waren für Wagner über viele Jahre eine Herzensangelegenheit, bei der er großen Ehrgeiz entwickelte, wie sich Schwester Stefanie erinnert:

> *„Turli hat das bald nach Ende der aktiven Karriere übernommen. Da ist er vor jedem Spiel immer gesessen und hat die Aufstellung gemacht. Oft hat dann einer angerufen, dass er nicht kommen kann, dann hat der Turl umstellen müssen.“*

Auch Josef Wahl, ein enger Freund Turl Wagners, der 1966 das Double mit der Admira geholt hatte, 1969 mit der Austria Meister und 1964 mit der Admira Cupsieger geworden war und auch einen Einsatz im österreichischen Nationalteam aufzuweisen hat, gehörte viele Jahre zum Stamm der Alten Internationalen:

> *„Der Turl hat das fast bis zu seinem Tod gemacht. Er hat sich immer um die Aufstellung gekümmert, auch als er noch selbst mitgespielt hat. Er hat uns immer sehr gut auf den Gegner eingestellt und eine ganz klare Linie gegeben, was auf dem Platz passieren soll.“*

Zu seinem 80. Geburtstag organisierten die ehemaligen Kollegen von den Alten Internationalen eine Überraschung, wie Turl Wagners Schwester erzählt:

> *„Der Wahl Pepi hat mich angerufen und mich informiert, dass sie eine Überraschung planen. Um eine bestimmte Uhrzeit hat mich der Fegerl (Anm. Franz Fegerl) angerufen und gesagt, wir sollen den Radio aufdrehen. Und da hat der Fegerl dann im Radio dem Turl im Namen der Mannschaft gratuliert. Danach wurde ‚My Way‘ von Frank Sinatra gespielt. Der Turli ist dagesessen und hat vor Rührung geweint. Aber das war noch nicht alles. Es war ausgemacht, dass sie alle beim Turli vorbeikommen. Die Franzi und ich haben das gewusst, aber der Turli nicht. Und die Franzi hat Brötchen hergerichtet, und der Turli hat immer gefragt, was sie da so lange in der Küche macht. Ich war auch sehr nervös, das hat er gemerkt, jetzt habe ich schon Angst gehabt, dass er was merkt. Dann sind sie alle gekommen,*

der Turli war gerade in der Hollywood-Schaukel, und die sind alle im Gänsemarsch in den Garten gekommen. Da war der Turli total ergriffen. Der Wahl Pepi hat eine Ansprache gehalten, und der Turli hat geweint. Da ist der Fegerl aufgesprungen und hat ihn umarmt und gesagt: ‚Trainer, brauchst nicht weinen, so schlecht haben wir gar nicht gespielt.' Dann war der Bann gebrochen, und der Turl hat aufgehört zu weinen und hat das richtig genießen können."

Turl Wagner und seine Frau Franziska.

Die Geschwister bei Turl Wagners 80. Geburtstag.

Turl Wagner mit den Alten Internationalen
(hinten von links: Turl Wagner, Novacek, ?, Schreitl, Fegerl, Poindl, Maurer; vorne von links: Wahl, Walzer, Schilling, Daxbacher, Otto).

Turl Wagner mit einer Mannschaft der Alten Internationalen
(hinten von links: Weidinger, Hebenstreit, Krieger, Wahl, Hasil, Persidis, Maurer, Wagner, Sverak; vorne von links: Rosner, Geyer, Hörmayer, Schreitl, Fak, Strebele, ?).

Ein Foto vom regelmäßig in Floridsdorf stattfindenden Stammtisch der Alten Internationalen: unter anderen Walter Horak (6. von links), Hannes Demantke (7. von links), Norbert Schilling (4. von rechts), Willi Kreuz (2. von rechts), Josef Wahl (ganz rechts).

Hinten von links: Wagner, Dirnberger, Pirkner, Pichler, Wahl, Fegerl, Hasil, Sverak;
vorne von links: Fak, Strasser, Gebhardt, Schreitl, Poindl, R. Sara, Hickersberger, Nuske.

Bei den Alten Internationalen bekam Wagner auch die Gelegenheit, beim Turnier in der Wiener Stadthalle zu spielen. Das Stadthallenturnier war für technisch versierte Spieler wie Turl Wagner nicht nur prädestiniert, sondern auch ein Höhepunkt im Jahreskalender. Für Wagner jedoch kam der Hallenzauber zu spät. 1959, als das erste Turnier stattfand, war er schon in Linz tätig. Erst 1966, als er seine schon Karriere beendet hatte, kam er in den Genuss des Bandenspiels: Die Alten Internationalen überraschten mit einem 4:3-Sieg über den späteren Meister Admira. Drei der vier Treffer erzielte Wagner selbst.

<u>Alte Internationale – Admira 4:3 (2:2)</u>
Alte Internationale: Zeman, Halla, Barschandt, Stotz, Swoboda, Gießer, Hahnemann, Oslansky, Decker, Höfer, Kaubek, Wagner, Cizl, Kozlicek I, Walzhofer, Horak
Admira: Draxelmayer, Hruska, Sommer, Wahl, Stamm, Kaltenbrunner, Latzke, Sauer, Herzog, Kozlicek II, Pinisch,
Torfolge: Wagner (8., 12., 33.), Decker (37., Siebenmeter) / Latzke (6.), Kaltenbrunner (15., 39.)
Schiedsrichter: Wlachojanis
Die Stärksten: Wagner / Kaltenbrunner

Mit diesem Sensationssieg überraschten die Alten Internationalen alle Besucher: Sie kamen mit einer großen Zahl an Wechselspielern einfach besser zur Geltung. Der bunt zusammengewürfelte Haufen mit Zeman (der Pelikan ersetzte) im Tor stellte mit Hahnemann

(52 Jahre) auch den ältesten Spieler in einem Bewerbspiel in der Stadthalle. Die Admiraner spielten zu hektisch, doch auch einige fragwürdige Entscheidungen von Schiedsrichter Wlachojanis sorgten für einen turbulenteren Spielverlauf. So wurde ein Tor von Latzke nicht anerkannt, ein strittiger Siebenmeter für die Internationalen und einige Ausschlüsse gegen Admira verhängt. Aber die Leistung der Alten Internationalen sollte keineswegs geschmälert werden, ihr Spiel strotzte vor Spielwitz und begeisterte die Zuseher. Turl Wagner schwärmte noch Jahre später von diesem Spiel:

> *„Es war eine Sensation, dass wir eingeladen worden sind. Damals waren noch Größen wie Decker oder Hahnemann dabei. Die Admira war damals Herbstmeister. Wir haben 4:3 gewonnen, und die Halle hat getobt. Ich habe in diesem Spiel drei Tore gemacht. In einer Szene hat der Wahl Pepi (Anm. Josef Wahl) von der Admira den Ball geführt, und ich bin reingefahren und habe ihm den Ball weggenommen. Meine Attacke war etwas fester, und ich habe ihn umbetoniert. Die Leute haben gebrüllt, das hat ihnen gefallen, dass der Alte den Jungen umgehaut hat. Der Pepi ist mir nachgerannt und hat mich geschimpft. Aber wir sind später die besten Freunde geworden und haben dann gemeinsam bei den Alten Internationalen gespielt.“*

Trotz dieses Sieges belegten die Alten Internationalen am Ende den fünften und letzten Platz.

1969 waren die Altherren zwar nicht im Turnierraster zu finden, doch hatte man aufgrund des großen Anklangs im Jahr 1966 ein Legendenspiel gegen die Altstars aus Pressburg angesetzt. Turl Wagner gewann mit seiner Mannschaft deutlich mit 8:2.

Alte Internationale Wien – Alte Internationale Pressburg 8:2 (3:2)
A. I. Wien: Pelikan (Gartner), Stotz, Löser, Kaubek, Hasenkopf, F. Cejka, Oslansky, Wagner, Koller, Horvath, Riegler
A. I. Pressburg: Mikozi, Madlak, Bena, Steiner, Jankowitsch, Dr. Zinira, Benedikowitsch, Fillo, Tegelhoff, Dr. Chodak
Torfolge: Oslansky (3.), Riegler (7., 16.), Wagner (12.), Koller (17.), Hasenkopf (24.), F. Cejka (25., 30.)/Benedikowitsch (6.), Fillo (11.)
Schiedsrichter: Wlachojanis
Die Stärksten: Pelikan, Stotz, Oslansky, Cejka, Wagner, Riegler/ Benedikowitsch, Tegelhoff, Fillo

In dem Spiel der Wiener Alten Internationalen gegen ihre Kollegen aus Pressburg wurde die Spielzeit auf 30 Minuten verkürzt. Vor der Pause herrschte noch ein offener Schlagabtausch, nach der Halbzeit konnten die um einiges älteren Pressburger das Tempo jedoch nicht mehr mitgehen und zerfielen. Besonders gefielen Pelikan, Stotz, Oslansky, Cejka, Wagner und Riegler bei den Wienern, Benedikowitsch, Fillo und Tegelhoff bei den Pressburgern.

1977 spielte Turl Wagner ein letztes Mal aktiv Fußball, als er mit Wacker Wien beim Hallenfußball-Seniorenturnier in Oberlaa gegen Legenden von Rapid, Austria, Budapest, Sportclub, Simmering, eine Grazer Auswahl, FC Wien, Vienna und Neufeld antrat. Wacker, unter anderem mit Größen wie Paul Kozlicek, Johann Steup, Karl Primus,

Turl Wagner mit dem Pokal beim Hallenturnier in Oberlaa 1977.

Karl Nikischer, Franz Pelikan, Adalbert Kaubek und Alfred Wagner, gewann das Turnier unter Turl Wagners Führung. Er trug bei diesem Turnier nicht nur die Nummer 10, sondern auch die Kapitänsschleife seines Teams. Nach einem knappen 4:3 im Finale gegen den Wiener Sportclub durfte Turl Wagner den Pokal entgegennehmen.

1980/81 entschieden sich die Organisatoren des Wiener Stadthallenturniers erneut, die Legenden, diesmal unter dem Namen Old Stars, einzuladen. Turl Wagner, mittlerweile Trainer der Mannschaft, konnte unter anderem Größen wie Lachnit, Bjerregaard, Skocik, Hasil, Nuske, Flögel, Geyer, Kaltenbrunner, Poindl und Hörmayer aufbieten. Die Old Stars erreichten den guten fünften Platz und wären um ein Haar in die Finalrunde gekommen. Ein Kunststück, das im Folgejahr mit einem ähnlichen Kader gelang. In den Finalrunden reichte es jedoch nur für den dritten Platz. Torhüter Schreitl wurde sogar zum besten Torhüter gewählt.

Auch 1983/84 liefen die Old Stars auf, diesmal jedoch waren die alten Herren chancenlos und wurden abgeschlagen mit nur einem Punkt in sieben Spielen Letzter.

Familie und Freunde

Mit dem Ende der aktiven Karriere konnte sich Turl Wagner verstärkt jenem Teil seines Lebens, der für ihn der wichtigste war, widmen – der Familie. Vor allem die Ferien holte er nach. Seit seinem 17. Geburtstag hatte er weder im Winter noch im Sommer die Möglichkeit gehabt, auf Urlaub zu fahren, zu eng war durch die angesetzten Spiele und vor allem durch die Tourneen der Terminplan. Wagner besaß einen Wohnwagen, den er mit Franziska Wagners Cousin, der Tischler war, selbst ausgebaut hatte. Franziska ging bereits mit 42 Jahren in Pension, damit waren die beiden nun flexibler, aber auch davor waren durch ihren Beruf als Lehrerin ausgedehnte Urlaube in den Ferien möglich gewesen. *„Die Franzi hat dann sporadisch noch im Geschäft ausgeholfen, am Ende nur mehr am Samstag“*, erinnert sich Schwester Stefanie.

Urlaubsziel Nummer eins war natürlich Italien – zumeist ging es nach Cesenatico. Aber auch dem Längsee in Kärnten, wo sie über viele Jahre einen fixen Platz am Campingplatz gebucht hatten, stattete das Ehepaar regelmäßig Besuche ab. Immer wieder verbrachten Turl und Franziska ihre Reisen auch mit Freunden. Schwester Stefanie: *„Mit dem Ehepaar Barschandt waren sie öfters in Bad Gastein, Turli und*

Franzi sind Skibob gefahren, die Barschandts mit den Ski. Das waren ihre engsten Freunde."

Wenn gerade kein Urlaub anstand, ging es trotzdem hoch her im Hause Wagner. Beide waren sehr gastfreundlich, und so kam regelmäßig Besuch ins Haus in Breitenfurt, wie Stefanie erzählt: *„Der Turli wollte nicht so gern aus dem Haus gehen, und damit sind die Leute immer zu ihm gekommen. Da war immer was los."*

Bereits Mitte der 1950er-Jahre hatten Turl und Franziska Wagner ein Grundstück in Breitenfurt gekauft. Die Schwiegermutter hatte eine Freundin, die in Breitenfurt wohnhaft war und von einem freien Grundstück erfahren hatte. Schritt für Schritt errichtete Turl Wagner, gemeinsam mit seinem Schwiegervater, das Haus, auch die Schwiegermutter arbeitete mit und wurde zum Bedienen der Mischmaschine eingeteilt. In den 1960er-Jahren war schließlich der Einzug möglich, und die Wagners übersiedelten nach Breitenfurt.

Turl Wagners handwerkliche Fähigkeiten, die er bereits bei seiner Tätigkeit als Werkzeugmacher bewiesen hatte, stellten auch in seiner Freizeit eine bevorzugte Beschäftigung dar. Für das Haus in Breitenfurt tischlerte er einen großen Teil der Möbel selbst. Einen Raum nach dem anderen gestaltete er selbst aus: Küchen-, Vorzimmer- und Wohnzimmermöbel entstanden in Turls Werkstatt. Beim Meidlinger Markt, an der Ecke zur Niederhofstraße, befand sich eine große Tischlerei, in der er sämtliche Bretter bestellte und zuschneiden ließ, aus denen er dann die Möbel herstellte. Sogar sämtliche Türen zimmerte er selbst, ebenso den Gartenzaun.

Auch familiär kam einiges in Bewegung. Die Beziehung zwischen Turls Vater und der Familie war durchaus problematisch. Nachdem er die Familie verlassen hatte, hatte er zahlreiche andere Affären. Schwester Stefanie: *„Wir haben zumindest noch drei Stiefgeschwister von verschiedenen Müttern.“*

Die Zahlungen der Alimente erfolgten nur schleppend oder gar nicht. Zudem waren die Eltern von Turl nicht geschieden. Die Mutter drängte regelmäßig auf eine offizielle Trennung, der Vater verweigerte dies jedoch beharrlich. Turl wurde ungewollt immer wieder zum Vermittler. Einmal, als der Vater ins Geschäft kam und bei Turl um Rat anfragte, weil er zur Mutter zurückkehren wollte, hielt ihn sein ältester Sohn davon ab. *„Das solltest du besser lassen, die Mama schmeißt dich aus dem zweiten Stock“*, soll Turl geantwortet haben. Bruder Alfred litt wahrscheinlich am meisten unter der Situation. Die Lage verbesserte sich erst, als der Vater 1972 eine neue Partnerin kennenlernte und der Zufall seine Finger mit im Spiel hatte. Leopoldine Mildner, die neue Frau an seiner Seite, kritisierte Theodor Wagner senior für seine Nachlässigkeit bei den Alimentationszahlungen und wirkte auf ihn ein, damit die Zahlungen pünktlich erfolgten und die Kinder auch Weihnachts- oder Geburtstagsgeschenke erhielten. Eines Tages, als Leopoldine Mildner und Wagner senior dessen Bruder Eduard besuchten, der im dritten Stock des Hauses in der Wienerbergstraße wohnte, trafen sie auf Stefanie und ihre Mutter, die gerade heimkamen. Schwester Stefanie erinnert sich an diesen Schlüsselmoment:

„Die beiden sind die Stufen runtergekommen, als wir gerade heimgekommen sind. Wir haben den Papa natürlich gegrüßt, und die ‚Papa-Poldi' hat meine Mama ganz lieb begrüßt. So haben wir uns kennengelernt."

In der Folge freundeten sich Leopoldine Mildner und Turls Mutter an. Durch das aktive Bemühen der *„Papa-Poldi"*, wie sie alle nannten, kam die Familie wieder zusammen. Schwester Stefanie beurteilt die damalige Familiensituation positiv:

„Sie hat unsere Familie eigentlich wieder zusammengebracht. Das war dann ein gutes Verhältnis, die Mama, der Papa und die Poldi haben viel Zeit zusammen verbracht. Ich muss sagen, die Poldi habe ich sehr gern gehabt. Die Poldi ist auch oft nach Breitenfurt auf Besuch gekommen und ist mit dem Turli auf den Flohmarkt gegangen in Liesing. Der Turli ist leidenschaftlich gern auf Flohmärkte gegangen und fast jeden Sonntag war er dort. Die Franzi hat daheim gekocht, und die zwei haben immer schon dort gegessen."

Turl Wagner, Leopoldine Mildner und Wagner senior.

Das gute Verhältnis der Eltern brachte wieder einiges an Harmonie in die Familie und sorgte für eine späte Versöhnung mit dem Vater und eine Möglichkeit, das Familienidyll nachträglich doch noch genießen zu können. Die Familie verbrachte viel Zeit in dieser neuen Konstellation und wuchs zu einer verschworenen Gemeinschaft zusammen. Eine Anekdote macht diesen Umstand anschaulich:

> *„Am Ende hatte der Papa schon etwas Demenz, und er war im Geschäft bei uns und hat dann zu meiner Mutter gesagt: ‚Komm, Steffi, wir gehen heim.' Meine Mutter hat ihm gesagt: ‚Mit mir gehst du nicht heim, sondern mit der Poldi'."*

Turl Wagner mit seiner Mutter, 1997.

Das gute Einvernehmen zwischen Vater Theodor, seiner Partnerin Leopoldine Mildner und Turls Mutter Stefanie hatte bis zum Tod des Vaters am 26. September 1990 Bestand. Die beiden Frauen blieben danach auch weiterhin in Kontakt. Am 23. September 1997 verstarb Turl Wagners Mutter Stefanie im 90. Lebensjahr. Leopoldine Mildner starb am 8. Februar 2006 unter großer Anteilnahme ihrer „neuen" Familie.

Franziska Hummel, Franziska Wagner, Mutter, Vater, Turl.

Ebenfalls eine zentrale Rolle in der Familie spielte Turl Wagners Schwiegermutter, Franziska Hummel. Die *„Hummi Tante"* war eine sehr lebenslustige Frau, und im Gegensatz zu ihrer Tochter konnte sie nichts aus der Ruhe bringen. Stefanie denkt gern an sie zurück:

> *„Die Hummi Tante war super. Sie war konträr zu meiner Schwägerin. Sie war eine sehr spontane Person. Einmal, im Alter von 89 Jahren, hat sie entschieden, am nächsten Tag fortzufliegen. Im Winter war sie meistens in Madeira und war den ganzen Tag im Meer schwimmen. Die Hummi Tante war richtig ausgefuchst. Und einen Spaß hat sie mit dem Turl gehabt."*

Franziska Hummel war mit einem langen Leben gesegnet. Sie befand sich im 103. Lebensjahr, als sie am 1. Dezember 2005 starb.

Bereits 1994 hatte Turl Wagner den Verlust eines seiner engsten Freunde zu betrauern – seinen langjährigen Zimmerkollegen Franz Pelikan. Wagner erinnerte sich an seinen Wegbegleiter:

> *„Er war später in der Südstadt bei der Admira Jugendtrainer und hat in der Ersten die Torhüter trainiert. Bei der NEWAG hat er eine Anstellung gehabt, aber weil er keine Ausbildung gehabt hatte, musste er Sesseln herumtragen. Manchmal haben sie ihm gesagt, er soll daheimbleiben, wenn grad nichts zu tun war. Der Verdienst war ganz gut, und er hat eine Wohnung gehabt für seine Familie vom Verein. Der Franz hat dann Krebs gehabt, und da hat er durch die Behandlungen eine Glatze bekommen und hat sich geniert und wollte nicht rausgehen und sich nicht mehr mit unseren Freunden treffen. Ich habe ihm dann gesagt, dass er sich vor uns nicht genieren muss, und wenn wer was sagt, werfe ich ihn raus. Der war wie ein Kind. Sagt er zu mir: ‚Turl, ich habe den Krebs.' Er hat immer viel geraucht. ‚Ich war beim Arzt', hat er gesagt, ‚und der hat gesagt, wenn ich mich nicht halte, werde ich nicht lange leben.' Wir waren regelmäßig beim Fredl (Anm. Alfred Körner) im alten Raum in der Tribüne beim Hanappi- Stadion, da haben sie uns ein Kaffeehaus eingerichtet. Da ist auch der Karl Hodina gekommen und hat für uns gespielt. Der Körner hat gesagt, dass uns der Pelikan fehlt, der konnte ja sehr schön singen. Ich habe ihn dann angerufen, aber er wollte nicht und hat gesagt, er schämt sich. Ich habe ihm gesagt, dass jeder nach ihm fragt und alle sich wünschen, dass er kommt. Ich habe ihm versprochen, dass ich ihn abhole und zurückbringe. Na, wir haben ein Theater gehabt, schon*

im Auto. Das war wieder wie in der alten Zeit. Da fehlt oft nur ein kleiner Funken. Wir waren eine sehr große Runde. Der Hodina hat für uns gespielt, und die haben Wienerlieder gespielt. Der Franz hat geweint wie ein kleines Kind und ich gleich dazu. Da gab es ein Lied ‚Ninon, lach mir einmal zu'. Der Franz hat eine Weltstimme gehabt, und ich bin zum Hodina gegangen und hab ihm gesagt, wenn sie dem Franz eine Freude machen wollen, sollen sie das spielen und mit ihm singen. Ich kann nur sagen, schade, dass das nicht aufgenommen worden ist, das war einmalig. Da war es still im Saal. Der Franz hat auf der Heimfahrt im Auto zu mir gesagt, dass das sein schönster Tag war, den er erlebt hat. Um halb eins war das. Dann sind wir rausgefahren, und er hat gesagt, ich soll ihn bei der Kirche aussteigen lassen. In Wiener Neudorf hat er gewohnt. Ich habe gesagt, ich führ ihn zum Haus, aber er wollte nicht, dass die Leute sehen, dass er so spät heimkommt. ‚Na gut', hat er dann gesagt, ‚jetzt verabschiede ich mich von dir, war schön. Jetzt sag ich dir was, was ich noch nie gesagt habe. Wir waren so viele Jahre beisammen und die besten Freunde. Ich war gestern beim Arzt und ich habe nur mehr eine Woche zu leben.' Ich habe geglaubt, mich haut's dort um. ‚Das gibt's doch nicht', hab ich gesagt. Aber er hat gesagt, dass es stimmt und dass er es seiner Frau und seinen Kindern nicht gesagt hat, er wollte sie nicht belasten. Wir haben uns verabschiedet und abgebusselt, und das war das letzte Mal, dass ich ihn gesehen habe. Zwei Tage später war er tot."

Zuwachs erhielt der Freundeskreis im Jahr 2000. In jenem Jahr widmete das Meidlinger Bezirksmuseum unter der Leitung des Ehepaars Bousska dem Fußballverein Wacker Wien eine Spezialausstellung. Der berühmteste Sohn der Wacker wurde dabei besonders in den Fokus gestellt.

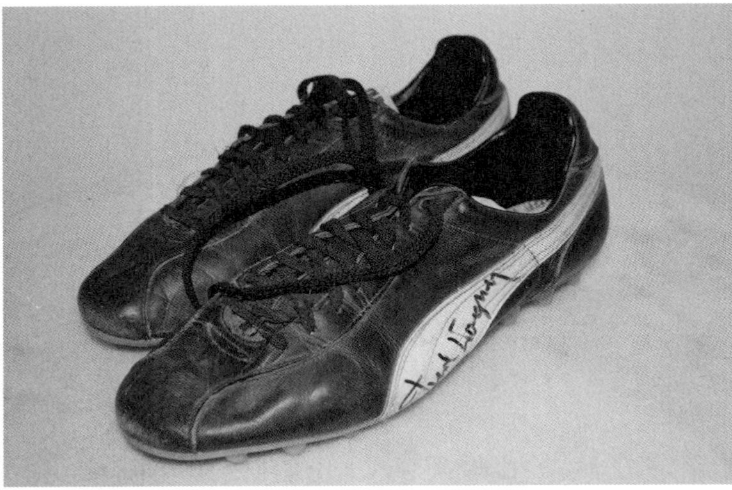

Turl Wagners Fußballschuhe.

Ein Wacker-Wimpel mit dem Autogramm von Turl Wagner.

Ein unter anderem von Turl und Bruder Alfred signierter Ball.

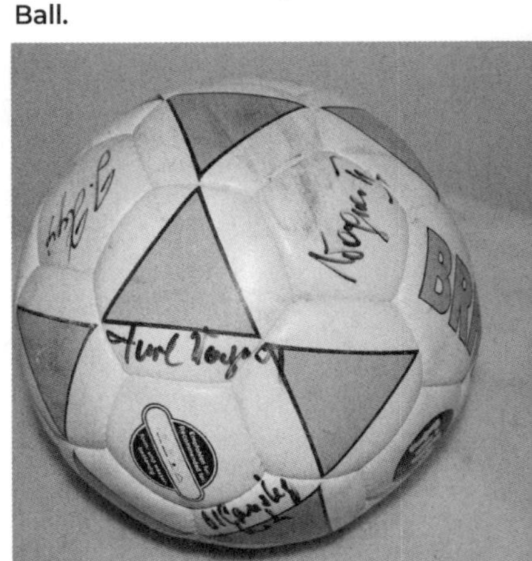

Das Eingangsschild am Wacker-Platz.

Wagner selbst war bei der Eröffnung der Ausstellung dabei und erfreute die Besucher mit seinen Erzählkünsten. Bei diesem Event lernte er Otto Neu, einen glühenden Wacker-Anhänger, kennen. Daraus entwickelte sich eine innige Freundschaft, und Otto Neu sollte in den kommenden Jahren viel Zeit mit der Familie verbringen und war regelmäßig Gast in Breitenfurt beim Ehepaar Wagner.

Turl Wagner und seine Frau Franziska führten eine harmonische Ehe. Die Rollenverteilung war klassisch: Franziska kümmerte sich um den Haushalt, Turl um die handwerklichen Tätigkeiten. Im Gegensatz zu den anderen weiblichen Bezugspersonen wie seiner Großmutter, seiner Mutter oder seiner Schwiegermutter war seine Ehefrau keine resolute Person – vermutlich ein zentraler Faktor, da Turl durchaus gerne die Verantwortung übernahm und die Linie vorgab.

Franziska fand jedoch einen guten Weg, um ihre Wünsche trotzdem durchzubringen, wie Schwester Stefanie weiß:

> *„Wenn der Turli etwas nicht wollte, hat die Franzi sehr schnell aufgegeben, weil sie gewusst hat, dass er nicht einlenken würde. Aber sie ist dann immer zu mir gekommen, wenn sie etwas nicht erreicht hat, weil sie hat gewusst, dass mir der Turli keinen Wunsch abschlägt. Ich habe alles von ihm haben können. Er hat sich schon geziert, aber ich habe nicht lockergelassen, und irgendwann hat er nachgegeben.“*

Obwohl, oder gerade weil Turl und Franziska die Elternschaft verwehrt geblieben war, gestaltete sich das Verhältnis zu den beiden Söhnen von Bruder Alfred besonders eng. Schwester Stefanie: *„Das war zu Weihnachten immer ein Packerlmeer. Turl hat die beiden immer sehr unterstützt und gerngehabt.“*

Doch nicht nur die Kinder unterstützte Wagner, nahezu alle Personen in seinem engeren und weiteren Umfeld kamen in den Genuss seiner Feinfühligkeit:

> *„Der Turli war immer sehr einfühlsam. Wenn jemand traurig war, hat er immer Trost gespendet. Und er hat sofort gesehen, wenn es dir nicht gut gegangen ist. Mit seiner lustigen Art hat er es auch gut geschafft, dass du wieder ein bissi lachen konntest. Wenn ich manchmal zu ihm gekommen bin und ihm gesagt habe, dass es mir nicht gut geht oder ich Kopfweh gehabt habe, hat er gesagt: Tu nicht so deppert – schau auf deinen Taufschein. Wenn dir nichts wehtut, bist du schon gestorben.“*

2007, in jenem Jahr, in dem Turl Wagner seinen 80. Geburtstag feierte, musste er ins Spital. Eine Unregelmäßigkeit auf der Haut stellte sich als Krebs heraus. Wagner wurde operiert und musste von da an jährlich zur Kontrolle – zehn Jahre lang. Im Alter von 90 verzichtete er dann auf die Vorsorgeuntersuchungen, da er sich ohnehin nicht mehr operieren lassen würde. Obwohl die Operation des Hautgeschwürs gut verlaufen war, wanderte der Krebs in die Leber, wo er zwölf Jahre später zu Problemen führen sollte.

Kurz vor seinem Geburtstag passierte ihm überdies ein unangenehmes Missgeschick, erzählt Schwester Stefanie:

> *„Der Turli hat immer Zeitungsausschnitte gesammelt, meistens über Fußball, und die hat er dann in Fotoalben eingeklebt. Dabei ist ihm damals der Kleber auf die Finger gekommen, und er hat daran herumgekletzelt, bis der Finger ganz wund war. Das hat dann zu einer Entzündung geführt, und wir mussten ins Spital fahren. Dort hat man das gereinigt und ihm den Finger eingebunden und eine Schiene zur Stabilisierung gegeben. Am nächsten Tag habe ich ihn besucht und sehe, wie die Schiene mit dem Verband am Tisch gelegen ist, und der Turli ist im Pool gewesen und geschwommen. Das hat er geliebt. Zuerst hat er es mit der Schiene probiert, aber dann ist sie nass geworden, und er hat sie runtergegeben. Dann war Kontrolle im Krankenhaus, und er hat es wieder draufgegeben, aber die haben das natürlich gemerkt. Das ist ein paarmal so gegangen, bis die Entzündung so schlimm war, dass schon im Raum gestanden ist, dass man den Turli operieren muss. Insgesamt hat es ungefähr einen Monat gedauert."*

Eine große Leidenschaft, die Turl Wagner im Lauf der Zeit entwickelte, war der Kauf von Gegenständen auf Flohmärkten oder in 1-Euro-Shops:

> *„Das hat schon begonnen, als wir noch das Schuhgeschäft hatten. Am Ende waren dort gar keine Schuhe mehr drinnen, sondern nur mehr Sachen vom Flohmarkt oder vom TEDi. Ein gewisser Gillinger, der war immer beim Legendentreffen im Hanappi-Stadion dabei ... Sein Sohn hat beruflich aufgelöste Wohnung ausgeräumt, und der musste immer am Freitagvormittag zum Turl kommen, damit er die besten Sachen kaufen kann, weil am Freitagnachmittag war das Treffen im Rapid-Stadion. Der Turl wollte sicherstellen, dass er nicht dort mit den anderen um die Sachen handeln muss, die er gerne haben möchte. Er hatte einen sehr stark ausgeprägten Sammlertrieb. Die meisten der Sachen hat er dann hergeschenkt, das hat ihm eine Riesenfreude bereitet. Man musste nur sagen, ‚Jö! Ist das schön‘, schon hat er es verschenkt. Wenn man es aber nicht angenommen hat, war er richtig grantig. Oft ist er auch nach Tschechien gefahren zu den Chinesen, die dort ihre Standeln gehabt haben.“*

Im August 2017 beging Turl Wagner im Heizungsmuseum in Meidling seinen 90. Geburtstag. Familie, Freunde und sportliche Wegbegleiter fanden sich ein, um mit ihm zu feiern.

Die Geschwister Wagner.

Wagner mit dem damaligen ÖFB-Präsidenten Leo Windtner.

Fußballerische Wegbegleiter bei Turl Wagners 90. Geburtstag beim Heurigen (stehend von links: Fegerl, Polster, Otto, Poindl, Weidinger, Rosner, Schilling, Flögel, Skocik, Hörmayer, Walzer; sitzend von links: Wahl, Maurer, Wagner, Fak, Steup).

Prominente Gratulanten im Heizungsmuseum in Meidling (hinten von links: Primus, Fegerl, E. Oslansky, Scheriau, Rosner, Poindl; vorne von links: Alfred Wagner, Kossich, Alfred Körner, Turl Wagner, Wahl, Steup, ?, Gasselich).

Josef Wahl bei der Geburtstagsansprache.

Legendentreffen anlässlich 100 Jahre Wacker Wien 2008 auf dem Platz der Wiener Viktoria: Richard Brousek, Norbert Schilling, Ernst Kozlicek, Walter Kollmann, Turl Wagner.

Turl Wagner mit seinem Freund Toni Polster.

Turl Wagners 91. Lebensjahr war von den Sorgen um seine Frau Franziska, bei der sich erste Anzeichen von Demenz zeigten, überschattet. Stefanie Dolezal über den Tod ihrer Schwägerin:

> *„Die Franzi hat immer geglaubt, sie hat Demenz, aber es waren nur ganz normale Vergesslichkeiten. Die Franzi ist an Altersschwäche gestorben. Organversagen ist es gewesen. Ich bin bei ihr im Spital gewesen, und sie hat gesagt, ihr braucht nicht weinen, ich habe eine schöne Zeit gehabt. Das hat den Turli extrem getroffen. Die beiden waren ja 62 Jahre zusammen.“*

Franziska Wagner starb am 1. September 2017 im Alter von 90 Jahren. In einem Interview wenige Monate nach ihrem Tod erinnerte Turl Wagner sich zurück:

> *„Wir hatten uns vorgenommen, dass wir alle zwei den 100er packen. Aber dann ist es ihr immer schlechter gegangen. Ich habe erst kürzlich zwei Fotos gefunden von ihr, als sie ins Spital gekommen ist. Da habe ich geweint. Sie hat am Ende keinen Anteil mehr genommen, und man hat mir gesagt, dass sie auch schon halb blind war.“*

Turl Wagner musste seinen Alltag nun allein bestreiten. Seine Schwester Stefanie besuchte ihn nahezu jeden Tag, und so vertiefte sich die ohnehin schon extrem enge Verbindung der beiden Geschwister noch mehr. Und die beiden haben auch im hohen Alter noch viel Spaß. An eine amüsante Episode aus dem Winter 2017 erinnert sich Schwester Stefanie besonders gerne zurück:

„Wir sind zum Körner gefahren, der hat immer mit Genuss getrunken. Der Turl hatte damals wenig gegessen und ein bissi etwas getrunken. Wie wir in Breitenfurt zurück zu Turlis Haus gehen, hat der Hund vom Nachbarn zu bellen begonnen. Das war ein großer Hund, und der Turli hat gesagt: ‚Halt die Pappen, du kennst uns doch eh', und wollte ihm einen Schneeball hinschießen, und dabei hat es ihn ausgedreht, und er ist ausgerutscht und hingefallen. Jetzt ist er am Boden gelegen und hat gelacht, weil er so patschert war, und ich wollte ihm aufhelfen, aber ich habe es nicht geschafft, weil es so rutschig war und weil ich auch so viel lachen musste. Na, jedenfalls bin ich dann auch dagelegen, und wir haben beide herzhaft gelacht, aber haben beide nicht mehr aufstehen können, weil's so rutschig war. Wenn da jemand vorbeigekommen wäre, hätte der gedacht, dass wir beide sturzbetrunken waren. Der Turli ist dann zur Tür gerobbt und hat sich mit den Armen am Gartentürl hochgezogen, da war er 90 Jahre alt."

Im Oktober 2019 tritt bei Turl Wagner hartnäckiger Durchfall auf. Schwester Stefanie: *„Ich habe mir zuerst nichts gedacht, weil wir am Samstag essen waren und er Mayonnaisesalat gegessen hat, und meine Portion noch dazu, und ich mir damals schon gedacht habe, dass er das hoffentlich verträgt."* Am nächsten Tag kam Bruder Alfred zu Besuch, der davor nach einem Herzinfarkt einige Wochen im Spital gewesen war. *„Vor dem Herzinfarkt war der Fredi bei uns und hat gar nicht gut ausgesehen und ist relativ teilnahmslos dagesessen. Der Turl hat ihm dann ein Pulver gegeben, weil er gemeint hat, Fredi hätte etwas Schlechtes gegessen, aber das waren schon die Vorboten des Herzinfarkts."*

Während des Besuchs der Geschwister im Oktober legte sich Turl Wagner nieder, weil er nicht recht zu Kräften kam. *„Der Turl war ganz wie unser Papa, er war immer sehr geduldig und hat nie gejammert."* Als sich keine Besserung einstellte, holte Schwester Stefanie am Montag schließlich den Arzt: *„Das war der Dr. Senft, der vermutet hat, dass der Turli einen Virus erwischt hat und ihm ein Pulver gegeben hat."* Doch es stellte sich weiterhin keine Besserung ein. Der Stuhl wies eine ungesunde gelbliche Farbe auf. Was man zu diesem Zeitpunkt noch nicht wusste: Die Ursache war Leberkrebs. Schwester Stefanie besuchte ihren Bruder täglich, und als er sich am Dienstag zusammenkrümmte und über starke Schmerzen klagte, rief sie die Rettung, die ihn ins Spital brachte. Bevor er aufs Zimmer gebracht wurde, musste er noch eine Weile warten. Im Warteraum unterhielt er in gewohnter Manier alle Patienten mit seinen Schmähs und Fußballgeschichten.

Nach einigen Wochen im Spital wurde er kurz vor Weihnachten endlich wieder entlassen. Stefanie besuchte ihn weiterhin jeden Tag und putzte den Weihnachtsbaum für ihn auf:

> *„Er hat Weihnachten so geliebt, aber ich habe gesehen, dass er gar nicht mehr so ein großes Interesse hatte. Von da an ist es von Tag zu Tag bergab gegangen. Am Anfang ist er noch mit dem Rollator herumgefahren. Er war sehr geduldig und wollte niemandem zur Last fallen."*

Am Heiligen Abend sprach Turl mit Stefanie über seinen Zustand:

> *„Wir haben beide geweint, weil wir beide gewusst haben, dass er sterben wird. ‚Ich werde sterben', hat er gesagt. ‚Am liebsten würde ich dich mitnehmen.' Da habe ich gesagt: ‚Na, bitte, lass mich noch da.' ‚Was wirst du denn ohne mich machen?' Da hat man noch gemerkt, dass der Beschützerinstinkt in ihm war."*

Dann musste Stefanie selbst ins Spital. Zu diesem Zeitpunkt nahm Turl nur mehr sehr wenig Nahrung zu sich und war bereits sichtlich abgemagert. Bald begann er regelmäßig zu erbrechen.

> *„Er hat mich gefragt, wann ich ins Spital muss, das war am 6. Jänner. Ich habe dann eine Pflegerin organisiert, die sich für drei Tage um ihn kümmert. Das hat ihm aber nicht so getaugt. ‚Keiner pflegt mich so wie du', hat er gesagt. Dann hat er gesagt, ich soll ihn ins Spital bringen. Ich habe gesagt, nur wenn er unbedingt will. Also haben wir beschlossen, dass wir auf den Nachmittag warten. Und es ist nicht besser geworden, und er hat mich ersucht, ihn ins Spital zu bringen."*

Zur gleichen Zeit befand sich auch Alfred Wagner – er hatte als Folge des Herzinfarkts einen Herzschrittmacher eingesetzt bekommen – in dem Krankenhaus, in das sein älterer Bruder nun eingeliefert wurde. Otto Neu erinnert sich:

> *„Der Fredi hat gar nicht gewusst, dass der Turl ins Spital eingeliefert worden ist, aber man hat es dem Fredi dann gesagt, und man hat ihn mit dem Bett zum Turl rübergeführt, und die beiden haben geplaudert. Der Turl war ja abgeschirmt, weil er*

die Infektion gehabt hat. Für den Turl war's schlimm, weil er da schon gewusst hat, dass er sterben wird.“

Otto Neu und Stefanie besuchten die Brüder beinahe täglich. Der Schwester wurde der Zutritt anfänglich verwehrt, da sie selbst eine Infektion hatte:

„Am Anfang habe ich ihn nicht besuchen dürfen, dann hat man mir aber gesagt, ich soll kommen, weil der Turli nicht mehr reagiert und nur mehr schläft. Wie wir dann reingegangen sind, hat er sich sehr gefreut, dass der Otto da war und ich. ‚Weibi, Weibi‘, hat er geschrien, da hat man richtig gesehen, dass er sich gefreut hat.“

Doch die Energie kehrte nicht mehr zurück. Turl Wagner verstarb am 21. Jänner 2020, sein Bruder Alfred Wagner wenig später am 2. März. Stefanie über den Tod ihres Bruders Alfred:

„Ich sage immer, der Fredi ist an gebrochenem Herzen gestorben. Er hat sehr gelitten, weil er aus gesundheitlichen Gründen nicht aufs Begräbnis gehen konnte. Ich habe meinen Bruder nie weinen gesehen, aber da hat er geweint. Es hat ihm sehr viel bedeutet, dass er den Turli im Krankenhaus nochmal gesehen hat. Wir haben immer telefoniert, nachdem er aus dem Spital heraußen war. Und in der Nacht von Samstag auf Sonntag war ich sehr unruhig und habe mir gedacht, in der Früh muss ich den Fredi anrufen und ihn fragen, wie es ihm geht. Da hat mich schon die Poldi (Anm. seine Frau) angerufen und gesagt, dass der Fredi gestorben ist. Ich war am Dienstag noch bei ihm auf

Besuch, da ist er mit dem Rollator gefahren und hat mir alles von der Wacker gezeigt. Ich war lange bei ihm."

Turl Wagner wurde am 31. Jänner 2020 auf dem Meidlinger Südwestfriedhof neben seiner Franziska beigesetzt. Zahlreiche Freunde und sportliche Weggefährten begleiteten den Turli auf seinem letzten Gang. Mit Turl Wagner verlor der österreichische Sport einen Vorzeigeathleten, der neben seiner professionellen Einstellung zum Fußball immer bescheiden, ehrlich und offen für die Anliegen seiner Mitmenschen gewesen war. Schwester Stefanie findet ihre eigenen Abschiedsworte:

> *„Ich habe ihm am Heiligen Abend Folgendes gesagt. Ich bin dir dankbar, dass du mich so gut erzogen hast, ich bin dankbar, dass du immer auf mich geschaut hast, und du wirst immer in meinem Herzen bleiben. Ich werde dich nie vergessen!"*

Turl Wagners Grab am Südwestfriedhof.

Nachwort des Autors

Mit Turl Wagner verlor Österreich eine Fußballlegende. Die großen Ikonen der unerreichbaren Wunderteam-Generation waren bereits spätestens Anfang der 1990er-Jahre verstorben. Wagner hatte mit eben jenen Helden aus einer bereits in den 1970ern verklärten Fußball-Romantik gespielt. Somit war er ein Bindeglied zu dieser glorreichen Mannschaft, die ganz Fußball-Europa diktierte, ein Umstand, der niemals danach auch nur annähernd erreicht werden konnte. Darüber hinaus war Wagner nicht nur auf dem Platz gestanden, als Österreich die beste Platzierung bei einer Weltmeisterschaft erreicht hatte, sondern er war zentraler Bestandteil dieses Erfolgs geworden. Sein Hattrick bei der Hitzeschlacht gegen die Schweiz ist ebenso legendär wie das Spiel selbst. Und durch seine Nahbarkeit und seine offenherzige Bereitwilligkeit, über seine Erlebnisse jedem ohne Vorurteile zu berichten, war er ein Star zum Anfassen, was seinen „Bekannten" das Gefühl gab, ein Teil dieser großen Historie zu sein – was Wagner zu immenser Popularität verhalf. Ebenso seine Authentizität, mit der er sich durch die Jahrzehnte, dem gesellschaftlichen Wandel zum Trotz stets treu geblieben war und die immer rarer werdenden Werte von Bescheidenheit, Ehrlichkeit, Gerechtigkeitssinn und Vertrauen getragen hatte. Auch das Klischee des grantelnden und zugleich charmanten Wieners, einem besonders in der Bundeshauptstadt sehr populären Selbstbild, das einen mit dem niemals existent gewesenen „Alt-Wien" verband, verkörperte Wagner perfekt. Mit dem Aufbegehren gegen die ungerechte Behandlung seiner Mannschaftskollegen im Jahr 1958 und dem Kampf gegen den Abriss des Wacker-Platzes 1978 wurde er sogar zu einer Art Robin Hood, ein Muster, das immer, vor allem aber zwei Jahre nach der Arena-Besetzung, die ein kollektives Erleben des Protests gegen von oben getroffene Entscheidungen darstellte, durchaus Anklang fand.

Schlichtweg, Turl Wagner weckte zahlreiche Wünsche in den Menschen, und vor allem bei den Fußballfans. Im Vergleich zu allen seinen Sportkollegen gelang ihm überdies das Kunststück, die Hauptidentifikationsfigur seines Vereins zu werden. Kaum ein anderer Spieler verkörperte seinen Verein mit einem derartigen Alleinstellungsmerkmal wie Wagner die Wacker repräsentierte. Vielleicht kam ihm auch das frühe Ende von Wacker Wien zugute, denn wie man in Wien sagt, muss man hier erst sterben, um respektiert zu werden. Turl Wagner war eloquent, amüsant, und obwohl er nie im Ausland gespielt hatte, strahlte er etwas Weltmännisches und zugleich Kumpelhaftes aus.

Seine sportliche Karriere ließ kaum einen Wunsch offen. 46 Länderspiele und 22 Treffer für Österreich. 365 Spiele in Österreichs oberster Spielklasse, in denen er 201 Tore erzielte. Freundschaftsspiele eingerechnet, gelangen ihm 14 Hattricks. Einen Meistertitel sowie einen Pokalsieg konnte er in Österreich erringen. Wagner hatte im Laufe seiner fast 20 Jahre andauernden Karriere auf fünf Kontinenten – Nordamerika, Südamerika, Afrika, Asien und Europa – Fußball gespielt. Er war Vorbild für zahlreiche Spieler seiner Nachfolgegeneration und auch Inspiration für jene, die später folgen sollten. Ein Spieler von Weltformat und ein Mensch, der höchste Wertschätzung erfuhr. Ein Idol, wie es im Buche steht.

Wagner mit seinen Geschwistern Stefanie und Alfred.

Wagner mit Schwester Stefanie.

Wagner als Eisläufer.

Wagner bei einem Badeausflug.

ANHANG

Die Geschichte der Wacker vor Turl Wagner

1906 war es für talentierte fußballbegeisterte Buben nicht so einfach, ihrer Leidenschaft nachzugehen. Es gab zwar eine Vielzahl von sogenannten „wilden“ Mannschaften, wirklich gut organisierte und große Vereine gab es jedoch kaum. Die Vienna, die Cricketer, der WAC und Rapid, mehr etablierte Fußballklubs gab es damals nicht in der Hauptstadt des Kaiserreichs. Zwei davon, der WAC und die Cricketer, residierten im Prater, einer in Rudolfsheim (Rapid) und die Vienna in Döbling. Eine vielfach erzählte Geschichte ist jene von Max Freund, der der Gründungsvater der Wacker aus Meidling gewesen sein soll. Obwohl die Quellenlage dünn ist, darf angenommen werden, dass die Erzählung die wahren Begebenheiten widerspiegelt. So soll es sich zugetragen haben, dass Max Freund, ein Schüler aus Meidling, sich regelmäßig mit seinen Freunden auf der Wiese neben dem Meidlinger Schlachthaus getroffen und dort Fußball gespielt hat.

Der erste Wacker-Platz links oben beim Schlachthaus, um 1900.

Zusammen mit seinem Freund Oskar Wittek galt er als der Initiator der Mannschaft. Überdies dürfte er der Talentierteste in seiner Runde gewesen sein, war er doch Mitglied der Jugendmannschaft des Wiener AC. Die weite Anreise zum Praterklub soll dann den Ausschlag gegeben haben, einen eigenen Verein zu gründen. Das Unterfangen scheiterte jedoch daran, keinen volljährigen Vertreter zu haben, weshalb eine offizielle polizeiliche Meldung nicht möglich war. Ein Jahr später gelang es schließlich, mit Rudolf Krones einen derartigen Paten zu finden. Auch der Name „Wacker" soll auf Max Freund zurückgehen. *„Immer wacker weiter"*, soll er seine Mannschaftskollegen angefeuert haben, womit diese Bezeichnung bei der Namenssuche durchaus logisch erschien. Die Burschen hatten sich weitgehend mit weißen Ruderleibchen und einer schwarzen Clothhose zum Spielen eingefunden, womit die Vereinsfarben festgelegt wurden.

Das erste Vereinsheim wurde in der Waschküche in der Aichholzgasse 33 errichtet, wo sich die Mutter eines Spielers bereit erklärte, die Dressen zu waschen. 1909 übersiedelte die Wacker von dem Platz neben dem Schlachthaus in die „Sandgrube", die sich gleich angrenzend zum Wirtshaus *Nitsch* zwischen der Edelsinnstraße und der Tivoligasse befand. Die Spieler mussten den Platz selbst bespielbar machen, ehe das erste Spiel gegen die ASV Hertha Wien ausgetragen werden konnte, das die Gastgeber mit 1:3 verloren.[74]

Als 1911 die erste österreichische Meisterschaft gestartet wurde, war die Wacker in die zweite Klasse eingeteilt worden. Max Freund verfügte offensichtlich über genug Talent, sich auch in der obersten

74 40 Jahre S.C. Wacker, Wien 1947.

Spielklasse durchzusetzen, und spielte in der ersten Meisterschaftssaison für seinen Stammverein, den WAC. Auch in der zweiten Saison ist zumindest ein Einsatz von Freund für den WAC verbrieft. Wacker gewann die zweite Klasse sowohl im ersten als auch im zweiten Jahr, der Aufstieg blieb den Meidlingern jedoch verwehrt, da man die Relegationsduelle verlor: 1911/12 gegen Rudolfshügel mit 0:6 und 1912/13 gegen die Hertha 0:2 und 2:2. Im dritten Jahr gewann Wacker erneut die zweite Klasse und durfte diesmal direkt aufsteigen. 1915 durfte Max Freund nun auch im Dress seiner Wacker erstklassig auflaufen. Der großgewachsene Verteidiger spielte bis zum Ende der Saison 1920/21 bei Wacker und schaffte es auch zweimal in die Wiener Stadtauswahl: am 4. Oktober 1914 gegen Berlin am WAC-Platz (5:1-Sieg für Wien) und am 5. November 1916 gegen Prag (2:4-Niederlage für Wien). Die Wacker jedoch war noch nicht ganz bereit für die neue Spielklasse. Nur eines von neun Spielen konnte man gewinnen, doch der Simmeringer SC lag noch hinter der Wacker auf dem letzten Platz. Absteiger hätte es jedoch ohnehin keinen gegeben, dieser war aufgrund des Krieges ausgesetzt.[75]

Nach dem Ende des Ersten Weltkriegs stieg die Popularität des Fußballsports rasant an, und die Zuschauerzahlen stiegen. Der Wacker-Platz platzte aus allen Nähten, und man begab sich auf die Suche nach einer neuen Heimstätte. Bald konnte man sich mit dem Bierbrauer Dreher einigen, der eine große Liegenschaft oberhalb der Schönbrunner Straße, die als Dreher-Park bekannt war, besaß. Große Teile

75 http://www.austriasoccer.at/data/nat/1910_19/o1__1_klasse__no_fussballverband_1911_12.htm; http://www.austriasoccer.at/data/nat/1910_19/o1__1_klasse__no_fussballverband_1912_13.htm; http://www.austriasoccer.at/data/spiele/1914/19141004wienberl1.htm

hatte er bereits an Johann Weigl vermietet, der dort das berühmte Vergnügungsetablissement betrieb, das jedes Wochenende Tausende Wiener anlockte und Ähnlichkeit mit dem heutigen Schweizerhaus aufwies. Weigl schenkte Drehers Bier aus und hatte neben dem riesigen Gastgarten auch die bis zu 4000 Personen fassende Katharinenhalle errichtet, in der zahlreiche Veranstaltungen stattfanden. Hinter diesem Areal befand sich ein Waldstück, das von Dreher an die Wacker verpachtet wurde. Die neue Heimat der Wacker war gefunden, und der Wacker-Platz, der zwischen 15.000 und 20.000 Zuschauer fasste, wurde errichtet. Die offizielle Adresse lautete Rosasgasse 31. Auch eine Trainingshalle wurde gebaut, um auch im Winter trainieren zu können, die überdies den Stemmern und Boxern eine Heimat bot. Das Eröffnungsspiel am 8. Oktober 1921 musste jedoch in der 30. Minute wegen eines Gewitters abgebrochen werden. Die fehlende Spielzeit von 60 Minuten wurde am 22. Jänner 1922 nachgeholt. Durch die unmittelbare Nähe zum Schloss Schönbrunn etablierte sich auch bald der Spitzname für die Wacker: *„Die Schönbrunner."*

Letzte Arbeiten auf dem Wacker-Platz, 1921.

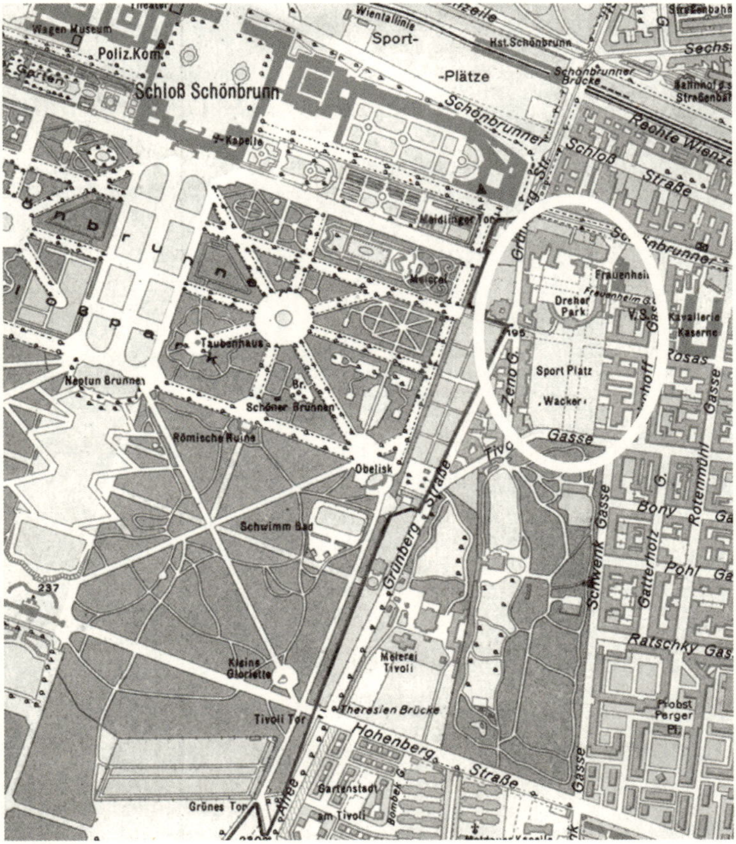

Gelände rund um den Wacker-Platz, 1930.

Dreher-Park, 1926.

Postkarte von „Weigl's Etablissement Dreher-Park“, 1912.

Die sportliche Entwicklung der Wacker zeigte auf dem neuen Platz nach oben. 1923 standen die Meidlinger im Cupfinale, das jedoch gegen den Wiener Sportclub verloren ging. Während bereits 1913 Stürmer Franz Twaroch und 1916 Torhüter Ferdinand Weigl als Wacker-Spieler zu Nationalteamehren kamen, ersterer sogar noch in der zweiten Klasse spielend, stieg die Anzahl an Wackerianern im Teamdress in den 1920er-Jahren stetig an. Brinek senior, Resch oder Walzhofer vertraten die Meidlinger würdig. Später war Vereinslegende Karl Zischek fixer Bestandteil des Wunderteams und fuhr kurz nach Ende der Wunderteam-Ära zusammen mit dem Teamkollegen Walzhofer zur Weltmeisterschaft 1934. In den 1930er-Jahren erreichten die Meidlinger zwei vierte Plätze, ehe 1938/39 erstmals Meisterluft geschnuppert werden durfte. Durch zahlreiche kriegsbedingte Terminverschiebungen wollte es die Dramaturgie, dass sich in der letzten Meisterschaftsrunde am 19. März 1939 Admira und Wacker punktegleich gegenüberstanden. Das Duell um den Titel ließ allerdings keine Zweifel offen, wie das „Kleine Blatt“ in seiner Ausgabe vom 20. März berichtete: *„Der Erfolg der Admira war eindeutig und klar.“*[76]

Im Folgejahr stand Wacker in der vorletzten Runde der Meisterschaft auf Platz eins.[77] Rapid hatte allerdings ein Nachholspiel ausständig. In der letzten Runde standen sich Wacker und Rapid auf der Pfarrwiese gegenüber, und wie schon gegen die Admira scheiterten die Meidlinger im Entscheidungsspiel. Binder hatte Rapid mit einem Elfmeter in Führung gebracht, doch Reitermaier erzielte in der 58. Minute den Ausgleich. Aber zwei Treffer vom neben Binder überragenden Pesser und ein Tor von Schors beendeten die Titelträume der Wacker.[78]

Nachdem Wacker in der nächsten Saison zum dritten Mal in Folge den zweiten Platz erreichte, sprach man bald vom *„ewigen Zweiten“*.

1939 stieß die Wacker im Rahmen des DFB-Pokals bis ins Halbfinale vor, wo man gegen Waldhof Mannheim zuerst 1:1 auswärts und dann 2:2 in Wien spielte. Das Entscheidungsspiel in München endete 0:0. Man einigte sich darauf, den Sieger mittels Los zu ermitteln, das Glück war aber den Mannheimern hold. Bereits zu diesem

---

76 Das Kleine Blatt, 20. März 1939, https://anno.onb.ac.at/cgi-content/anno?aid=dkb&datum=19390320&seite=10&zoom=33
77 Das Kleine Blatt, 22. April 1940, https://anno.onb.ac.at/cgi-content/anno?aid=dkb&datum=19400422&seite=6&zoom=33
78 Das Kleine Blatt, 29. April 1940, https://anno.onb.ac.at/cgi-content/anno?aid=dkb&datum=19400429&seite=6&zoom=33

Zeitpunkt zerriss sich der junge Turl Wagner seine Schuhe auf dem Wacker-Platz und sollte bald aktiv in die Geschichte des Vereins eingreifen.

Wacker-Wappen.

Wacker-Platz – Wacker gegen Slavia, 1928.

Turl Wagner im Gespräch über fußballerische Wegbegleiter

Turl Wagner war auch einer der Letzten, der mit einer Vielzahl der berühmtesten Fußballer Österreichs zusammen am Fußballfeld stand. Und er wusste darüber viel zu erzählen. Im folgenden Spezialteil ist zusammengefasst, was Wagner über seine prominenten Mit- und Gegenspieler zu berichten hatte.

LUKAS AUREDNIK

Jössas – der Zauberer, der hat so geheißen, weil er so gezangelt hat. Als Flügel bist ja arm. Du hast ja nur eine Seite zum Ausweichen, weil auf der anderen ist die Linie. Und der hat dich auf einem Bierdeckel überspielt, der war ein Granat. Ich habe ihn erst kennengelernt als Alter, als er bei der Austria gespielt hat. Wenn er wohin gekommen ist, hat nach fünf Minuten alles gelacht. Der hat einen Humor gehabt, direkt eine Begabung zu einem Komiker. Wenn wir in einem Hotel kaserniert waren, hat er uns öfters besucht. Da haben wir gesagt, fad ist es, da rührt sich nichts, dann ist der Aurednik gekommen, und das Theater ist schon losgegangen. Er war nach der Weltmeisterschaft auch in Frankreich und hat dann privatisiert und hat viel Geld verdient.

LEOPOLD BARSCHANDT

Der Poldi war mein bester Freund nach dem Pelikan. Mit dem war ich lange beieinander. Auch familiär waren wir eng verbunden. Ich habe seine Tochter zur Firmung geführt. Wir haben Weihnachten gemeinsam verbracht und sind auf Urlaub gefahren. Ich habe ihn recht spät kennengelernt, weil er erst spät ins Nationalteam gekommen ist – mit 26. Als Fußballer war er das Um und Auf beim Sportclub. Als er weggegangen ist, ist es mit dem Sportclub bergab gegangen. All die großen Kicker dort haben gesagt, dass er wie ein Vater für sie gewesen ist. Das, was ich bei der Wacker war, war er beim Sportclub. Der Poldi konnte eine Mannschaft zusammenhalten und hat am Feld dirigiert. All die Stars haben auf ihn gehört.

FRANZ „BIMBO" BINDER

Der war ein vollwertiger Fußballer. Der hat alles können. Kopfball hast eh keinen erwischt, der war fast zwei Meter groß, und einen Schuss hat er gehabt. Für die Rapid-Spieler war er das große Vorbild. Der Körner Fredl hat immer gesagt, dass er vom Binder so viel gelernt hat und dass er ihn als Fußballer geformt hat. Der Binder war später auch Trainer und Sektionsleiter. Und er war überhaupt nicht eingebildet. Am Anfang habe ich zu ihm „Guten Tag, Herr Binder" gesagt, und er hat gesagt: „Sag Franz zu mir." Das habe ich aber nicht zusammengebracht, der war ein Denkmal für mich.

THEODOR BRINEK JUNIOR

Der war älter als ich, und nachdem Hahnemann aufgehört hat, war er der Vater unserer Kompanie. Ein guter Fußballer, unglaublich laufstark, dem haben alle vier Ecken vom Platz gehört, der hat gedampft wie ein Ross. Meistens hat er kein Mittagessen gegessen und nur zwei doppelte Cognac getrunken und manchmal noch ein Viertel Wein. Der musste nichts essen. Nach dem Spiel am Abend hat er dann ordentlich gegessen. Einen unglaublich scharfen Schuss hat er gehabt, aber unkontrolliert. Wenn er gut getroffen hat, hat er die Häuser abgeschossen, aber wenn ihm der Schuss abgerissen ist, ist er im Winkel gelandet. Wir waren sehr gute Freunde, mit ihm konnte man Pferde stehlen. Als Verbinder musste man immer pendeln zwischen vorne und hinten. Er hat immer zu mir gesagt: „Schleich dich vor, ich brauche dich nicht da hinten, das mach ich schon allein, geh vor und schieß Tore."

FRIEDRICH CZEJKA

Der war ein Rechtsaußen beim WAC. Damals haben noch die Kaltenbrunners gespielt. Der Czejka hat einen unglaublich starken Schuss gehabt, wie eine Kanone. Links weniger, aber rechts hast ihn nicht schießen lassen dürfen. Er hat aber ganz selten im Nationalteam gespielt, weil auf seiner Position die Konkurrenz zu groß war.

ROBERT DIENST

Den kenne ich, wie er ein Bub war beim Floridsdorfer AC. Der war zwei Jahre jünger als ich. Beim FAC in der Jugend hat er Center-Half gespielt. Der Plan war, ihn statt dem Smistik aufzubauen. Ich habe damals schon viel Talent in ihm gesehen, und er war ein Fan von mir. Einmal haben wir ihn bei der Stafa getroffen. Er hat mich gerufen, und wir haben geplaudert. Dann hat er gesagt: „Herr Wagner, macht es Ihnen etwas aus, wenn ich Sie etwas frage?“ Er hat mir dann erzählt, dass er ein Angebot von Rapid hatte, aber der FAC war für ihn wie eine Familie, und er hat mich gefragt, was er tun sollte. Ich habe ihm geraten, dass er auf sich schauen muss, und Rapid ist ein großer Verein, und ich habe ihm geraten, zu Rapid zu gehen. Wir waren gute Freunde bis zum Match gegen Ungarn. Das war ein Freundschaftsspiel in Wien. Bei den Nationalspielern ist es immer nach der Leistung gegangen, und am Wochenende vor dem Ländermatch hat er mehr Tore gemacht als ich, somit ist er in der Startelf gestanden. Die Ungarn haben geführt, und der Dienst hat unser Tor geschossen, aber der Nausch hat ihn zur Pause ausgewechselt und mich aufs Feld geschickt. Da haben alle geschaut, weil er doch das Tor geschossen hatte. Wir haben dann gewonnen. Als wir im Autobus heimgefahren sind, hat sich der Merkl zum „Bladen“ (Anm. Dienst) gesetzt und hat ihn aufgehusst. Von dem Moment an hat mich der Dienst nicht mehr gegrüßt. Ich habe ihn ein paarmal darauf angesprochen, aber er ist einfach weggegangen. Das Gerücht ist gegangen, dass ich mit dem Nausch gesprochen hätte und gefordert hätte, dass ich spielen muss. Das hat aber nicht gestimmt. Wie er älter und gescheiter war, haben wir uns ausgesprochen, danach war alles in Ordnung. Privat war der Dienst ein ganz lieber Mensch. Da konntest du alles haben von ihm. Aber im Match, wenn der heiß geworden ist, da hast gewusst, jetzt wird's eng. Der hat den Pelikan nicht nur einmal k. o. gehaut. Der ist auf den Ball gegangen, dass beim Franz die Zähne gewackelt haben. Der Franz hat immer gesagt: „Nächstes Mal, wenn wir spielen, kommst dran." Beim Rausgehen sind die zwei wieder zusammengekommen, und der Franz hat gesagt: „Jetzt kriegst kalt-warm!" Es hat nur ein paar Minuten gedauert, dann haben's den Franz schon vom Feld getragen. Am nächsten Tag habe ich ihn besucht, da hat er mit dem Strohröhrl den Kaffee getrunken, weil die Zähne locker waren. Seinem Spitznamen ist er eigentlich gar nicht gerecht geworden. Der hat zwar blad ausgeschaut, war aber gar nicht blad. Er hatte einfach einen sehr robusten Körperbau und starke Knochen. Für Rapid war er unglaublich wertvoll, weil die beiden Flügel, die Körner-Brüder, so genaue Flanken gespielt haben. Er war immer mit dem Körper dort und hatte einen großartigen Schuss. Technisch war er auch gut.

JOSEF EPP

Ein Center-Stürmer wie der Dienst. Kein Techniker, sondern ein Knipser. Körperlich sehr stark, der war wie ein Leichtathlet und im Strafraum unglaublich stark.

LEOPOLD GERNHARDT

Der Poldl von Rapid. Den habe ich gefürchtet, der war beinhart. Da habe ich am Abend immer arg ausgeschaut. Meine Frau hat immer gesagt, ich schaue aus, als hätte ich lauter Knutschflecken, das waren die Buserer von ihm. Der Gernhardt war 1941 beim Meistertitel von Rapid dabei. Der Poldl war sowohl als Spieler als auch im Beruf ein großer Mann. Der hat ein Lebensmittelgeschäft gehabt, war aber nicht immer dort, nur wenn jemand gesagt hat, er will den Gernhardt sehen. Nebenbei hat er auch für den Fußballverband gearbeitet. Er hat erst Center-Half gespielt, statt dem Hofstätter, dann war er Aufbauläufer. Ich habe immer das „Glück“ gehabt, gegen ihn zu spielen. Der war nicht foul, aber der hatte Knochen wie Eisenstangen. Später bei unseren Treffen der Ehemaligen hat er sich immer zu mir gesetzt und mir immer gesagt, dass er gegen mich auch nicht gern gespielt hat, weil wenn ich den Ball einmal gehabt habe, hat er nimmer hingehen brauchen, weil ich ihn dann überspielt habe. Darum, hat er gesagt, ist er oft auf die andere Seite ausgewichen, damit mich der andere nehmen hat müssen.

ERICH HABITZL

Der Erich war wie ein Kind vom Hahnemann. Er war von der Admira. Der war ein Bub damals wie ich. Wie der Hahnemann in der Glanzzeit bei der Admira war, hat er den Habitzl aufgebaut. Wir waren die beiden, die Hahnemann in seiner Karriere aufgebaut hat. Der Habitzl hat später auch ein Schuhgeschäft gehabt, in Floridsdorf, später dann auf der Mariahilfer Straße. Wir haben viel gemeinsam gehabt. Fußballerisch hat er so gespielt wie der Hahnemann und ich.

WILHELM HAHNEMANN

Er war für meine Karriere sehr stark verantwortlich. Er war der Österreicher, den man am häufigsten in die deutsche Nationalmannschaft berufen hat. Er hatte einen dunklen Teint, und da haben ihn die anderen „Zigeuner" genannt. Ich habe ihn schon als Bub spielen sehen, da hat er bei der Admira gespielt. In der Mitte Stoiber, Linksverbinder Schall, rechts der Vogl. Ich habe zugeschaut und habe die Admira spielen gesehen – weiße Dress, weiße Hosen, da habe ich mich verliebt. Dass ich später mit ihm gespielt habe, war eine große Ehre für mich. Er hatte nach seiner Karriere ein Parfümeriegeschäft am Margaretengürtel.

JOSEF HAMERL

Der Hamerl war ein Fan von mir, und ich war ein Fan von ihm. Sein Spiel hat mir unheimlich gefallen, obwohl alle immer gesagt haben, der Lange mit seinen Haxen kommt wie ein Kamel daher, aber er hat seine Tore gemacht. Wenn wir uns getroffen haben, haben wir immer viel geplaudert. Er hat in Siebenhirten angefangen zu spielen und ist dann zur Austria gekommen. Der Pepi war einer der besten Linksverbinder, hat aber das Pech gehabt, dass er den Stojaspal vor sich gehabt hat.

ERNST HAPPEL

Wir haben ihn sehr gern gehabt, weil er einer der ehrlichsten Menschen war, die es gibt. Das, was die Zeitungen geschrieben haben, dass er hart war, ist nicht fair. Er war schon hart, aber nur zu denen, die es gebraucht hatten. Er hat Wien so sehr geliebt, das kann man sich gar nicht vorstellen. Immer, wenn er von Deutschland gekommen ist oder aus Holland, hat er uns alle immer eingeladen zum Heurigen. Einmal waren wir beim Heurigen in Sievering. Da hat noch der Körner Robert gelebt, und der Dienst war auch dabei. Damals hat es draußen geschüttet, und auf einmal ist jemand hereingekommen. Die haben einen Koffer mitgehabt, wie eine Bassgeige. Es war alles leer, weil wir am Nachmittag dort waren. Die Körner-Buben haben das für den Happel organisiert. Die haben die Christl Prager organisiert, die war eine Heurigensängerin, und der Ernst hat die sehr gern gehört. Der Happel hat gerade sein Gulasch gegessen, das hat er immer gegessen, wenn er in Wien war. Auf einmal haben die auf der Bühne die Harmonika herausgenommen, und die Christl hat zu singen begonnen. Der Happel hat die Gabel weggelegt und gefragt, was da los ist. Dann sind ihm die Freudentränen runtergeronnen. Am meisten hat er immer gelitten, wenn er wieder aus Wien wegmusste. Wie der Happel zum Hamburger SV gekommen ist, haben die großen Spieler wie Beckenbauer, der Magath oder Hrubesch gesagt: „Wozu brauchen wir einen Wiener?“ Der Happel hat sie alle aufstellen lassen am Strafraum und drei Bälle aufgelegt und gesagt: „Jetzt schieße ich auf die Querlatte.“ Und dann hat er mit dem rechten Fuß auf die Querlatte geschossen und getroffen, dann mit dem linken und getroffen und dann wieder mit dem rechten getroffen. Ein paar haben geposcht, die Großen waren schon ruhiger, weil sie vorher goschert gewesen sind. Der Happel hat ein Gefühl im Fuß gehabt, das war unglaublich.

WALTER HAUMMER

Den haben wir den „Bogensablerten" genannt, weil er so arge O-Beine hatte. Er hatte eine ganz hohe Stimme und hat geredet wie eine Frau. Der Haummer war ein super Fußballer. Unglaublich torgefährlich. Am gefährlichsten war er, wenn er müde geworden ist, da ist er auf den Außenknöcheln gelaufen.

WALTER HORAK

Das war ein Naturbursche durch und durch. Er hat jedem geholfen. Er war am Naschmarkt ein hohes Vieh und hat die Lebensmittel übergehabt. Und das hat er kistenweise den Jugendspielern vom Sportclub rausgebracht. Bananen, Orangen und so weiter. Da ist er aus Frankreich zurückgekommen, vorher war er in Sochaux.

Als Spieler war er ähnlich wie der Melchior. Den konnte man immer schicken, er ist jedem Ball nachgelaufen und hat fast jeden erwischt. Für den Sportclub war er sehr wichtig, weil die hatten in der Mitte drei Techniker mit dem Knoll, dem Hof und dem Hamerl, und der Horak hat die Meter gemacht und die Flanken gegeben.

ADOLF HUBER

Ein großartiger Spieler. Der war meiner Meinung nach besser als der Hof. Der hat in der Mitte Löcher gefunden, da hat man gar nicht gewusst, wie er das gemacht hat. Damals gab's noch keine Wechsel ins Ausland, aber er hätte sicher dort eine große Karriere gemacht. Huber war immer bei der Austria, bis sie ihm gesagt haben, dass sie ihn nicht mehr brauchen. Danach war er noch Trainer, unter anderem beim FC Wien. Am Ende ist er recht verfallen und war ganz müde. Er war einige Jahre allein, weil er sich von seiner Frau getrennt hatte, und wenn ich ihn gefragt habe, wie es ihm geht, hat er gesagt, dass er nicht mehr leben möchte.

CAMILLO JERUSALEM

Gegen den Jerusalem habe ich gespielt, weil ich dann Rechtsverbinder gespielt habe, wie der Hahnemann auf links gegangen ist. Ich habe ihn sehr gut gekannt. Er hat mit kurz vor 40 noch in der Unterklasse gespielt und war sehr gut. Zu den jungen Spielern war er immer sehr freundlich, auch unter dem Match. Der hatte alles, was ein Fußballer braucht, einen guten Schuss, und beinhart war er auch noch dazu.

KARL KOLLER

Den könnte man heute mit einem Lothar Matthäus vergleichen. Ein großartiger Ankurbler. Sein Vorbild war der Sabeditsch, und er hat dann auch dessen Position übernommen. Nach der Karriere hat er das Wirtshaus von seinem Vater geleitet. Er hat starke Demenz gehabt am Ende. Da hat er mich nicht einmal mehr erkannt. Das war sehr traurig.

WALTER KOLLMANN

Den haben wir Bendi genannt. Da gab es die Bendi-Schuhe mit Doppelsohlen. Die wurden beim Stephansdom gemacht, in der Rotenturmstraße. Dort war der Bendi – ein Schuster, und der hat dem Kollmann die Schuhe geschenkt, weil er so gut war. Und jeder hat ihn gefragt, woher er die schönen Schuhe hatte, und er hat immer gesagt, dass das Bendi-Schuhe sind, und so war er der Bendi für uns. Im Nationalteam hat es viele Stopper gegeben. Den Stotz Karl oder den Röckl, und auch der Happel war vor ihm. Wacker war der dritte Verein damals, und er hat es schwergehabt gegen die Konkurrenz, obwohl er ein großartiger Spieler war. Er war immer topfit, aber er hat gegessen wie ein Großer. Später hatte er ein Lebensmittelgeschäft, da hat er mehr gegessen, als er verkauft hat. Wir hatten viel Kontakt, und er hat mich oft in Breitenfurt besucht. Er hat dann Demenz bekommen, das war arg. Damals war er zu Weihnachten bei uns zusammen mit seiner Frau Inge, und er konnte sich an nichts erinnern, aber an die Spiele in Südamerika hat er sich erinnert, als wär es gestern gewesen. Dann hat er gesagt: „Turl, heute machst kein Geschäft, da sind gar keine Kunden da." Dabei sind wir bei uns im Haus gesessen.

JOSEF MUSIL

Der war ein ruhiger Bursch. Es ist selten, dass sich zwei Torleute verstehen, aber der Zeman und der Musil haben sehr gut harmoniert. Der Zeman war so kameradschaftlich, er war der Berühmtere, obwohl der Musil auch gut war. Die beiden haben aufeinander aufgepasst. Manchmal hat der Musil gesagt, dass er bissi Geld brauchen würde, dann hat der Zeman gesagt, dass er in der Reserve spielt und der Musil in der Ersten.

WALTER NAUSCH

Der Nausch war ein Wunderteam-Spieler, das hat man gemerkt. Der hat eine Autorität gehabt. Wenn er in den Raum gekommen ist, hat sich was gerührt. Im Ausland, wenn wir ins Hotel gekommen sind, sind die Leute aufgestanden und haben den Hut gezogen. Mit der Austria hat er den Mitropacup gewonnen, dann ist er in die Schweiz gegangen, weil seine Frau Jüdin war. Dass er nach Wien zurückgekommen ist, war mein Glück. Der hat dir beim Team unheimlich viel Ruhe gegeben. Am Abend vor dem Spiel ist er zu mir gekommen und hat sich zu mir gesetzt und mit mir gesprochen und mich auf den Gegner vorbereitet. Nausch wollte deinen Stil nicht ändern, der hat die Mannschaft zusammengestellt, wie die Spieler am besten zusammengepasst haben. Er war seiner Zeit voraus. Ich habe das Wunderteam ja nur als Kind erlebt. In der Kriegszeit habe ich mit ein paar aus der Zeit gespielt, und man hat ein paar junge Spieler eingebaut. Unser Vorteil war, dass wir als junge Spieler mit den Alten gespielt haben, die vieles an uns weitergegeben haben.

ERNST OCWIRK

Der „Lange“ war für Österreich so wie der Beckenbauer für Deutschland. Als Spieler war er mein bester Freund am Feld. Er war sehr sensibel und hat sich immer über die Medien aufgeregt, wenn sie schlecht geschrieben haben. Oft habe ich ihn dann aufgebaut.

HANS PESSER

Den Pesser habe ich noch spielen gesehen als Linksaußen. Der war ein harter Bursch beim Spielen. Der hat alles gehabt, was ein großer Spieler braucht. Er ist auch fürs Deutsche Reich für die Nationalmannschaft angefordert worden. Bei Rapid war er ein Wahnsinn. Er war auch ein wunderbarer Trainer, aber er hat nie wirklich Verantwortung allein übernommen. Schon bei Rapid nicht. Da war immer ein Spieler wie Happel oder Merkel, der ihn unterstützt hat. Er hat immer Unterstützung haben wollen und hat viel nachgefragt, ob seine Entscheidung richtig ist. Beim Sportclub war er sehr erfolgreich, und dort hat eigentlich nur einer das Sagen gehabt – der Barschandt Poldi, den hat er immer gefragt. Aber er war ein super Trainer und hat ein super und sehr modernes Trainingsprogramm gehabt, und er hat sehr viel Wert auf Kondition gelegt. Seine Mannschaften haben oft die Spiele in den letzten 15 Minuten entschieden.

ERICH PROBST

Der Probst war eine Wildsau. Das Ebenbild vom Dienst. Die beiden haben immer gestritten und geschimpft. Die hat nur das grüne Dress zusammengehalten, wenn sie das ausgezogen haben, haben sie sich fast geprügelt. Spielerisch war er noch gefährlicher als der Dienst. Sein Spitzname war „Mopsi“, weil er so wie ein Mops ausgesehen hat.

JOHANN RIEGLER

Sein Spitzname war „Affi“, weil er so lange Arme hatte, die immer runtergehangen sind. Rapid hat von seiner Spielart gelebt. Er hat das Spiel gemacht und ist enorm viel gelaufen. Wenn er nicht gespielt hat, ist es nicht rund gelaufen. Aber er hat meistens nicht bis zum Schluss durchgehalten und ist am Ende immer eingegangen. Später haben sie zwei Spieler gebraucht, die das geleistet haben, was er allein gemacht hat. Später ist er zur Austria gegangen und nach Frankreich. Aber nach einem Jahr wollte er wieder heim, weil er Heimweh gekriegt hat. Seine Frau war in Wien, und es nicht so gut gelaufen, weil die ein anderes System gespielt haben.

DR. WALTER SCHLEGER

Er war ein Gelehrter, daher auch Dr. Schleger. Er hat sich auch ein wenig so gegeben, obwohl er aus einem Arbeiterbezirk war. Ursprünglich kam er aus der Tschechoslowakei, aber der Otto „Stopperl“ Fodrek hat seine Familie und ihn nach Wien geholt. Privat war er distanziert und nicht allzu beliebt, aber er war ein großartiger Fußballer. Ich habe nie Probleme mit ihm gehabt und konnte mich schon gut durchsetzen. Im Nationalteam habe ich immer vor ihm gespielt, und wenn er mit nach vorne gegangen ist, musste ich nach hinten gehen und Außendecker spielen. Da haben wir schon ein paar Diskussionen gehabt.

KARL SESTA

Der Sesta hat links gespielt, und ich habe das erste Mal Rechtsaußen bei der Wacker gespielt. Sesta war ein großer Name damals, und mir sind bei einem Laufduell zwei Putz ausgekommen, und er hat gesagt: „Bua, scheiß dich nicht an, ich tue dir nix.“ Er hat ähnlich gespielt wie der Happel später, nur ist der Sesta mehr explodiert als der Happel.

JOSEF SMISTIK

Den Smistik habe ich kennengelernt, da haben wir mit den Alten Internationalen gespielt, am Rapid-Platz vor 15.000 Leuten. Rapid-Legenden gegen Alte Internationale. Der Smistik hat gegen den Happel gespielt, und der Happel hat gesagt, ich soll ihn rausnehmen, weil ihn der Smistik dauernd ausgespielt hat. Der ist am Standbein vorbeigegangen wie heutzutage der Messi.

ERNST STOJASPAL

Der war wie der Messi heutzutage. Der hat dich auf einem Bierdeckel überspielt. Zu der Zeit ist der Stotz von der FC Wien zur Austria gegangen. Ich habe viel geredet mit ihm damals, er war ja mein Jahrgang, und er hat mir erzählt, dass er dort hingekommen ist und gegen den Stoissi keinen Ball gesehen hat. Der Ernst war so ein lieber Mensch, dem konnte man für nichts böse sein. Den haben's immer abgeklopft, und er hat nur gesagt: „Hast du das notwendig?“

Er hatte ein Sportgeschäft mit seiner Frau zusammen. Er hat ja in Straßburg gespielt und ist dann dort geblieben. Am Ende hatte er Alzheimer und ist bei einem Ausflug aus dem Heim verunglückt.

KARL STOTZ

Der Stotz war einer meiner besten Freunde. Er hat mir immer gesagt, ich wäre sein Vorbild, er war der gleiche Jahrgang wie ich. Er hat beim FC Wien gespielt, und wie er in die Nationalmannschaft gekommen ist, hat er Anschluss gebraucht. Ich war schon ein paar Jahre im Team dabei, und ich bin nach dem Training mit ihm beieinander gesessen oder spazieren gegangen. Ich habe ihn quasi eingeführt.

JOSEF STROH

Das war ein Weltkicker. Er hat beim Wunderteam gespielt und bei der Austria. Er war Rechtsverbinder und hat zusammen mit Jerusalem und Sindelar die Stürmerreihe gebildet. Der hatte einen großartigen rechten und linken Fuß. Meistens hat er auf meiner Seite gespielt, weil Rechte hast mehr gehabt als Linke, damit hat er meist links gespielt. Da hat es kein Foul gegeben, wenn man ihn überspielt hat. Bei den Alten Internationalen hat er manchmal im Betreuerteam mitgeholfen.

WALTER ZEMAN

Mit dem Walter bin ich aufgewachsen. Er war vom Wienerberg, von den Ziegelböhmen. Das war eine eigene Clique. Wenn du da reingekommen bist, hast einen Ausweis herzeigen müssen. Und wir haben am Wienerberg unseren Garten gehabt, da ist er immer raufgekommen, wenn er zum Training gegangen ist, und hat mich oft nach einem Schluck Wein gefragt. Ich habe keinen Wein getrunken, aber ich habe immer ein Glaserl für ihn hergerichtet. Der Tiger, so hat man ihn genannt, hat zuerst bei Wienerberg und dann beim FC Wien gespielt, bevor er zu Rapid gekommen ist. Auch nach unseren aktiven Karrieren haben wir uns immer wieder getroffen, wie wenn wir uns wie Magneten angezogen hätten. Am Schluss hat er beim Gaswerk gearbeitet, und vorne in Kalksburg waren die Kanalgitter verstopft. Ich bin mit dem Auto vorbeigefahren und hab gesehen, dass die Gitter offen waren, und bin hingegangen und hab runtergerufen, dass sie die Gitter zumachen sollen, bevor noch etwas passiert, auf einmal ist er rausgeklettert. Er hat damals die Baustelle kontrolliert.

KARL ZISCHEK

Für mich war der Zischek eigentlich das größte Vorbild. Man hatte immer wieder Sachen, über die man mit niemandem reden kann. Der Zischek und auch der Reiter haben das angesprochen. Die haben gespürt, dass etwas nicht passt. Der Zischek hat mit 38 Jahren noch Außendecker gespielt. Zu mir hat er immer gesagt: „Wenn du nicht weißt, was du machen sollst, spiel den Ball zu mir, ich kann ihn leichter verlieren, ich bin ein Wunderteam-Spieler, mich schimpfen sie nicht.“

FRIEDRICH ZWAZL

Da könnte man Märchen erzählen. Sein Bruder war ein großartiger Boxer, der hat viele Kämpfe gewonnen. Der hat im 10. Bezirk geboxt beim FC Wien-Platz. Obwohl er so erfolgreich war, ist der Fritzl eigentlich stärker gewesen. Am Vormittag sind die FC Wien-Spieler immer zuschauen gegangen, wenn er trainiert hat. Da hat er immer ein Theater gemacht und hat den Trainer halb k. o. geschlagen. Manchmal haben die Spieler dann den Fritzl geholt und ihm gesagt, sein Bruder führt sich schon wieder auf. Dann ist der Fritzl raufgegangen und hat sich die Boxhandschuhe genommen und ist in den Ring gegangen. Zwei Minuten später hat er den Bruder besiegt gehabt. Der Zwazl hat linker und rechter Außendecker gespielt. Er und der Brinek haben immer gestritten, weil der Brinek hat hinter dem Bokon und mir gespielt, und wir waren technisch gut, da hat er es leichter gehabt. Der Zwazl wollte auch hinter uns spielen, weil der

Hahnemann ist nie zurückgegangen, und er musste doppelt laufen. Privat war er ein Weltbursche. Regelmäßig hat er die Wacker-Jugend zum Essen eingeladen, da war mein Bruder auch oft dabei. Damals, nach dem Krieg, hat es ja nicht so viel gegeben. Er hatte später auf der Lobkowitzbrücke ein Kaffeehaus. Nachdem ihn seine Frau verlassen hatte, hat er zu saufen begonnen. Früher hat er nie einen Alkohol angerührt. In vier Jahren war er tot.

Dank

Dieses Buch wäre ohne die Unterstützung zahlreicher Helfer nicht möglich gewesen. Angefangen von all jenen, die durch ihre detailgetreuen und farbenfrohen Erzählungen und die viele Fotos das Umfeld und die Dynamiken der damaligen Zeit vor den Augen des Lesers zum Leben erwecken halfen, über all jene, die mich aus ihrem unerschöpflichen Fundus aus Daten und Fakten rund um den Fußball in Österreich mit den relevanten Informationen versorgt haben, hin zu jenen, die das vorliegende Werk durch ihre unermüdliche Arbeit und Liebe zum Detail auf den Qualitätsstandard gehoben haben, den ein Buch benötigt, um der breiten Öffentlichkeit präsentiert zu werden.

Vielen herzlichen Dank auch meiner Familie, allen voran meiner Frau Tanja, die die vielen Stunden an Arbeit, die in dieses Buch geflossen sind, akzeptiert hat und mich darüber hinaus in meinem Vorhaben bestärkt hat, ein Projekt dieser Größe in Angriff zu nehmen.

Danksagungen in alphabetischer Reihenfolge:

Hans Werner Bousska
Stefanie Dolezal
Dr. Martin Drahos
Rudolf Flögel
Rosemarie Konrad
Elisabeth Kozlicek
Ernst Kozlicek (†)
Ambrosius Kutschera
Zoran Lazarevic
Otto Neu
Michael Niederer
Wilhelm Pevny
Gerald Pichler
Anton Polster
Norbert Schilling (†)
Harald Schneider
Gerald Seizer
Maria Sikora
Tanja Süß-Herzog
Egon Theiner
Josef Wahl

Glossar

abbusseln	abküssen
abfotzen	ohrfeigen
am Krawattl haben	in die Enge treiben
aufhussen	aufwiegeln
ballestern	Fußball spielen, kicken
Ballschani, der	Balljunge, Ballbub
Bassena, die	allgemein zugängliche Wasserstelle im Stiegenhaus
blad, der Blade	dick, dicker Mann
Blasenschupfer, der	Fußballer
Bua, Buama, der, die	Bub, Buben
Buserer, der	Stoß von hinten
deppert	dumm, blöd
Dribblanski, der	technisch versierter, verspielter Fußballer
Einsergoalie, der	Stammtormann
Einserleiberl, das	Nummer 1, Nummer des Stammtorhüters
Eisentandler, der	(Alt-)Eisenhändler
Erste, die	(Vereins-)Kampfmannschaft
Fetzenlaberl, das	Fußball
foppen	(im Scherz) etwas Unwahres sagen
Gatschknödel, der	Kugel aus Schlamm
Gfrast, das	Hallodri, Nichtsnutz
Gnack, das	Genick
goschert	großspurig
Granat, der	herausragender Spieler, klasser Kerl
Grätzl, das	Stadtviertel

Gscherter, der	Bauer, Landbewohner (abwertend)
Gschropp, der	kleiner Mensch, Kind
Gurkerl, das	im Fußball: Schuss durch die Beine des Gegners
Haberer, der	Freund, Kumpel
häkerln	aus Überlegenheit „vorführen“
happig	gierig
Haxen, der	Bein
herblatteln	fallen, stürzen
Hockn, die	Arbeit
Hurln, die	Huren
in den Fetzen liegen	in den Windeln liegen
Kabinett, das	Schlafraum
Kapazunder, der	Spitzenkönner, Koryphäe
Kartendippler, der	Kartenspieler
Katz, die	Mädchen, junge Frau
keinen Pecker machen	sich nicht durchsetzen können
keppeln	zanken, keifen, nörgeln
Kipfler, die	Augen
kletzeln	kratzen, zupfen
Knipser, der	besonders treffsicherer Stürmer, Torschütze
Kracherl, das	kohlensäurehaltige Limonade
Kriecherln, die	Ringlotten
Marie, die	Geld
Packln, die	Fußballschuhe
Pappen, die	Mund
patschert	unbeholfen, ungeschickt

pecken	(unfreiwillig) bezahlen
pfitschigogerln	eine Art Tischfußball spielen
Pilcherbua, der	Gauner, zwielichtige Person
poschen	klatschen
Puff, das	Bordell
Pumperer, der	lauter Kracher
Putz, der	Furz
Ratz, der	Ratte
Scheiberlspiel, das	Kurzpassspiel beim Fußball
scheppern	lautes Krachen, schimpfen
Schimpfer, die	Tadel
Schmäh, der	Humor
Schmiranski, der	Journalist
schnaggerln	begreifen, kapieren
schütten wie mit Schaffeln	stark regnen
sich schleichen	sich zurückziehen
Sprießl, das	Sprosse (einer Leiter)
stanzen	entlassen
Stanzen, die	Hilfsmittel zum Befestigen von Stoppeln auf Fußballschuhen
Strohröhrl, das	Trinkhalm
umbetonieren	zu Boden stoßen
vernadern	verraten, denunzieren
wischerln	urinieren
zahn	ziehen, schwer tragen
zangeln	geschickt mit dem Ball spielen

Literatur, Zeitungen und Links

40 Jahre S.C. Wacker, Wien 1947.

ANNO Historische Zeitungen und Zeitschriften: https://anno.onb.ac.at

Arbeiter-Fußball: https://www.arbeiterfussball.de/international/arbeiter-olympiaden/olympia-1931/

Arbeiter-Zeitung 1950, 1951, 1953, 1954, 1955, 1956, 1958

Das Kleine Blatt 1939, 1940, 1943

Die Weltpresse 1948, 1949, 1950

Frankfurter Allgemeine Zeitung 1995

Handel Wien: https://www.geschichtewiki.wien.gv.at/Handel

Liegl, Barbara/Georg Spitaler: Legionäre am Ball, Wien 2008.

Matricula Online: https://data.matricula-online.eu/de/oesterreich/wien/roeschitz/01-07/?pg=4

Meyer, Andreas/Volker Stahl/Uwe Wetzner: Fußball Lexikon Hamburg, Göttingen 2007.

Neues Österreich 1945, 1947, 1949, 1950

Österreichische Fußballdatenbank: http://www.austriasoccer.at/

Österreichische Zeitung 1946

Palm, Kurt: Die Hitzeschlacht von Lausanne, St. Pölten/Salzburg 2008.

Payer, Peter: Hausmeister in Wien – Aufstieg und Niedergang einer Respektsperson (= Wiener Geschichtsblätter, Beiheft 4/1996).

Rec.Sport.Soccer Statistics Foundation: https://www.rsssf.org

Stelzl-Marx, Barbara: Die Innensicht der sowjetischen Besatzung in Österreich 1945–1955. Erfahrung, Wahrnehmung, Erinnerung, Habilitationsschrift, Universität Graz 2009.

Suppan, Arnold: Jugoslawien und Österreich 1918–1938. Bilaterale Außenpolitik im europäischen Umfeld, Wien 1996, S. 1047f. https://de.wikipedia.org/wiki/Creditanstalt- Bankverein#cite_note-Suppan-6

Tálos, Emmerich: Ein Jahrhundert Arbeitslosenversicherung in Österreich (1920–2020), in: WISO 2/2020, S. 42; https://renner-institut.at/media/417/download/HP_Talos. pdf?v=1

Ungarn-Flüchtlinge 1956: https://www.geschichtewiki.wien.gv.at/Ungarn-Flüchtlinge_1956#cite_note-3

Völkischer Beobachter 1943

Wienbibliothek im Rathaus: https://www.digital.wienbibliothek.at

Wiener Kurier 1946, 1947, 1948, 1949, 1950, 1956

Wikidal, Elke: Die Welt zu Gast in Wien (14.5.2020), in: Magazin Wien Museum, https://magazin.wienmuseum.at/aufbruchsstimmung-im-fruehjahr-und-sommer-1955

Wilson, Jonathan: Angels with dirty faces. The Footballing History of Argentina, London 2016.

WKO Statistik PKW-Bestand: https://www.wko.at/statistik/extranet/langzeit/blang/blang-pkw.pdf

Bildnachweis

Bezirksmuseum Meidling: S. 22, 69, 71, 73, 95, 191, 274 (oben), 293, 296, 297 (alle), 298, 300 (alle)

Dolezal, Stefanie (Privatsammlung): S. 13, 188, 227, 240, 281 (unten), 287

Herzog, Hubert/Bezirksmuseum Meidling: S. 274 (unten li. u. re), 275

Kozlicek, Ernst (Nachlass): S. 8

Lazarevic, Zoran (Privatsammlung): S. 246

Neu, Otto (Privatsammlung): S. 33, 37 (oben u. unten), 151, 200, 215, 224, 236 (alle), 237 (alle), 243, 256, 257, 259 (alle), 265, 270, 271, 279 (oben u. Mitte), 281 (oben), 290 (alle), 291 (alle)

Österreichische Nationalbibliothek/Wien, AF 3099 – C Positiv POR MAG, http://data.onb.ac.at/rec/baa14316489: S. 16

Polster, Anton (privat): S. 9

Rübelt, Lothar/ÖNB-Bildarchiv/picturedesk.com, https://onb.digital/result/10C63511: S. 26

Schneider, Harald (Privatsammlung): S. 248, 249, 250, 252

Seizer, Gerald: S. 136, 157, 163, 292

Wagner, Turl (Nachlass): S. 23, 98, 197, 198, 202, 211, 226, 269

Wahl, Josef (Privatsammlung): S. 260 (alle), 261 (alle), 279 (unten), 280 (alle)

Fotos auf Cover und Coverrückseite: Privatsammlung Otto Neu

Wir haben versucht, die Rechteinhaber der Fotos zu ermitteln; dies ist uns nicht in allen Fällen gelungen. Wir bitten Rechteinhaber mit berechtigten Forderungen, sich beim Verlag zu melden, um in zukünftigen Auflagen angeführt zu werden.

Der Autor

Hubert Herzog, geboren 1977 in Wien, begeistert sich seit vielen Jahren für die Geschichte des Sports und betätigt sich vor allem als Fußballhistoriker. Sein spezieller Fokus gilt dem Fußball in Österreich in den 1950er- und 1960er-Jahren, wovon zahlreiche Veröffentlichungen in diversen Sportmedien zeugen.

Hubert Herzog arbeitet als Agile Coach in einem international tätigen Unternehmen im Bankensektor und ist Vater zweier Söhne. Die Natur und die Ruhe in seinem Garten im Weinviertel nutzt er zur Inspiration für seine schriftstellerische Tätigkeit – auch zwei Romane stammen aus seiner Feder.